사랑과 만남의 철학
-사랑하고 만나고 생각하고-

사랑과 만남의 철학

―사랑하고 만나고 생각하고―

서배식 지음

문경出판사

머리말

　대학 입시에서 논술시험은 학생들의 논리적 사유능력을 평가하는 시험이다. 그래서 초등학교부터 대학에 입학할 때까지의 공교육에서 거의 교육받지 못한, 자신의 생각을 논리적으로 서술, 정돈하는 논리적 사유방법을 가르치는 논술학원들이 우후죽순처럼 생겨났다. 논술교육은 사교육의 전담교육이 되었다.

　팔십년대 이후 다른 교육 분야는 많이 발전하였으나 정치 지도자들이 「개혁」과 「발전」을 가장 강조하고, 국민에게 가장 큰 기대감을 불러 일으켰던 창의적 교육 분야는 오히려 퇴보의 길을 걸어왔다. 새로운 교육 정책이 나올 때 마다 교육의 핵심분야는 배제되고 국민에게 사교육비 부담과 실망만 안겨주는 악순환만 되풀이 하였다. 옛날처럼 학생들에게 나이에 맞는 독서를 시키고 「작문」시간에 자주 글을 쓰는 연습을 꾸준히 한다면 논리적 사유 방식이나 논술 방법을 따로 가르칠 필요가 없다.

　선천적으로 타고나는 철학적(논리학은 철학의 일부) 사유능력을 개발하지 않고 암기 위주의 교육방법과, 주입식 교육 방법을 강요한 교육정책들이 인간의 선천적인 철학적 사유능력을 퇴화시킨 것이다. 인간의 다른 모든 기능들과 마찬가지로 타고난 기능도 계속적인 훈련(운동)을 하지 않으면 모든 기능들은 퇴화된다.

　그 동안의 입시 위주의 암기식 교육 방법은 교육의 기본방향에 역행하는 교육방법이었으며, 그러한 논리적 사유능력에 저해되는 교

머리말

육과정과 교육방법은 학생들의 사유를 단순화시키고, 백년대계의 교육을 망치는 망국의 교육정책이었다. 이러한 인간이 타고난 논리적 사유능력의 여린 싹마저 잘라버린 망국적 교육정책 밑에서 교육받은 우리의 젊은이들에게 「철학」은 대학의 교양교육 과정 중 가장 어려운 강좌가 될 수밖에 없었다. 그래서 대부분의 대학생들에게 철학은 가장 어렵고 싫은 과목이 되었다.

다른 나라와는 달리 우리나라에서는 초등학교에서부터 고등학교까지의 교육과성 중에 오히려 철학적 사유능력에 방해되거나, 철학적 사유능력을 근절시키는 교육이었다고 말할 수 있다. 그래서 일반적으로 「철학」하면 어렵기만 하고 골치 아픈 것으로 생각하거나, 더 나아가서 학문을 하는데 철학은 필요 없다는 철학 무용론을 주창하는 무식한 사람도 있다.

철학을 전공하는 사람들은 이러한 현상에 대하여 거듭 실망하고 논리적 사유능력을 길러주는 과감한 교과과정의 개혁을 주창해 왔지만 당국은 마이동풍으로 일관해 왔다. 사교육에서 논술을 따로 가르칠 필요가 없다. 다른 선진국처럼 공교육의 교과과정에 철학과목의 신설이 정상적인 공교육의 목표 달성의 첩경이다. 철학자들은 「어떻게 하면 학생들과 일반인에게 교양으로서 철학을 쉽게 이해시킬 수 있을까?」를 가장 절실한 문제로 생각하게 되었다. 저자 또한 대학에서 철학을 강의하면서 오랜 동안 고심해온 문제였다. 철학은 철학자들의 전유물이 아니다. 그리고 우리와 동떨어진 학문도 아니다. 어린아이들에서 부터 어른에 이르기까지 모든 사람들은 나름대로의 철학적 사유를 한다. 그런데 나라의 지도자급 사람들 까지도 TV에서 철학이라는 개념을 들먹일 때, 대부분 왜곡되거나 오해된 개념으로 마구 사용하는 경우가 많다. 기껏 철학을 자신들의 인생관이나 가치관 정도의 의미로 사용한다. 물론 전적으로 틀린 것은 아니지만 철학의 핵심적 의미와는 거리가 먼 언급들이다. 참으로 철학을 전공하는 사람으로서 듣기에 민망한 경우가 많다. 본래 「철학은 과학을 포함한 모든 학문들의 기초가 되는 학문이다.」

또 한 가지 더 유감스런 것은 철학을 마치 인생을 점치는 운명론 정도로 단정해 버리는 사람들이 많다는 점이다.

칸트의 말대로 학문의 역사상 철학은 만학의 왕이었으며, 20세기 중반까지는 세계의 엘리트들의 정신세계를 지배한 학문이었다. 오늘날 우리는 특히 통신과 교통 분야의 급격한 발전과 과학기술의 발달로 세계가 일일 권으로 바뀌고 지구촌의 정보가 넘쳐나는 시대를 살면서, 젊은이들은 복잡한 사유를 꺼려하고 스스로 생각하는 것을 회피하고 다른 사람들이 생각한 것을 쉽게 자기 것으로 만드는 것을, 표절을 더 좋아하게 되었다. 손가락만 움직이면 생각하지 않고도 얼마든지 필요한 정보를 얻을 수 있는 시대가 되었다.

한마디로 우리는 이제 독서는 물론 생각할 필요도 없는 시대에

머리말

살고 있다. 인간은 스스로 사유하지 않고 기계에서 모든 정보를 얻고 그러한 단편적 지식에만 만족한다. 복잡한 것, 깊이 생각해야 할 것은 골치 아픈 것이 되어 버리고 철학적 사유능력은 퇴화되어간다. 인간은 단순화 되었다. 인간의 단순화와 기계인간으로의 타락을 부추기는데 제일 공헌하는 것이 TV와 컴퓨터이다. 컴퓨터 속에는 우리의 정신적 삶을 살찌우고 풍요롭게 하는, 더 나아가서 모든 학문의 기초 지식으로서의 살아있는 철학적 진리는 들어있지 않다.

어떻게 해서든지 일반대중에게 철학을 쉽게 접하게 하기 위해서 이 책을 집필하게 되었다. 그러나 어떻게 보면, 철학을 쉽게 이해시킨다는 것 자체가 불가능하거나, 혹은 철학을 오해시킬 수 있다는 사실을 감안할 때 선뜻 용기를 낼 수 없었다. 그러나 누군가는 일부의 철학이나마 대학의 상아탑에서, 강단철학에서 이끌어 내어 철학을 전공하지 않은 학생이나 일반 대중에게 창의적 사유와 삶의 교양으로서 철학을 널리 알려야 한다고 확신하게 되었다.

이 책은 이미 발표된 필자의 <철학적 인간학>에 관한 논문들에서 다루고 있는 몇 가지 철학개념들을 쉽게 풀이한 것이며, 또한 평소의 관심사이었던 철학개념들을 나름대로 수필로 엮어 본 것이다. 따라서 이 책은 일반적인 수필과는 좀 다른 성격도 가지고 있다고 말 할 수 있다. 특징을 들 수 있다면, 첫째로 일시적으로 일어난 단상을 모아 엮은 것이 아니다. 필자는 수 십 년간의 <철학적 인간학>을 연구하여 동물과 인간의 결정적인 차이점이 <자의식>이라는 결론을 얻었다. 동물들과는 달리 인간만 철학할 수 있으며, 종교를 가질 수 있으며, 문화를 창조할 수 있으며, 예술을 창작할 수 있다. 이와 같은 모든 <인간적> 활동은 인간의 <자의식>의 능력으로 가능하다. 그리고 <사랑>과 <만남>도 자의식의 능력에 의하여 가능하다. 그래서 <자의식> 개념이 자주 반복적으로 나온다는 사실을 밝혀둔다. 이 저서의 전체를 꿰뚫고 있는 핵심개념이기 때문이다. 둘째로 인간과 철학을 이해함에 있어서 일상적인 생활에서 일어난 사건이나 느낌들 중에서 철학의 의미를 찾아내 보려고 하였다. 셋째는 전체적으로 다루고 있는 중심개념들이 서로 연관성을 가지고 있어서 하나의 일관성을 가지고 있다는 점이다. 따라서 이 책은 일시적인 유행의 바람을 타는 단순한 수필은 아니다. 세월이 변하고 흘러도 철학을 이해하려는 많은 사람들에게 꼭 읽혀지기를 바라는 책이다.

끝으로 인간과 철학을 쉽게 이해해 보려는 모든 독자들에게 좋은 지침서가 되기를 진심으로 바랄 뿐이다. 그리고 이 책을 출간할 수 있도록 허락해 주신 문경출판사의 강신용 사장님과 편집부 여러분께 진심으로 감사를 드리는 바이다.

저자 씀

차 례

■머리말 · 9

I부 사랑과 만남

1. 사랑은 만물의 근본원리 · 21
2. 사랑은 자유케 하는 것 · 25
3. 사랑은 삶의 원동력 · 29
4. 인간적 사랑의 특징 · 33
5. 만남과 인仁 · 38
6. 만남은 인격화 한다 · 43
7. 만남은 존재에 참여 · 47
8. 만남은 삶의 원리, 헤어짐은 죽음의 원리 · 51
9. 만남은 창조의 힘 · 57
10. <만남>은 행복을 창조한다 · 64
11. 참된 <만남>은 인격과 인격의 만남 · 67
12. 인간교육은 만남에서 · 73

II부 인간과 철학

1. 어린이는 철학한다 · 85
2. 어른은 철학을 포기한다 · 90
3. 자의식과 고차적 의식(Ⅰ) · 98
4. 자의식과 고차적 의식(Ⅱ) · 102
5. 자의식이 철학의 근거(Ⅰ) · 107
6. 자의식이 철학의 근거(Ⅱ) · 111
7. 인간은 반성능력으로 무한히 발전하는 존재 · 115
8. 철학의 진리는 길(道)이다 · 122
9. 인간은 철학할 수 있는 존재 · 130
10. 인간은 자신의 삶과 죽음을 이해하는 유일한 존재 · 136
11. 인간은 논리적 사유 이상의 능력을 가진 존재 · 142
12. 사고방식의 역사와 인간관의 역사 · 148
13. 인격과 자의식 · 157
14. 희망의 철학과 절망의 철학 · 165
15. 평등과 자의식 · 171
16. 창의성과 자의식 · 173

III부 존재와 시간

1. 인간만 시간의식이 있다 · 181
2. 나의 의식과 시간의식은 같다 · 186
3. 인간은 유일한 종교적 존재 · 190
4. 죽음 후의 존재가 영원하다 · 197
5. 존재는 소유에 우선한다 · 206
6. 순수한 존재의 세계는 자유 · 212
7. 기독교 신의 형상은 자유와 사랑 · 217
8. 사랑과 허무는 쌍둥이 자매 · 223
9. 덕보다 합리가 우선이다 · 229
10. 감격시대 · 234
11. 변증법적으로는 「신은 있다」도 「신은 없다」도 맞다 · 240
12. 신의 존재를 믿는 것이 유리한가? · 248

실존철학

1. 실존철학에서 실존과 존재 · 255
2. 요청적 무신론자 – 니이체 · 259
3. 사르트르의 실존과 요청적 무신론 · 265
4. 앙드레 지드의 「좁은 문」의 요청적 무신론 · 271
5. 사르트르의 무신론 · 275
6. 키엘케고르의 실존 · 279
7. 하이데거의 존재(das Sein)개념과 현존재(Dasein) · 286
8. 하이데거의 실존과 존재 · 292
9. 가브리엘 마르셀의 추상성과 구체성 · 300
10. 가브리엘 마르셀의 존재와 소유 · 302
11. 가브리엘 마르셀의 일차적 반성과 이차적 반성 · 306
12. 가브리엘 마르셀의 나–그것(I-it)과 나–그대(I-Thou) · 308
13. 가브리엘 마르셀의 여정인(homo viator) · 311
14. 가브리엘 마르셀의 육체화(Incarnation) · 316

I부 사랑과 만남

1. 사랑은 만물의 근본원리
2. 사랑은 자유케 하는 것
3. 사랑은 삶의 원동력
4. 인간적 사랑의 특징
5. 만남과 인仁
6. 만남은 인격화 한다.
7. 만남은 존재에 참여
8. 만남은 삶의 원리, 헤어짐은 죽음의 원리
9. 만남은 창조의 힘
10. <만남>은 행복을 창조한다.
11. 참된 <만남>은 인격과 인격의 만남
12. 인간교육은 만남에서

1. 사랑은 만물의 근본원리

고대 그리스의 엠페도클레스라는 철학자는 만물의 근본원소들이 사랑의 힘에 의해 결합하여 만물이 생성한다고 하였다. 사랑의 본질은 결합시키는 힘이라고 할 수 있다. 그러니까 사랑은 만물의 근본원리이다. 동양철학에 있어서도 만물의 생성은 음양의 결합에 의하여 일어난다. 물리학적으로도 미시적 세계에 있어서 입자는 결합하는 힘을 가지고 있고 그 결합하는 힘에 의하여 물질이 생성된다.

만물에는 미시적 세계든 거시적 세계든 결합하는 사랑의 힘이 있고, 그 결합하는 사랑의 힘이 우주를 지탱하고 있는 것이다. 그 사랑의 힘은 영원하며 결코 감소되지 않는다. 원자의 세계에서도 다른 원자들과 수없이 결합해도 그 결합하는 힘은 감소하거나 소멸되지 않는다. 이 세상이 존재하는 한 그 결합하는 힘은 소멸되지 않는다. 동양적으로 해석하면 이 세상에는 반드시 음양이 있고 또한 그 음양을 결합시키는 사랑의 힘이 있다.

　무생물로부터 생물의 세계에 이르기까지 그 원리는 동일하다. 식물과 동물의 세계 역시 음양이 있고 그 음양이 결합하는 사랑의 힘에 의하여 생성 변화한다. 실로 사랑은 만물의 생성 원리이다. 만일 결합하는 사랑의 힘이 없다면 만물은 존재할 수 없다. 만물을 지탱하는 것은 사랑의 힘이다.

　사랑의 힘이 없다면 음양은 그 존재의미도 상실할 뿐 아니라, 원자의 세계나 동물과 식물의 세계에 있어서도 결합하는 사랑의 힘이 없다면 만물이 존재할 수 없다. 따라서 사랑은 만물을 지탱하고 만물을 생성 변화시키는 영원한 힘이다. 물론 원자들이 결합하여 어떤 물질을 생성시킬 뿐 아니라, 때로는 그 원자들이 흩어져 그 물질을 소멸시키기도 한다. 그러니까 만물에는 결합시키는 힘뿐 아니라 흩어지는 힘도 있다.

　그러나 그 원자들이 흩어질 때에는 반드시 다른 것과 결합하기 위한 새로운 결합하는 사랑의 힘 때문에 일어난다. 다시 말해서 원자는 흩어져 홀로 존재하기 위하여 흩어지는 힘이 작용하는 것이 아니다. 언제나 흩어지는 힘은 결합하여 새로운 물질을 생성시키려는 사랑의 힘에 불과한 것이다. 따라서 만물에는 결합하는 사랑의 힘뿐이라고 이해할 수 있다.

　인간에 있어서도 어린이는 음양이 결합한 힘의 산물이다. 어린이는 사랑이 결합하는 힘에 의하여 맺게 된 덜 익은 과일과 같은 것이다. 그 덜 익은 과일과 같은 어린아이는 더 익고 성장하기 위하여 사랑의 힘이 필요하다, 그리고 그 성장은 역시 생성이며, 생성은 언제나 사랑의 힘에 의하여 가능하고 부모의 사랑의 힘이 계속 필요한 것이다.

사랑의 힘에 의하여 과일이 성장하듯이, 또한 성장의 힘. 즉 사랑의 힘이 부족할 때 충실한 과일이 되지 못하고 부실해지고 썩거나 떨어지듯이, 어린이는 충분한 사랑을 받아야 충실하게 성장할 수 있다.

사랑의 생산물은 다시 완전히 성숙할 때까지 사랑을 먹고 성숙해가며 사랑이 부족할 때 영양실조를 일으키고 결국은 충실한 과일이 되지 못하고 낙과落果가 되고 만다.

어린이는 아직 성숙된 것이 아니다. 아직 성장해야 하고 성장을 위하여 사랑의 영양을 충분히 섭취해야 한다. 그래서 사랑이 부족한 어린이는 사랑의 영양실조로 삐뚤어진다. 부모의 사랑에 의하여 어린이는 정상적으로 성장한다. 그것은 어린이는 사랑의 열매이면서 아직 성숙되지 못한 과일과 같기 때문이다.

그런데 일단 어린이가 출생한 후에 먹고사는 사랑은 부모의 사랑이다. 즉 중성적 사랑이다. 부모가 결합하기 이전의 사랑은 음양의 사랑이지만, 일단 출생한 후에 아이를 기르는 부모의 사랑은 중성적 사랑이다. 즉 어린이가 먹고사는 사랑은 중성적 사랑이다. 이성적 사랑, 음양적 사랑이 아니다. 어린이가 먹고 자라는 사랑은 남성적 사랑과 여성적 사랑이 중화된 부모의 중성적 사랑이다. 따라서 짝 부모의 사랑은 중화되지 못한 사랑이며 어린이에게 완전히 적합한 사랑이 못된다.

어린이가 성인이 될 때까지, 즉 이성을 알고 정신적·육체적으로 완전히 성장할 때까지 부모의 중성적 사랑이 필요하다. 그리고 성인이 되면 이미 중성적 사랑이 아니라 이성적 사랑을 필요로 한다. 아무리 좋은 영양을 섭취해도 어린이는 부모의 사랑을 섭취하지 못하면 육체적·정신적으로 정상적으로 발육 성장하지 못한다. 그래서 어린이

의 병중에 가장 큰 병은 사랑결핍증이라는 병이다

중성적 사랑이 가장 순수한 사랑이다. 그것은 무조건적인 사랑이다. 그것은 아가페 자체는 아니지만 아가페의 성질을 가진 사랑이다. 이성적 사랑, 음양의 사랑은 만물을 생성시키는 사랑이며, 중성적 사랑은 만물을 성장시키는 사랑이다. 생물의 세계에서는 이 두 사랑이 꼭 있어야 한다, 만물을 생성시키는 이성적 사랑이 에로스의 사랑이라면, 만물을 성장시키는 중성적 사랑은 아가페적 사랑이라고 할 수 있다.

에로스의 사랑에 의하여 열매가 맺어지고 그 열매는 중성의 사랑에 의하여 성장한다. 적어도 생물에 있어서는 그렇다. 원자에 있어서 중성자의 역할은 어떨까? 우주만물이 생하고 성하기 전의 사랑은 어떤 사랑일까? 생 이전의 사랑일 것이다. 그것은 음양이 있는 이성적 사랑이 아닌 사랑 자체가 아닐까? 기독교에서 신의 세계의 창조는, 즉 세계가 존재하게 된 것은 신의 사랑이 밖으로 나타난 것이다. 즉 신의 사랑의 표현이 만물의 창조이다. 따라서 만물의 근거는 신의 사랑이다.

만물의 근원은 사랑 자체이며, 태초에 만물을 존재케 하는 사랑의 활동은 신적 사랑이다. 그것은 에로스의 사랑이 아니다. 음과 양이 갈라진 다음에야 음양의 사랑, 즉 에로스의 사랑이 있는 것이지 아직 음양이 갈라지기 이전의 사랑은 순수한 사랑 자체, 즉 아가페라고 할 수 밖에 없다.

2. 사랑은 자유케 하는 것

　개를 기를 때 매어 놓고 기르면 사나워진다. 개를 구속하면 사나워진다. 개를 묶어놓고 기르는 것은 개의 자유를 박탈하는 것이며 개도 그러한 구속을 좋아할 리가 없다. 무릇 모든 살아 있는 것은 구속을 싫어한다. 동물원의 그 많은 동물들이 아무리 좋은 먹이를 먹고 적당한 온도와 좋은 환경을 조성해 주고 정기진단을 받는다는 둥 야단법석을 떨며 돌보아 주어도 그 동물들은 마음대로 뛰고 행동할 수 있는 야생의 동물보다 행복할 수 없을 것이다.

　정확한 통계는 모르지만 야생의 동물들이 더 건강하고 오래 사는지도 모른다. 그러나 건강하든 오래 살든 그것이 문제가 아니다. 하루를 살다가 죽더라도 사자는 아프리카의 넓은 황야에서, 호랑이는 아시아의 숲 속에서 살다가 죽는 것이 행복할 것이다. 인간도 마찬가지이다. 아무리 잘 먹고 아무리 좋은 금은보석으로 장식한 방에서 살아도 그것이 자유를 박탈당한 철장 안의 생활이라면 차라리 못 먹고 헐벗은 거지같은 자유로운 삶을 택할 것이다. 아무리 좋은 보약을 먹고 최상의 건강상태를 유지하면서 5백년의 삶을 누린다 해도 그것이 자유를 박탈당한 철장 속에 갇힌 삶이라면 하루를 살다가 죽는 자유로운 삶보다 행복할 수 없는 삶이다.

개를 묶어 자유를 빼앗고 기르는 것이 사랑하는 것이 아니다. 개를 사랑하는 것은 개에게 자유를 주어 기르는 것이다. 사랑하는 것은 상대방을 자유케 하는 것이다. 사랑이 만물의 근본원리이듯이 자유도 만물의 근본원리이다.

특히 자유는 생물을 지탱하는 근본원리이다. 온상이나 화분에 갇혀 있는 식물은 그 생명의 활력이 야생의 식물만큼 활발하지 못하다. 자유를 빼앗긴 식물은 생명력도 강하지 못하다. 새장 안에 갇힌 새나 우리 안에 갇힌 동물은 야생의 자유로운 동물보다 생명력이 약하다.

본래 어떤 생명체가 잘 산다는 것은 생명을 활기 있게 하는 것이다. 자연사란 다른 것이 아니라 생명력의 활기를 점차 상실하여 드디어 그 생명력의 활기를 모두 잃은 것이다. 삶과 죽음의 차이는 그 생명력의 활기의 차이이다. 어떤 생명체를 잘 살게 하는 것은 그 생명력의 활력을 북돋아 주는 것이다. 생명력의 활력을 잃게 하는 것은 바로 그 생명체의 죽음을 의미한다.

삶과 반대의미가 죽음이요 삶의 적이 죽음이다. 생명력을 약화시키는 것, 병들게 하는 것, 시들게 하는 것, 이 모든 것은 생명의 적이다. 온상이나 화분의 식물이나, 새장이나 동물원에 갇힌 동물은 야생의 동물보다 생명력의 활력이 강하지 못하다.

아무리 다른 생명의 조건들을 충족시켜 주어도 그런 결과가 나온다는 것은 결국 생물은 자유를 박탈당할 때 생명력이 약화된다는 것을 알 수 있다. 온상, 화분, 그리고 우리와 새장은 자유의 제한이며 자유의 박탈이다. 이러한 자유의 제한은 보호라든가 사랑이라는 것도 과잉보호 과잉사랑이 될 때도 일어난다. 인간에게 있어서도 자유는 잘 사는 삶의 제일의 조건이다. 특히 사유는 인간에 있어서는 어떤 생물에 있어서 보다 더 중요한 생명의 원리가 된다.

인간의 자유 가운데서 가장 중요한 자유는 양심의 자유이다. 양심의 자유마저 박탈당한다면, 예컨대 강제적 고문에 의하여 강제진술을 하게 하는 것은 인간의 자유의 가장 근원적 자유마저 앗아가는 가장 흉악한 폭력이다.

또 하나의 인간의 기본적인 자유는 언론의 자유이다. 말하는 자유를 억압할 때 「임금님 귀는 당나귀 귀」마저도 소리칠 수 없을 때 벙어리가 살인한다는 무서운 일이 생긴다는 사실이다. 묶어놓은 개가 사나와지듯이, 말하는 자유를 박탈당한 벙어리가 살인하듯이 인간의 자유가 극도로 박탈당할 때 인간은 묶어놓은 개처럼 사나와지고 비인간화된다.

강아지를 잘 살게 하는 방법은 묶어놓은 줄을 풀어주고, 자유를 주고 사랑으로 돌봐주는 것이다. 사실 사랑은 자유를 주는 것이다. 본래 「사랑은 자유케 하는 것」을 의미한다.

그리고 자유케 하는 것은 존재케 하는 것이며, 잘 존재케 하는 것이다. 그 생명을 잘 존재케 하는 것이다. 잘 존재케 하는 것은 생명체에 있어서는 생명력의 활기를 북돋아 주는 것이며 그것은 자유케 하는 것, 사랑하는 것이다. 반대로 생명체를 구속하는 것은 생명력의 활력을 약화시키거나 탈취하는 것이며 그 생명체를 죽이는 것이며 자유를 박탈하고 미워하는 것이다. 사랑은 생명체를 자유케 하는 것이다. 사랑한다는 것은 자유케 하는 것을 의미한다.
　자유는 본래 <존재케 함>이며, 「사랑한다」와 「자유케 한다」는 같은 의미이다. 따라서 자유를 탄압하는 사랑은 모두 거짓사랑이다. 사랑은 이 세상에서 가장 듣기 좋은 말이지만 우리는 그 사랑이라는 말에 잘 속는다.
　사랑 안에 자유케 함이 결여되었다면 그 사랑은 진정한 사랑이 아니다. 자유 없는 사랑은 미움이다. 따라서 사랑의 진실을 아는 최선의 방법은 그 사랑 안에 자유가 있는지 없는지를 밝혀내는 일이다.

3. 사랑은 삶의 원동력

　사랑의 힘은 원자와 원자를 결합시키는 힘이다. 사랑의 힘은 분자와 분자를 결합시켜 세포를 창조하는 힘이다. 사랑은 만물을 생성 변화시키는 힘이다. 그런데 사랑은 언제나 다른 것과 <함께 만남>에서 창조의 힘을 발휘한다. 그러므로 만남은 만물의 근본적 구조라면 사랑은 만남에서 나오는 창조의 힘이다.
　행복과 즐거움의 근원은 사랑이다. 모든 만물의 근본원리와 만물을 지탱하는 힘이 사랑이듯이 인간과 인류역사를 지탱하는 힘도 사랑이다. 인간은 사랑의 힘으로 산다. 그리고 사랑은 행복과 불행의 척도가 된다.
　그렇기에 애인이 있는 젊은이와 애인이 없는 젊은이는 삶의 패기가 다르다. 멀리서 애인이 찾아온다는 날 궂은비가 내려도 진눈깨비가 몰아닥쳐도 그렇게 아름답게 보이고 신나는 날은 없다. 사랑은 모든 것을 아름답게 보이게 하는 마술사와 같다. 그 날은 발걸음이 날 듯 가볍고 힘이 펄펄 넘친다. 어디서 그렇게 힘이 솟는지 모른다. 심장의 피가 힘차게 고동치며 그날은 삶에 활력이 넘친다. 웬만한 감기 몸살쯤은 가신 듯이 낫는다. 사랑은 삶의 원동력이기 때문이다.

사랑이 가득한 가정은, 사랑이 있는 사회는 활기차고 생동한다. 반대로 미움이 가득한 가정과 사회는 맥없고 시든다. 인간은 사랑 속에서 즐거움과 행복을 느끼고, 미움 속에서 불행과 슬픔을 느낀다. 그것은 사랑이 인간을 지탱하는 힘이기 때문이다.

인간의 모든 수고가 행복을 추구하는 노력이라면 그 수고와 노력의 원동력은 사랑이다. 부귀와 명예를 추구하는 노력, 아름다움을 추구하는 예술, 진리를 탐구하는 학문, 이 모든 것의 노고의 활력소는 사랑이다.

부귀와 명예, 아름다움, 진리를 사랑하는 까닭에 그것들을 위해 그 어려운 수고와 노력을 쏟는 것이다. 그런데 부귀와 명예, 아름다움, 그리고 진리를 사랑하지만, 더 근본적으로는 다른 사람과 <함께> 부귀와 명예, 아름다움과 진리를 누리려고 추구한다는 것이다. 사랑의 본질 가운데 한 가지가 다른 사람과 함께 느끼려는 것이다.

인간은 무엇인가를 사랑하지 않고는 살 수 없는 존재이다. 단적으로 말하면 미움이라도 사랑해야 한다. 그리고 사랑이 성취될 때 행복을 느낀다. 예외적인 인간이 아니라 일반적으로 인간은 악이나 미움이 아니라, 선善을 사랑한다.

권력을 사랑하는 자는 그 권력을 소유하게 되면 행복을 느끼겠지만, 사실은 그 권력을 홀로 즐기려는 것이 아니라, 그가 사랑하는 사람과 함께 느낄 때 더 큰 행복을 느낀다. 엄밀히 말하면 그는 처음부터 그가 사랑하는 사람과 함께 행복을 느끼려고 권력을 사랑하고 추구하는 것이다. 본래 사랑은 홀로 느끼는 것이 아니다.

본래 즐거움이나 행복이라는 것도 언제나 사랑하는 사람과 함께 즐기고 행복을 느끼는 것이다. 홀로의 즐거움이나 행복은 성립되지 않는 것이다. 즐거움과 행복은 함께 웃는 자가 많이 있을수록 더 즐겁고 행복한 것이다. 그러니까 즐거움의 추구나 행복의 추구는 그 함께 즐길 자를, 즉 사랑하는 사람을 전제하고 있다. 그 함께 행복할 수 있는 사람은 미운 사람이 아니다. 사랑하는 사람과 함께 즐기고 함께 행복하려고 하는 것이다.

홀로 웃는 웃음은 즐거운 웃음이 아니다. 다른 사람들과 함께 웃을 때 즐거울 수 있으며 사랑하는 사람과 함께 웃을 때 가장 즐겁다. 다른 사람이 함께 웃어주지 않을 때 홀로 웃는 것은 가장 외롭고 슬픈 웃음이다. 그러니까 가장 즐거운 웃음은 사랑하는 사람과 함께 웃는 웃음이다.

참으로 즐거우려면, 가장 행복하려면 반드시 함께 즐거움을 나누는 사랑하는 사람이 있어야 한다. 그러므로 즐거움과 행복은 <함께>가 전제되고, 그 함께는 다시 사랑하는 사람을 전제한다. 그 함께(더불어)와 사랑하는 사람이 없다면 그는 외롭고 슬픈 사람이다. 인간은 홀로 즐거움을 누릴 수 없다. 함께 즐거워하고 함께 행복할 사람이 없다면 그는 즐거움도 행복도 추구하지 않는다.

그러므로 모든 인간의 활동이 즐거움과 행복을 추구하는 활동이라면, 사랑은 즐거움과 행복을 추구하는 활동의 원동력이다. 부귀와 명예, 또는 진리마저도 사랑하는 사람과 함께 기쁨을 나누기 위해서 추구하는 것이다. 그러나 사랑하는 사람이 꼭 이성이라는 뜻이 아니다.

그러나 이 세상에 남자만 있다면, 혹은 여자만 있다면 인간이 얼마나 즐거움과 행복을 위해 수고와 노력을 기울일까? 아니 더 정확하게 말하면 인간의 활동의 활력소, 즉 함께 즐기고 행복할 사랑하는 사람이 없다면 인간의 모든 활동은 정지할지도 모른다.

<함께 사랑함>이 모든 활동, 우주의 원동력이기 때문이다. 인간은 사랑을 받지 못하면 살 수 없듯이 사랑할 대상이 없을 때도 살 수 없는 존재이다. 만일 신이 에덴에 아담만을 창조했다면 아담은 삶의 원동력인 사랑이 없어, 사랑할 대상이 없어, 생명의 활력을 상실하고 생존치 못했을 것이다.

인간은 사랑하는 사람을 필요로 한다. 인간은 사랑하기 위해서 산다. 인간의 온갖 수고는 사랑을 위한 수고이다. 그리고 인간의 모든 행복과 즐거움은 함께 사랑함에서 일어난다. 사랑은 행복의 어머니, 행복의 창조자이다.

사랑은 우주를 지탱하는 원동력이며 인류역사를 이끌어 가는 원동력이다. 육체적으로도 사랑할 기력이 떨어지는 것은 곧 늙어 감을 의미하며, 그 사랑할 기력이 다 떨어질 때 그는 죽는다. 사랑의 끝은 삶의 끝이며 인류역사의 끝이다.

전쟁의 영웅들 옆에는 언제나 여인이 있었다. 그래서「세계는 영웅이 움직이고 그리고 그 영웅을 움직이는 것은 여인이다」라고 할 때, 결국 영웅의 세계를 움직이는 힘은 그 사랑하는 사람과 함께 사랑하려는 사랑의 힘이 아닐까?

4. 인간적 사랑의 특징

동물의 사랑은 삶을 위한 사랑, 즉 번식과 성장이라는 생물학적 본능적 사랑에 머문다. 즉 생명을 탄생시키고 활력을 주는 이성간의 사랑, 즉 에로스의 사랑과 어미가 새끼에게 베풀어 성장케 하는 어미의 사랑이 있을 뿐이다. 그들은 같은 배의 새끼들끼리 삶과 성의 사랑을 위해 싸워야 한다. 물론 이것은 인간에게도 해당된다.

그런데 인간은 그러한 본능적 사랑을 넘어 차원 높은 사랑을 할 수 있다. 같은 에로스의 사랑이라 해도 정신적으로 승화된 사랑을 할 수 있으며, 같은 어미의 사랑이지만 거룩하다고 할 만큼 승화된 모성애 같은 것이 있을 수 있다. 이와 같이 동물에게서 볼 수 없는 생물학적 본능적 사랑을 초월하는 <인간적> 사랑을 할 수 있다. 그러면 인간에 있어서 에로스의 사랑이 어떻게 인간적 사랑이 될 수 있을까?

인간도 동물과 똑같이 본능적으로 이성을 사랑한다. 이러한 이성간의 사랑을 에로스(Eros)라고 한다. 그 이성이 반드시 일정한 상대일 필요가 없을 때도 있다. 즉 사랑의 대상이 반드시 A라는 이성이어야 할 필요가 없을 경우도 얼마든지 있는 것이다. 그러한 인간의 에로스의 사랑은 동물의 에로스의 사랑과 전혀 다를 것이 없다. 그런데 인간에게는 때로는 사랑의 상대가 어떤 일정한 이성이어야 할 경우도 있다. 이때의 사랑은 동물에 있어서의 에로스의 사랑과 같은 것이라고 할 수 없다. 모든 사랑의 대상을 거부하고 오로지 그 한 사람의 이성만을 사랑할 수 있다는 것이다. 이때 인간의 에로스의 사랑은 이미 본능적인, 동물적인 에로스의 사랑을 넘어서 정신적으로 승화된 사랑이다. 인간에게는 가끔 그런 본능적 사랑을 넘어서 정신적으로 승화된 사랑도 있다. 그러한 에로스의 사랑의 승화는 인간에게만 일어날 수 있다.

따라서 그것은 동물의 에로스의 사랑을 넘어선 인간적 사랑이라고 말할 수 있다. 또한 그것은 정신적 혹은 인격적 사랑이다. 그 한 사람만을 사랑한다는 것은 그 사람과 동일한 인격이 이 세상에 오직 하나뿐이기 때문이다. 그 누구도 그 사람의 인격을 대신할 수 없기에 그 사람만을 사랑하는 것이다. 인격은 그 가치나 비중에 있어서는 모두 동일하고 평등하다.

그러나 또한 인격은 다른 인격과 혼동되거나 대치할 수 없는 독자성을 가지고 있다. 그 인격이 고상하든 비천하든 간에 인간 각자는 고유한 자기의 인격을 가지고 있다. 그래서 모든 인격은 이 세상에서 유일한 것이다.

따라서 에로스의 사랑을 넘어선 인간의 승화된 에로스의 사랑은 상대방의 유일한 인격을 사랑하는 것이다. 그런데 인간이 이성의 사랑에 있어서 에로스의 사랑을 넘어설 수 있는 것은 인격의 유일성을 확신하고 있기 때문에 가능한 것이다. 인간은 에로스의 사랑을 완전히 포기할 수도 있다. 에로스의 사랑을 포기한 수도사나 수녀, 그리고 승려에게 있어서처럼, 에로스의 사랑과 포기는 적어도 다른 생물에서는 찾아볼 수 없다.

그런데 인간의 인격은 인간의 자의식에 의하여「나와 다른 너」를 의식하면서, 그리고 상대방은「너와 다른 나」를 의식하면서 나 자신이라는 서로의 인격의 존재를 확신하는데서 성립되는 것이다. 그리고 나는 그 인격이 이 세상에서 유일하다는 것을 확신한다.

인간은 자의식에 의하여 나 자신과 너 자신의 인격을 승인하고 그 인격을 사랑의 대상으로 삼을 때, 그 사랑의 대상은 유일한 것이 된다. 그래서 다른 어떤 이성도 그 사람과 같은 인격이 아니므로 사랑할 수 없게 되는 것이다.

그러므로 인간만 자의식에 의하여 유일한 인격이 성립되고 인간만 에로스의 사랑을 넘어 어떤 이성을 유일한 인격으로 사랑할 수 있다. 인간의 에로스의 사랑은 동물의 에로스의 사랑과는 달리 에로스의 사랑을 승화시켜 인간적 사랑을 할 수 있다. 아름다운 사랑이란 바로 그러한 사랑을 두고 하는 말이다.

또한 어미의 사랑도 마찬가지이다. 동물이 새끼를 위하여 자신의 생명까지 희생하는 경우도 많이 있다. 참으로 어떤 경우에는 매정한 현대에 살면서, 그러한 동물들의 어미의 새끼에 대한 희생적 사랑을 보고 인간으로서 부끄러움을 느낄 때도 있다. 그러나 동물에 있어서 새끼들을 위하여 자신을 희생하는 어미의 사랑도 잘 분석해 보면, 그것이 아무리 숭고하게 보여도 그것은 본능적 행동이며 본능적 사랑이다.

 인간에 있어서 자식을 사랑하는 것이, 즉 어미의 사랑이 그러한 동물에 있어서 새끼사랑, 즉 동물의 어미의 사랑보다 못한 경우들도 허다하다. 매정한 부정父情과 매정한 모정母情도 얼마든지 있다. 부모가 어떤 순간에 자식을 위하여 자신의 생명을 버리는 행위들도 대부분 본능적인 행동이다. 그러한 어떤 순간에 일어나는 본능적 사랑이 아니라도 자식을 하나의 독립된 인격체로서 사랑할 수 있다.

 동물들의 어미의 사랑은 새끼들이 스스로 생존할 수 있을 때 끝나며 그 후에는 더 이상 새끼들을 사랑하지 않는다. 그러나 인간에 있어서 부모의 자식에 대한 사랑은 생명이 끝날 때까지 계속된다. 이러한 어미의 사랑이 인간적 사랑이다. 결코 어떤 동물도 새끼들이 생존가능할 만큼 성장한 후에도 계속해서 사랑할 수 없다. 어떤 동물에 있어서 번식이 끝남과 동시에 그 어미의 생명이 끝나는 것은 선천적인 본능적 생명의 종식일 뿐이다. 의식적으로 자식을 위해 죽는 희생은 아니다.

 그러니까 에로스의 사랑을 넘어선 인간적 사랑과 마찬가지로, 그 자식의 인격의 유일성을 믿고 자식을 사랑한다면 그것은 분명히 일반적·본능적 성性의 사랑은 아니다. 생물학적 본능적 사랑을 넘어선 사랑이다. 즉 생물학적 본능적 사랑을 넘어선 상대방의 유일한 인격을 사랑하는 인간의 이성적 사랑이나, 생물학적 본능적 사랑을 넘어선 유일한 인격을 사랑하는 부모의 사랑은 공통적으로 인격을 사랑하는 것이다. 결국 인간에 있어서 에로스의 사랑은 자식의 인간성이나 인격을 사랑하는 것이기 때문에 성장한 다음에도 죽을 때까지 사랑할 수 있는 것이다. 왜냐하면 인격은 불변하는 것이기 때문이다.

 그런데 인격이 성립되기 위해서는 먼저 인간의 자의식이 전제된다.

그러므로 그러한 인격의 사랑은 자의식에서 가능한 것이며 그것이 인간적인 사랑이다.

그러나 내가 사랑하는 어떤 이성이나 나의 자식만이 유일한 인격을 가지고 있는 것은 아니다. 모든 인간은 각각 고유한 인격을 가지고 있다. 어떤 특정한 사람의 인격만을 생각하는 것은 아니다. 모든 인간의 인격을 생각해야 한다. 그리고 모든 사람의 인격이 사랑의 대상이 될 때 그 사랑은 일정한 이성의 사랑이나 부모의 사랑을 넘어 전체 인간에 대한 사랑으로 확대된다.

즉 전체 인간의 인격을 사랑하는 것이 될 수 있다. 그것이 박애博愛이다. 나의 인격과 너의 인격이 <하나> 되기를 바라는 것이 사랑의 순수한 본질이다. 그리고 그러한 사랑 안에서 나와 너의 인격이 하나가 될 때, 그것이 곧 사랑의 완성이다. 나와 너의 인격이 그 독립성을 상실하여 하나가 된 사랑이다. 이때 비로소 나와 너는 <우리>가 된다.

따라서 사랑의 완성은 <우리>의 의식이다. 나와 너가 따로 있는 것이 아니라는 의식이 사랑이다. 이때 <우리>를 분석해도 <나>와 <너>는 나오지 않는다. 왜냐하면 나와 너는 이미 하나가 되어 있기 때문이다. 이 순수한 하나가 되는 사랑으로 <우리>의 의식은 자의식이 있어서 인격이 성립하는 인간만 가능한 사랑이다. 모든 사람이 이 <우리>의 영역에 참여할 때, 전 인류가 <우리>의 의식에 도달할 때 인류의 사랑은 달성될 것이다.

5. 만남과 인仁

한자에서 사람과 사람의 만남을 사람 인人자로 표시한다. 그리고 그 사람 인자는 사회를 의미한다. 그러니까 사람은 단독자로서는 사람이 아니라는 의미일 것이다. 언제나 두 사람 이상이 있을 때 사람이다. 사람이 다른 사람을 만날 때 사람이 되는 것이다. 사람이 어떤 무인도에서 홀로 산다면 그는 생물학적으로는 사람이지만 진정한 의미에서는 사람이 아니다.

또한 사람을 가리키는 사람들 사이, 즉 인간人間도 사람과 사람의 만남에서 인간이 되는 것을 의미할 것이다. 사람들 사이에 있지 않을 때는 인간이 아니다. 인간은 이미 사회를 의미한다. 사람은 사회 안에서, 인간 사이에서 인간이 된다. 따라서 인간은 사회 안에서 <되어 가는 존재>이다. 완성품이 아니다.

그리고 되어 가는 존재라는 의미는 <만남의 존재>라는 뜻이다.

왜냐하면 사람은 사람과 사람사이(人間), 즉 두 사람 이상의 사람들이 만남으로써 되어가기 때문이다. 사회적 존재라는 뜻은 되어 가는 존재라는 뜻이다. 인간은 완성된 존재가 아니라 가능적 존재로서 늘 되어 가는 존재이다. 인간은 언제나 되어 가는 과정에 있는 것이다.

인간은 미완성의 존재, 기능적 존재, 되어 가는 존재, <규정될 수 없는 존재>이다. 그리고 규정될 수 없는 존재는 <자유로운 존재>이다. 인간은 완성된 인격으로 태어나는 것이 아니라, 만남 안에서 완성되어 가는 인격이다.

왜 인간은 무한한 가능적 존재이며 되어 가는 존재일까? 그것은 인간과 인간의 만남에 의해서, 만남에서 나오는 창조의 힘에 의해서 늘 <새로운 것>이 창조되기 때문이다. 만남의 창조력에 의하여 나오는 새로운 것은 예상 할 수 없는 것이다. 만남에 의해서 늘 예상할 수 없는 것이 창조되므로 인간은 되어 가는 존재요 규정할 수 없는 존재이다. 인간은 만남으로써 비로소 인간이 되고 계속된 만남을 통해서 되어 가는 존재이다.

즉 만남은 인간이 되는 첫 조건이며, 둘째 조건은 그 만남이 지속되어야 완성되어 갈 수 있는 존재이다. 따라서 처음부터 다른 사람을 만나지 않는다면 처음부터 인간이 아니며, 또한 지속적인 만남이 없이는 인간이 될 수 없다. 그는 되어가지 않는다. 그는 고정된다. 그렇기 때문에 그는 인간이 아니다. 그는 고정된 존재이며 규정될 수 있는 존재가 된다. 인간은 첫 만남에서 새로운 것이 창조되고 계속된 만남에서 다시 새로운 것이 계속 창조되어 가는 존재이다. 사회적 존재 역사적 존재이다.

인간은 만남에서 인간이 되어가기에 사람이 사람을 만나는 것이 인간의 본질이다. 일정한 본질이 정해져 있는 것이 아니라 만남을 통해서 본질이 결정되고 만남 자체가 인간의 본질이라고 말할 수 있다. 그런데 단순한 인간과 인간의 만남이 아니라 인격과 인격의 만남이 인仁이다. 인은 두 사람의 인격의 만남이며 두 인격의 만남에서 사랑이 나온다. 그러니까 단순한 두 사람의 만남이 인人이라면, 단순히 많은 사람들 가운데 있는 것이 인간人間이라면, 인격과 인격의 만남이 인仁이다. 이 만남에서 사랑이 창조된다.

인仁은 여러 가지 의미가 있지만 우선 인간의 본질로 이해할 수 있다. 인간의 본질로서 인仁은 사랑이며 그 사랑은 두 사람의 만남에서 인간의 본질이 성립된다는 의미이다. 두 사람의 만남이 곧 인간의 본질이며 인간의 본질은 인, 즉 사랑이다.

인은 본래 씨앗을 의미한다. 그래서 복숭아 씨앗을 도인桃仁이라고 한다. 인은 겨울과 관계되며 앞으로 봄이 되면 새싹이 돋을 잠재적인 것이다. 씨앗은 죽은 것은 아니다. 인간에 있어서도 인은 잠재적 가능성이다. 그 잠재성, 즉 씨앗인 인仁 때문에 인간은 만나게 되어 있다.

그리고 두 인격이 만나면 이때부터 인은 잠재성으로 남아 있지 않고 활동하는 인이 되는 것이다. 씨앗이 봄이 되면 새싹을 돋우는 활동을 시작하듯이 두 인격이 만나면 활동하는 인, 활동하는 사람이 된다. 만나기 전까지는 잠재성으로 있다가 만남에 의해서 현실적으로 활동하는 사랑이 된다.

인간 안에 아무리 잠재성으로서 인仁이 있다 해도 그것은 만남이 없을 때는 발아되지 않으며 활동하지 않는다. 두 인격이 만날 때 비로소 인은 발현하여 활동한다. 환언하면 인간은 다른 사람의 인격을 만남으로써 인간이 된다.

  그러나 아무나 아무렇게나 두 사람이 만나면 인이 되는 것은 아니다. 그러한 우연한 인간의 만남에서는 결코 사랑이 나오지 않는다. 잠재하고 있는 인이 발현되지 않는다. 언제나 인격과 인격의 만남에서만 사랑이 나온다.

  따라서 인간의 본질이 인이라고 할 때 언제나 활동하고 발현되는 인이 아니다. 잠재성으로서의 인, 즉 그런 사랑은 무의미하다. 그것은 없는 것과 같다. 우연한 만남은 그저 부딪치는 것에 불과하다. 두 인격의 만남이 인이다. 두 인격이 만날 때 그 잠재력 인은 발현적·활동적 인이 되고, 이때 인은 인간의 본질이 된다(공자).

  잠재적 인으로서도 인仁은 인간의 본질이다. 인간의 본질이 인이기 때문에 반드시 발현하게 되어 있으며, 두 인격은 만나도록 되어 있으며, 반드시 만나 인이 활동하여 인간은 인격이 된다. 참된 만남에 의해서 두 인격은 참된 인격으로 완성되어간다.

  인이 잠재성으로 있을 때에도 그 인 자체가 만남의 가능성이며 잠재성이기에 인仁자체가 만남이며 만남 자체가 인이다. 따라서 「인간의 본질은 인이다」라는 말과 「인간의 본질은 만남이다」라는 말은 같은 뜻으로 이해할 수 있다. 인간은 만남의 존재이다. 만남의 존재로서 인간의 본질은 인仁이며 사랑이다.

  인간만 만남의 존재요 인간만 인격적 존재, 인의 존재, 사랑의 존재이다. 여기에서 인간의 사랑과 동물의 사랑의 차이가 나타난다. 동물의 사랑은 인仁이 아니므로 만남의 사랑이 아니다. 동물의 사랑은 본능적·물질적 사랑에서 그친다. 동물에 있어서 만남은 만남이 아니다. 그것은 접촉 혹은 물질과 물질의 충돌에 불과하다.

그러나 인간과 인간의 만남은 물질적 충돌이 아니라, 인격과 인격의 만남이 될 수 있다. 그렇기에 새로운 것이 창조되는 것이다. 물질과 물질의 만남에서도 새로운 것이 창조된다. 예컨대 산소원자 하나와 수소원자 둘이 만나면 전혀 새로운 물질인 물이 창조된다. 그러나 엄밀히 말하면 물질과 물질의 만남에서 나오는 새로운 것은 창조가 아니라, 발생이며 다른 것으로의 변화일 뿐이다. 그렇기 때문에 물질과 물질의 만남에서 나오는 새로운 것은 언제나 일정한 질質과 양量이 나올 뿐이다. 물질과 물질의 만남에서 나오는 그 새로운 것은 언제나 예상될 수 있는 일정한 질과 양이다.

그러나 인간에 있어서 인격과 인격의 만남은 즉 사랑은 예상할 수 없는 새로운 것을 창조해 낸다. 전혀 일정하지도 예상할 수도 없는 것이 창조된다. 한 남자와 한 여자가 만날 때 언제나 같은 일정한 것이 창조되는 것은 아니다.

예컨대 인간에 있어서 남녀의 만남은 예상할 수 없는 새로운 것을 창조한다. 단테와 베아트리체의 만남은 『신곡』을 창조해 냈다. 인간과 인간의 만남에서 예상할 수 없는 새로운 것이 창조된다. 인간에 있어서 참된 만남은, 인은, 사랑은 창조의 힘을 가지고 있다. 따라서 인간의 본질은 만남이며 인이며 사랑이다. 그 만남의 창조력이 모든 인간적인 것들, 종교·문화·예술의 창조자이다.

6. 만남은 인격화 한다

    강아지가 조그만 고무공을 가지고 논다. 이와 같이 동물들은 <어떤 것>을 가지고 놀 수 있다. 이때 강아지에 있어서 고무공은 어떤 것이다. 강아지에게는 결코 그것이 어떤 것 이상일수는 없다. 새끼고양이들이 저희들끼리 <함께>논다. 어떤 것을 가지고 놀 때는 함께 라는 것이 성립되지 않는다. 의식을 가지고 있는 것과 놀 때만 <함께>라는 것이 성립한다. 동물이 어떤 것을 가지고 놀 때 의식이 일방적으로 어떤 것에 향하는 것이라면 의식을 가지고 있는 것과 함께 놀 때는 두 의식이 부딪치고 <함께>라는 것이 성립된다.

    그런데 어린이들이 인형을 가지고 놀 때는 분명히 <어떤 것>인데도 그 어떤 것을 의인화 혹은 의식화 시켜 놓고 <함께>논다. 인간에게는 어떤 것이라도 <함께>가 성립할 수 있다. 그러나 동물에게는 어떤 것으로 끝난다. 언제나 <함께>는 의식과 의식 사이에서만 일어난다.

다른 동물과 <함께>노는 동물에 있어서 그 상대방은 <나와 다른 너>로서 의식하는 것이 아니다. 나와 다른 너는 자의식적 존재만 가능하기 때문이다.

그러므로 고양이 새끼들이 함께 놀 때, 상대방의 고양이를 나와 다른 너로 의식하는 것이 아니라, 나와 네가 구별되지 않는 상태에서 <함께>노는 것이다. 그러므로 이때의 <함께>는 <서로 함께>가 아니다.

동물들에 있어서는 일방적인 <함께>만 성립된다. 인간에 있어서는 자의식적 존재이기 때문에, 서로서로 나와 다른 네가 성립되기 때문에 <서로 함께>라는 것이 성립된다.

이와 같이 상호적으로 인간에 있어서는 <나와 다른 너>가 성립되고 나와 너라는 독립적 인격이 성립한다. 동물에 있어서 두 의식이 부딪치는 함께가 성립한다면, 인간에 있어서는 두 인격의 만남은 <서로 함께>가 이루어진다. 인간과 사물 사이에 함께가 성립할 때는 사물을 의식화했을 때만 일어난다.

그리고 사물을 의식화하고 다시 자의식화 했을 때, 인격화했을 때, <서로 함께>가 가능하게 된다. 이 자의식화는 나의 입장에서 일방적으로는 결코 <서로 함께>가 일어나지 않는다. 인간은 사물을 어떤 것으로 대할 수도 있으며, 사물을 <의식화>하고 <인격화>까지 할 수 있을 뿐이다.

반대로 인간을 사물화 하여 <어떤 것>으로 생각할 수도 있다. 우리가 「사람 가지고 놀지 마!」했을 때와 같이 인간을 한낱 가지고 노는 <어떤 것>으로 취급할 수도 있다. 이때에는 상대방을 인격적으로 대우하는 것이 아니라, 가지고 놀 수 있는 소유물(사물=어떤 것)로 취급하는 것이다.

이러한 관계가 바로 가장 무서운 인간관계이다. 동물에 있어서 함께는 소유적 의미만 갖는다. 자의식적 존재가 아니기 때문에, 나 자신과 너 자신이라는 것이 성립되지 않기에 결국 어떤 것이 어떤 것을 가지고 노는 것이며, 상대방은 언제나 어떤 것 이상의 의미를 갖지 않는다.

그러나 인간은 자의식적 존재이기 때문에 본래적 인간관계가 <서로 함께 만남>인데 「사람 가지고 놀지 마」에서와 같이 상대방의 인격성을 부정하고, 하나의 <어떤 것>으로 소유물로 취급할 수도 있다. 다른 사람을 인격으로 대우하지 않는 것이 현대의 가장 큰 비극이라고 할 수 있다.

특히 현대는 고도의 과학기술의 발전으로 과학기술의 노예로 전락한 현대인은 자칫하면 인격적 존재로 대우받지 못하는 위험성이 많다. 인간사회와 동물의 사회는 근본적으로 다르다. 왜냐하면 동물들은 자의식이 없어, 나 자신과 너 자신이 없고, 함께 살고 함께 놀아도 언제나 몰아몰여沒我沒汝요 독립적 개체의식 없이 함께 무리를 이루고 살뿐이다.

인간사회는 그 사회의 구성원이 각각 자의식에 의하여 개체의식을 갖고 상대방을 서로 함께 독립적 인격으로 만나는 사회이다. 따라서 인간사회가 다른 사람의 개체성·인격성을 인정하지 않을 때, 즉 자의식적 존재로 대우하지 않을 때 <서로 함께 만남>의 기회를 상실하게 되고, 결국 인간이 하나의 <어떤 것>, 즉 사물로 취급당하는 동물적 사회가 된다.

따라서 서로 함께 인격을 인정하지 않는 사회는 인간의 사회가 아니다. 서로 인격을 존중하는, <서로 함께 만남>이 진정한 인간

사회이다.

따라서 인간사회의 본질인 인격들이 <서로 함께 만나는 사회>의 상실은 곧 인간성의 상실이며, 인간 본질로부터의 이탈을 의미하게 된다. 만일 상대방의 인격을 무시하거나 자신과 동일한 개체성을 인정하지 않는다면, 그것은 상대방의 인격을 짓밟는 행위일 뿐 아니라, 자기 자신의 인격성도 부정하는 것이 된다.

왜냐하면 나 자신이라는 것은 언제나 너와 다른 나를 의미하는 것이며, 즉 상대방의 개체성을 인정하고 나와 대립되는 너를 전제한 다음에 <너와 다른 나>가 성립할 수 있기 때문이다. 따라서 다른 사람의 인격을 무시하고 인정하지 않은 것은 먼저 나 자신이 성립되는 조건인 너 자신을 부정하는 것이며, 결국 나 자신을 부정하는 모순에 먼저 빠져있는 것이다.

따라서 인간사회는 언제나 나와 너가 동시에 성립하는 <우리>로서 성립되어 있는 것이다. 현대사회의 비극은 바로 <우리>의 의미의 중요성을 망각하는 데서 일어난다.

<우리>라는, <서로 함께 만남>이라는 인간사회를 건설할 때 참으로 살맛나는 삶을 누릴 수 있을 것이다. 우리네 사회는 과연 그러한 사회를 지향하여 발전해 나아가고 있을까? 사회를 <우리>라는 공동체로 생각하고 언제나 서로 상대방의 인격을 존중하는 인간적 만남의 사회를 어느 만큼 이루어가고 있을까?

7. 만남은 존재에 참여

　동물들도 생生을 위해서 물음을 묻는다. 「어떻게 하면 먹이를 구할 수 있을까?」 「어떻게 하면 성性의 욕구를 채울 수 있을까?」 「어떻게 하면 적으로부터 자신을 보호할 수 있을까?」 이러한 물음들이 동물들의 물음이다. 이러한 물음들을 더 집약해서 한 가지 물음으로 묻는다면 「어떻게 하면 잘 살 것인가?」라는 물음일 것이다.

　인간도 그러한 삶을 위한 물음을 묻고 그 물음의 해답을 추구한다. 그리고 그 물음의 해답은 인간의 지식으로 해결한다. 그런데 그러한 물음들은 언제나 <있는 것들>에 대한 물음이다. 먹이, 성의 대상 그리고 자신의 적도 있는 것들이다.

　그러니까 <있는 것>에 대해서만 묻는 것이며 <없는 것>에 대해서는 처음부터 묻지 못한다. 그런데 이러한 있는 것들에 대한 물음은 아직 있는 것 자체에 대한 물음은 아니다. 즉 「왜 <있는 것>은 <있느냐?>」라는 물음은 아니다. 「있는 것들이 있다」할 때 그 <있다(存在)>를 묻는 물음은 아니다.

여기서 물음은 두 가지로 나누어진다. <있는 것들(beings)>에 대한 물음과 <존재(Being)>에 대한 물음이다. 동물의 물음은 <있는 것들>에 관한 물음에 국한된다. 예컨대 동물들도 <있는 것들>, 즉 먹이, 암수의 선택, 적들에 대한 물음들이 있다. 인간은 있는 것들의 <존재>에 대해서도 물을 수 있다. 이 물음의 종류에서 인간과 동물의 차이가 생긴다. 인간만 존재에 대한 물음을 물을 수 있다.

그러면 있는 것들의 존재에 관한 물음은 무엇일까? 있는 것들의 존재를 묻는 물음은 「왜 있는 것들은 있느냐?」라는 물음이며, 이 물음은 <없음>을 전제한 물음이다. <있음(存在)>과 <없음(無)>을 이해하고 있을 때 비로소 <존재>를 물을 수 있다는 말이다. 전혀 <없음>을 이해하지 못한다면 <있음>을 물을 수 없다는 뜻이다.

그러므로 인간이 존재에 관해서 묻는 것은 먼저 존재와 무無를 이해하고 있기 때문에 가능하다는 것이다. 그러니까 존재와 무를 이해하고 있는 것이 먼저요, 존재와 무를 이해한 다음에 존재나 무를 물을 수 있는 것이다. 따라서 「왜 있는 것들은 있느냐?」라는 물음은 홀로 성립되지 않는다. 왜냐하면 「왜 있는 것들이 있느냐?」는 「왜 있는 것들이 없지 않고 있느냐?」라는 물음이기 때문이다. 즉 그 물음은 「왜 존재자는 있고 오히려 무가 아니냐?」라는 물음이다. 언제나 존재와 무는 동시에 물어지는 것이다. 이 존재와 무에 관한 물음이 바로 존재론의 물음이며 철학의 물음이다.

그러므로 전체 철학사를 관통하고 있는 철학적 물음들을 하나로 집약하면 <존재>와 <무>에 관한 물음, 즉 「어찌하여 존재자는 있고 오히려 무가 아닌가?」라고 할 수 있다. 존재와 무는 함께 물어지지만 존재에 더 치중해서 묻고 해답을 찾으려는 입장과, 무에 치중해서 묻고 해답을 추구하는 입장이 있다. 존재에 더 치중한 철학은 유신론적·긍정적 철학의 가능성이 있으며, 무에 더 치중하는 철학은 무신론적·부정적 철학의 가능성이 있다.

그런데 우선 모든 것들이 있다는 사실을 중시하고, 있는 것들과 존재를 묻는 것이 더 합리적이라고 생각할 수 있다. 왜냐하면 어쨌든 우선 모든 것들이 있을 때 그 있는 것들이나 존재에 대해서 물을 수 있기 때문이다. 모든 것들이 없다면 처음부터 물을 수 없다.

더구나 모든 것이 없다면 물음을 묻는 나마저도 없으므로 물을 수 없다. 따라서「왜 존재자는 있고 오히려 무가 아닌가?」라는 물음 역시 처음부터 모든 것들이 있다는 사실에서 출발할 수 있는 물음이다.

그런데 있는 것들이 있다고 할 때 그 개별적인 있는 것들은 함께 있다는 사실이다. 이 있는 것들이 다른 것들과 <함께 있다>는 사실은 부정할 수 없다. 즉 <함께 있음>이 진리이다. 그리고 이 함께 있음을 다른 말로 표현하면 <만남>이다.

이 우주가 언제부터 있는지 모르지만, 한번 우주가 생긴 뒤에 완전히 무로 돌아간 것, 없어진 것은 아무것도 없다. 그저 있을 뿐이다. 모든 있는 것들은 다른 것들과 함께 있다. 어떤 것이 먼저 있었고 어떤 다른 것은 뒤에 생긴 것이 아니다. 처음부터 함께 있다. 그리고 「모든 것들이 왜 있느냐?」라는 물음에서도 나타나듯이「모든 것들은 있다」, 「만물은 있다」에서 만물은 함께 만나고 있는 것이다. 모든 있는 것들은 존재에 함께 참여하고 있다. 즉「존재에서 함께 만나고 있다」. 예컨대「나무가 있다」, 「새가 있다」, 「인간이 있다」에서 알 수 있듯이 나무, 새, 인간 등 모든 존재자들이 <있을 때>, 즉 존재하고 있을 때, 나무는 나무, 새는 새, 인간은 인간일 수 있다. 즉 존재에 참여(만남)하고 있다. 그러므로 이 존재에 함께 참여하고 있음은 다른 말로 표현하면 모든 <있는 것들>(beings)이 「존재에서 함께 만나고 있음」으로 이해할 수 있다.

따라서 만남은 모든 것에 앞선 첫 사실이며, 진리이다. 모든 개별적 진리는 이 만남의 진리로부터 나온다. 오히려 만남은 존재의 양태라고 할 수 있다. 따라서 마르셀에 있어서 <존재론적 신비에의 참여>라는 의미 역시 존재에의 함께 참여를 의미하며, 존재에서 함께 만남을 뜻한다.

만남의 진리를 이해하는 것은 오직 인간뿐이며, 존재에 함께 참여할 수 있는 것도 인간뿐이다. 모든 만물이 이미 존재에서 함께 만나고 있다. 그러나 그 만남을 이해하고 스스로 만남의 영역에 적극적으로 참여하는 정신을 소유한 것은 인간뿐이다.

인간을 포함한 모든 만물이 존재에 함께 참여하고, 함께 만나고 있다는 존재론적 진리를 받아들일 때 <우리>의 소중함을 인정하는 바람직한 사회가 될 것이다.

8. 만남은 삶의 원리, 헤어짐은 죽음의 원리

<만남>의 원리가 물질계에 적용이 될까? 우리가 알고 있는 한 물질세계는 원자로 되어 있다. 그리고 원자는 핵과 중성자, 그리고 전자로 구성되어 있다. 그래서 지금까지의 과학에서 밝힌 물질의 궁극단위는 미립자이다. 최근에는 '끈 이론'이 있다. 그 미립자들이 모여서 원자를 이루고 원자가 결합하여 분자를, 분자가 모여서 물질을 이룬다.

그러니까 입자들이 모여 물질세계를 이루고 있다고 볼 때, 어쨌든 어떤 물질이 되려면 미립자들이 결합해야 한다. 미립자들이 흩어져 있는 한 적어도 거시적 세계에서의 물질은 성립되지 못한다. 이 광막한 우주가 결국은 미립자들의 결합에 의하여 이루어져 있다. 그런데 그 미립자들이 결합하여 물질의 세계를 이루고 있다면 그 미립자들에게는 무엇보다도 결합하는 성질이 있다는 것을 알 수 있다.

물론 결합하는 힘과 반대되는 흩어지는 힘도 있을 것이다. 그러나 분명한 것은 근본적으로 볼 때 흩어지려는 힘이 강하다면, 이 우주세계는 성립되지 않았을 것이다. 그렇다면 물질의 궁극적 단위인 미립자들에게 본래부터 결합하는 힘이 있었고 그 결합하는 힘에 의하여 우주가 생성되었다고 보아야 할 것이다.

혼돈으로부터 우주가 생성되었다고 할 때도 그 혼돈의 상태는 그 어떤 것들이 결합하지 않은 상태로 이해할 수 없을까? 혼돈은 우주의 근본원소들이 흩어져 있던 상태가 아닐까? 그 무질서하게 흩어진 것들이 일정한 법칙에 따라 결합함으로써 질서 있는 우주가 생성된 것은 아닐까? 다시 말해서 질서라는 것은 언제나 <결합>의 질서가 아닐까? <흩어짐>은 반대로 무질서로 이해할 수 있지 않을까? 모든 개물個物들은 흩어져 있을 때는 무질서하다. 다른 것과 조화가 필요 없다는 것은 질서가 불필요하다는 뜻으로 이해된다.

그러므로 언제나 다른 것을 만날 때 그것과 조화를 위해서는 반드시 질서가 있게 되는 것이다. 따라서 혼돈(무질서)에서부터 우주(질서·조화)가 생성되었다면 확실히 무질서하게 흩어져 있던 우주의 최소원소들이 질서 있게 결합한 것, 즉 질서 있게 <만남>으로써 생성된 것이라고 이해할 수 있지 않을까?

더 깊은 물리학적 원리는 모르지만 적어도 일단 입자들이 결합해 있는 원자의 세계에서부터 생각한다면, 물질세계는 확실히 미립자들이 결합하여, 만나서 이루어져 있다고 말할 수 있다. 그리고 그 원자들이 다시 결합하여 분자를 생성하고 또 다시 결합하여 여러 가지 물질세계를 성립시키고 있다고 볼 때, 원자들은 미립자들의 <만남(결합)>에 의하여 성립되고, 분자는 원자들의 <만남>에 의하여 성립된다.

그렇다면 본래 미립자들이 결합하지 않고 흩어지려는 힘이 우세하였다면 이 우주는 생성되지 않았을 것이다.

그러므로 물질세계는 미립자들의 만나려는 힘에 의하여 성립되었다고 단적으로 말할 수 있을 것이다.

미립자들이 만나서 물질세계가 된다. 그리고 미립자들이 만나는 힘에 의하여 결합이 가능하다는 결론이 나온다. 그 만나는 힘에 의하여 원자도 구성되어 있다. 원자와 원자가 결합하는 것은 원자 자신이 결합하는 힘을 가지고 있으므로 가능한 것이다. 원자들은 만나는 힘을 가지고 있다. 따라서 원자의 세계에서 보면 만나려는 힘에 의하여 다른 원자들과 만나서 어떤 물질을 성립시킨다.

그리고 어떤 물질을 이루고 있다가, 다른 물질로 될 때도 결국은 다른 원자의 결합하는 힘이 우월해서 다른 원자와 결합하기 위한 흩어짐이라고 이해할 수 있을 것이다.

그러므로 원자의 세계에서만 본다면 확실히 근본적인 힘은 결합(만남)의 힘이지 이산離散의 힘은 아니다. 즉 원자의 근본적인 힘은 만나려는 힘이라는 것을 알 수 있다. 그러므로 무생물의 세계는 분명히 원자들의 만나려는 힘에 의하여 원자들이 만남으로써 이루어진 세계이다.

생물도 근본적으로는 원자들로 이루어져 있다고 할 때, 만남에 의하여 성립된다. 하나의 세포를 생각해도 그 세포가 생명을 가지려면 그 세포에 필요한 요소들이 결합해 있어야 한다. 그 세포가 파괴되어 흩어지면 그 세포는 생명을 잃는다. 따라서 세포가 생명체의 단위라고 한다면 그 생명체의 성립, 즉 세포의 성립은 바로 필요한 분자들의 결합, 즉 만남에서 이루어진다. 그리고 그 필요한 것들이 흩어질 때 세포는 파괴되고 생명이 끝난다. 그러므로 삶의 원리는 <만남>이며, 죽음의 원리는 헤어짐이다. 즉 만남에서 생명이 발생하고 헤어짐은 죽음이다.

생명이라는 것은 세포의 요소들이 만나서—세포는 분명히 생명이 없는 분자로 되어 있지만—발생된다. 즉 무생명들의 만남에서 생명체가 나온다. 무생명에서 생명이 나오는 것은 창조이다. 그러니까 언제나 만남은 새로운 것을 창조하는 힘이며, 새로운 생명체라는 창조물을 발생시키는 것이다.

정신과 정신이 만남으로써 새로운 정신이 창조되고, 무생명과 무생명이 만남으로써 생명이 탄생하는 원리는 똑같이 <만남>의 창조력에 의한 것이다. 여기에 만남의 신비가 있는 것이다. 만남에서 나오는 창조력과 새로운 것의 탄생은 그것이 창조이기 때문에 논리적 해명이 불가능하다. 따라서 만남은 신비이다.

만남은 새로운 것을 탄생시키는 생명의 원리이다. 모든 생生은 만남에서 발생한다. 그러니까 만남에서만 무에서 유, 즉 창조가 가능한 것이다. 상식적으로는 무에서 유가 나올 수 없다. 그런 것을 주장하는 것은 독단이다. <상식>에서는 「무에서 유가 나온다」를 주장하면 그것은 비논리적 독단으로 비난을 받는다. 그러나 만남에서는 무에서 유, 즉 창조가 가능하다.

그런데 「무에서 유가 나온다」는 것은 이 세상에서 가장 큰 신비요 수수께끼이다. 그리고 지금까지 해결하지 못한 인류의 가장 큰 의문이다. 그것은 「이 세계는 어디서 나온 것인가?」라는 세계의 근원을 묻는 인간의 궁극적인 물음이며 철학의 가장 궁극적인 물음이다. 지금까지의 그 해답을 집약해 보면 이렇다. 하나의 대답은 「이 세계(有)는 유有에서 나왔다」는 주장으로 태초부터 신이 있었고, 그 신으로부터 이 세계가 나왔다는 것이다. 이것은 유신론적 대답이다.

그러나 이 대답은 합리적인 대답은 아니다. 신의 존재를 믿는 신앙을 전제하고 있다. 그렇기 때문에 설득력 있는 해답이라고 말할 수 없다. 또 하나의 대답은 「이 세계는 그저 있었다」는 것으로 이 세계의 근원도 단초도 없다는 것이다. 이 대답은 이 세계의 단초를 인정하지 않는다. 근원으로서의 어떤 존재를 인정하지 않는 주장으로 무신론적 대답이라고 할 수 있다.

마지막으로 「이 세계는 무에서 나왔다」는 대답이다. 그러나 이 주장은 상식적으로도 인정할 수 없는 대답이다. 적어도 상식적으로는 결코 성립할 수 없는 대답이다. 만남에서는 「무에서 유가 나온다」가 성립된다. 이때에도 서로 만날 수 있는 것들이 있을 때 만남이 가능하기 때문에, 그 무에서 유가 나온다는 것은 불가능하다. 따라서 앞의 「이 세계는 유에서 나왔다」라는 「유에서 유가 나온다」만 가능할 뿐이다.

만남의 창조력에 의한 「무에서 유가 나온다」는 것은 두 만남의 요소가 만남으로써 전혀 다른 새로운 것이 창조된다는 의미이다. 분명한 것은 <만남>에서 가능한 새로운 것의 발생은 창조적인 것이다. 무에서 유가 나오는 것은 아니지만, 만남 이전에는 분명히 없던 것이 창조되기 때문에 「무에서 유가 나온다」로 이해할 수 있는 것이다. 즉 <만남>에 의해서는 무에서 창조가 가능하다. 무에서 창조의 가능성은 기독교의 창조설을 뒷받침할 수 있다.

신이 무엇을 만남으로써 창조했는지 모른다. 그러나 분명한 것은 만남에서는 창조가 가능하다는 사실은 확실하다. 그래서 동양 철학에는 하늘과 땅의 만남에서 만물이 생성되는 원리가 있으며, 그리스 신화에서 세계의 창조는 우라노스(天空)와 가이아(大地)의 만남으로 설명한다.

　기독교에 있어서도 신이 혼돈으로부터 세계를 창조하였다는 창조설은 신이 무엇인가를 만나 창조한 것으로 이해할 수 있다. 신이 혼돈을 만나 창조했다고 이해하면 어떨까? 혼돈은 무를 의미할까? 만일 혼돈이 무라면 만남의 창조설도 신비가 된다.

　본래 기독교의 창조설은 다른 창조설과는 달리 <무>로부터의 창조다. 신과 함께 이미 존재하고 있는 것을 만나 창조했다면 그것은 창조가 아니라 제조이다.

　존재는 만남에 선행한다. 따라서 존재 자체인 神 이전에 존재하고 있는 것은 없다. 그러므로 神은 아무것도 만날 대상이 없다. 신은 아무것도 만나지 않고 무에서 세계(유)를 창조한 것이다. 이 <무에서 창조>가 기독교 창조설의 신비이다.

9. 만남은 창조의 힘

아담과 이브의 만남이 사회의 시작이요 인류역사의 시작이듯이, 한 남자와 한 여자의 <만남>은 가정이라는 사회의 시작이며 역사의 시작이 된다. 그런데 완전한 성인이 되기 전에 차츰 성장하면서 성性도 자란다. 그 성은 앞으로 이성의 만남의 가능성이다. 즉 성은 어느 날 갑자기 돌발하는 것이 아니다. 성은 하나의 만남의 가능성으로서 만남의 잠재성으로서 이미 갓난 어린애에게도 있는 것이다.

어린애가 자라면서 그 성의 잠재성도 함께 자란다. 앞으로 한 남자와 한 여자가 만날 가능성이 자란다.

그래서 사춘기를 맞기 전에도 성이 하나의 만남의 씨요 가능성인 까닭에 몇 단계성의 발달단계가 나타난다고 한다. 그래서 사춘기 이전에도 막연하게 이성을 그리워한다. 성이 완전히 여물기 전에도 막연하게 이성을 그리워한다. 그와 같이 미성년일 때에도 이성을 그리워하는 것은 성이 만남의 가능성이요 만남의 잠재성이기 때문이다. 즉 남자는 여자를, 여자는 남자를 만나도록 되어 있다. 그래서 그 성이 다 여무는 날에는 그 이성을 그리워하는 정도가 더욱 절실해진다. 이것은 인간뿐 아니라 생물 일반에게 공통하는 성의 원리이다.

성이 완숙되기 전의 막연한 이성에 대한 그리움이나, 또는 성숙한 다음에도 이성에 대한 그리움은 일정한 상대 없이 막연한 그리움일 경우가 많다. 막연하게 만날 짝을 그리워하는 것이다. 그런데 인간은 그 그리워하는 대상을 마음속에 그린다. 무조건 이성이면 되는 것이 아니라 자기의 님이 될 짝을 상상하고 가장 이상적인 상을 마음속에 그려놓고 그리워한다. 이와 같이 이상적인 이성을 마음속에 그려놓고 그리워하는 것은 인간의 동물과 다른 점이다.

동물들도 만남의 가능성으로서 성을 가지고 있으며 자라서 이성을 찾지만, 그 모든 과정은 본능의 지배 밑에서 움직인다. 그것들이 이상적인 이성의 상象을 마음속에 그려놓고 그리워하거나 찾는 것은 아니다. 마음속에 어떤 상을 그려놓고 상상한다는 것은 자의식적 존재만 가능하다.

어떤 상을 그려놓고 상상한다는 것은, 그 상을 하나의 대상으로 생각하는 것이며, 그 상이 실제의 어떤 대상이 아니라, 마음에 그려놓는 것이기 때문에, 이미 그 마음은 의식이며 그려놓은 마음을 다시 대상으로 사유하는 것이기 때문에 그것은 의식의 의식, 즉 자의식의 능력이 있을 때만 가능한 것이다.

무엇을 상상한다는 것은 우선 마음(의식)으로 무엇을 그려놓아야 하고 그려놓은 것을 다시 의식하는 것이다. 즉 첫 의식이 상을 그리고 둘째 의식이 그 그린 상을 다시 의식하는 것이다. 따라서 무엇을 상상한다는 것은 곧 의식의 의식, 즉 자의식의 존재만 가능하다. 따라서 동물들은 자의식의 능력이 없어, 어떤 이상적인 이성의 상을 그려놓고 그리워하는 것이 아니다. 그러나 소년 소녀가 이성을 그리워하는 것은 자의식의 능력에 의하여 이상적인 이성 상을 마음에 그려놓고 그리워한다.

따라서 동물에 있어서 사랑은 육체적 본능에서 시작해서 육체적 본능의 충족에서 끝난다. 그 만남의 잠재성으로서는 동물과 같을지 모르지만, 인간은 만남의 대상을 마음에 그려놓고 그리워한다는 점에서 동물과 다르다. 즉 인간에 있어서는 그 만남의 잠재성은 육체적 본능에서 끝나는 것이 아니라, 정신적인 것이 작용한다. 만남의 잠재성 자체가 이미 육체성과 정신성으로서의 잠재성이다.

사춘기 이전에 이미 인간은 자의식적 존재이기 때문에 아직 뚜렷하지는 않지만 이미 자의식을 가지고 있는 만큼, 자의식의 밝음의 정도만큼 정신성으로서 만남의 잠재성을 가지고 있다. 그래서 성의 발달과정과 정신의 발달과정은 비례하는지도 모른다.

그러니까 본래부터 동물에 있어서 이성의 만남의 잠재성이 육체적 본능뿐이라면, 인간에 있어서 이성의 만남의 잠재성 안에는 육체적 요소, 즉 본능과 정신적 요소가 함께 성장하기 때문에 인간은 그 정신적 요소, 즉 자의식에 의하여 이상적 이성을 상상하고 그리워할 수 있는 것이다.

그래서 성인이 되면 한 남자와 한 여자가 만나 가정을 이루게 된다. 그러나 서글픈 것은 그 이상적 이성을 만나는 사람은 흔치 않다. 그 이상적 상에 거의 일치한 상대를 만나는 사람은 행운이다. 그러나 이상적 상에 근사한 것으로 생각하고 결혼하는 경우가 많다. 더러는 그 이상적 상에 맞지 않는 사람과는 절대로 결혼할 수 없다는 고집도 있다. 전자가 만남의 육체적 요소에 따르는 것이라면 후자는 끝까지 정신적 요소를 따르려는 것이다. 어쨌든 자기가 마음에 그려놓은 이상적 이성에 근사한 이성을 만날수록 그 만남은 행복할 것이다.

인간의 사랑과 동물의 사랑의 차이가 바로 여기에 있다. 인간의 사랑은 육체와 정신의 두 요소가 만족할 때 완전한 사랑을 느낀다. 즉 인간의 사랑은 정신적 요소가 반드시 개입되어 있어서 그 정신적 사랑이 사랑의 한 요소를 이루고 있다.

이상적 이성을 만나는 만큼 사랑을 느끼고 그만큼 더 행복할 것이다. 이성의 만남에서는 언제나 새로운 것이 창조된다. 그것은 양전기와 음전기가 만나면 새로운 것, 불이 창조되는 것과 같다. 불은 양전기와 음전기 자체를 분석해도 도저히 나올 수 없는 전혀 다른 새로운 창조물이다.

즉 만물의 법칙에서도 언제나 만남은 어떤 새로운 것의 창조의 기회이다. 남녀의 단순한 육체와 육체의 만남, 즉 정신의 만남이 결여된 만남에서도 새로운 것이 창조되지만, 그것은 정신의 만남의 결여이기 때문에 그 당사자에 있어서 정신적인 새로운 것은 창조되지 않는다. 오히려 정신이 결여된 육체만의 만남은 정신을 좀먹고 더럽힌다. 이러한 만남에서는 정신은 다른 정신적 만남의 결핍증이라는 고독의 병을 앓게 된다. 인간에 있어서 완전한 이성과의 만남은 육체적 요소와 정신적 요소의 <함께 만남>이어야 하기 때문이다.

그리고 정신이라는 것은 본래가 늘 무엇엔가로, 즉 어떤 대상을 향하여 만나려는 힘이며, 정신은 언제나 대상을 향하고 대상을 만나려 한다. 정신의 본질은 만남의 힘이다. 정신의 만나려는 힘이 그 대상을 만나지 못할 때 정신은 고독할 수밖에 없다.

그리고 정신은 무엇인가를 만날 때 새로운 정신적 창조물을 창조해 낸다. 소년 소녀가 육체적 만남만을 그리워하는 것이 아니라, 그들의 정신도 서로 만나려고 한다. 그리고 그들의 정신들이 만나면 만남의 창조력에 의하여 두 소년 소녀의 정신은 비약적인 성숙을 한다. 순수한 정신적 연애에서, 즉 순수한 정신과 정신의 만남에서 인간은 비약적인 정신적 성장을 하게 된다.

그것은 만남의 창조력 때문이다. 그러니까 남녀의 만남이 아니라, 일반적으로 인간과 인간의 만남도 늘 새로운 것을 창조해 낸다. 따라서 인류문화는 사람들의 만남의 창조물이다. 인간이 서로 만나지 않고 살아왔다면 인류문화는 창조되지 못했을 것이다.

언제나 인간과 인간의 만남은 특히 정신과 정신의 만남은 비약적 창조력이다. 플라톤의 정신과 아리스토텔레스의 정신의 만남이 아리스토텔레스의 철학을 창조해 냈다. 칸트의 정신을 만나서 나온 칸트 학도의 사상은 칸트의 정신도 아니며 칸트를 만나기 전의 사상도 아닌 어떤 새로운 사상이 되듯이, 정신과 정신의 만남은 그 창조력에 의하여 새로운 정신이 탄생하는 것이다. 이것이 인류문화의 발전사이다.

그리고 정신과 정신의 만남은 정신 자체가 만나려는 힘이기에 가능한 것이다. 따라서 인간이 정신적 존재라는 말은 결국 <만남의 존재>라는 말과 같은 의미이다.

소년 소녀들의 정신적 만남, 즉 정신적 사랑을 플라톤적 사랑이라고 한다. 그런데 이 정신과 정신의 만남 역시 수학적인 합슴, 즉 1+1=2가 아니다. 만남의 창조력에 의하여 새로운 것이 창조된다. 인간의 정신적 성장은 이때 비약적 성숙을 하게 된다. 그래서 연애를 시작하자마자, 남녀의 만남이 시작되자마자 두 남녀는 정신적 성숙을 할 뿐 아니라, 만남의 창조력에 의하여 새로운 것을 창조해 낸다. 그것이 예술적인 면에서 작용될 때 예술적 걸작품을 창조해 낸다.

따라서 만남과 사랑은 예술의 원동력이요 창작의 힘이 된다. 빛나는 예술적 걸작들은 그러한 만남, 사랑의 산물들이다. 고독에서 나올 수 없는 것도 만남에서는 나올 수 있다. 소년 소녀의 정신적 만남의 시기를 지나 정신과 육체, 전체적 만남은 사랑의 완성이다.

이 전체적 만남에서 인간은 다시 새로운 것을 경험하고 또 한 번 성숙한다. 육체적·정신적·전체적 만남, 즉 결혼에 의하여 가정 안에서의 인간은 이전에 경험하지 못한 것을 다시 경험하게 된다. 어떤 의미에서는 결혼한 사람은 결혼하지 않은 사람보다 더 넓은 세계가 경험의 세계로 편입된다고 할 수 있다. 왜냐하면 육체와 정신의 전체적 만남은 또 다른 새로운 것을 창조해내기 때문이다. 즉 남녀 공통적으로 가지고 있던 만남의 전체 잠재성, 씨가 자라서 활짝 꽃을 피운다.

이 만남에 의하여 남녀는 이제 둘이 아니라 하나임을 실감한다. 그리고 공동의 운명을 실감한다. 「이제 나는 독립된 내가 아니라 너의 나요 너는 나의 네가 된다. 즉 언제나 나의 의미는 너와의 관계, 만남 안에서의 나요 너이다.」 이것이 진정한 부부의 의미일 것이다. 따라서 그러한 만남의 의미를 떠난 나, 혹은 너는 아직도 진정으로 행복한 가정은 아닐 것이다. 참된 만남의 가정 안에서 서로의 인격은 동등한 인격으로 있게 되고 그 「만남 안에 사랑과 행복이 있는 것이다.」

그러한 전체 인격과 인격의 만남이 아닐 때 거기에는 독립된 나와 네가 있기 때문에 언제나 타인으로서 살거나, 사랑의 파탄이 일어날 수 있다. 만일 그러한 가정을 그대로 이끌어간다면 그 속에서 가정은 형식적 결합에 그치게 되고 독립된 개체성이 그대로 남아 있어서 조화나 동화가 되지 않는, 마치 혼합물과 같이 따로따로 사는 것이 된다. 그러한 가정 안에는 행복도 창조적 힘도 없다.

그곳에서 생물학적 법칙에 의하여 탄생된 자녀도 진정한 만남의 사랑에서 나오는 사랑의 양분을 흡족히 받지 못하기 때문에, 그 뿌리는 부모가 함께 <하나>가 된 사랑의 땅에 뿌리를 내리지 못하기 때문에 시들고 말거나 영양실조에 걸리고 만다. 만남의 사랑에 의하여 탄생된 자녀는 이 사랑의 힘에 의하여 성장할 수 있기 때문이다.

가정은 부모와 자녀가 <만남>안에서 하나가 된 것이다. 진정한 만남의 가정 안에서 훌륭한 인격이 완성된다. 그러한 가정 안에서만 자녀는 진정한 인격으로 성장할 수 있다. 즉 참된 가정은 인격들의 만남의 장소이며 동시에 인격이 형성되는 장소이다.

언제나 만남의 장소에서 훌륭한 인격이 형성되고, 비인격적 모임의 장소에서는 비인격이 형성될 뿐이다. 그러므로 가정은 참된 인격의 장소요 인격이 성숙하는 장소가 되어야 한다. 그리고 가정이 사회의 단위라고 한다면 결국 가정은 훌륭한 인격적 사회의 존립을 결정한다.

그러나 가정교육의 방향과 사회교육의 방향이 일치하지 않을 때 비극이 생긴다. 사회의 직접·간접의 교육이 훌륭한 인격을 지향하지 못할 때 훌륭한 인격을 지향하는 가정교육은 헛된 수고로 끝나버릴 가능성이 크다. 이와 같은 가정교육과 사회교육의 현실적 모순에 직면할 때 실의와 절망, 그리고 삶의 방향과 의욕을 잃게 된다. 우리의 현재의 사회교육은 어떨까?

10. <만남>은 행복을 창조한다

천국에서 나 홀로 영원히 산다는 것은 생각만 해도 끔찍스런 저주이다. 차라리 지옥에서 여러 사람과 함께 사는 것이 더 행복하지 않을까? 행복은 <나와 그대>의 만남에서 생기는 것이다. 본래가 즐거움이나 <행복>은 애인과의 만남에서 친구와의 만남에서, 부모와의 <만남>에서 나오는 것이다.

누구와 함께 만나 먹는 음식이 더 맛이 있다. 인간은 백년이라는 짧은 인생을 살면서 그 삶을 행복하게 살려고 온갖 수고를 다한다. 그 많은 수고나 노고를 바치는 것에 비하면 얻는 행복은 너무나 적은 경우가 많다. 어쨌든 인간은 누구나 그 한정된 삶 동안에 슬픔이나 고통보다는 기쁨이나 즐거움을, 불행보다는 행복을 소원한다.

그러면 인간이 추구하는 기쁨이나 행복은 어떤 것들이 있을까? 그것은 사람마다 조금씩 다를 수 있을 것이다. 부귀와 영화, 건강과

장수, 아름다운 애인을 소유하는 것 등은 인간을 행복하게 할 것이다. 부귀영화, 건강, 장수, 아름다운 애인 등의 행복은 현세에서의 행복이다. 내세를 믿는 사람은 또한 내세의 행복을 가장 큰 행복이라고 생각할지도 모른다.

그런데 부귀영화 같은 것들이 즐거움이 될 수 있지만, 잘 생각해보면 그 부귀영화 자체가 성립되기 위해서도 타인이 전제될 뿐 아니라, 자신의 부귀영화마저도 타인과 함께 즐겨야 만족하고 행복할 수 있다. 만일 이 세상에서 홀로 산다면 부귀영화가 행복을 줄 수 있을까? 지구 전체가 내 것인들 무슨 소용이 있겠는가? 하루 아침에 서울시 전체가 내 것인들 무엇 하겠는가?

즐거움이나 행복은 본래가 타인과 함께 누리는 것이다. 그대 없는 나 홀로의 행복은 성립되지 않으며, 나의 행복은 언제나 그대가 존재하고 그대와 함께, 그대를 만남으로써 함께 행복을 느끼는 것이다. 만일 그대라는 타인이 있다 해도 나와 친하지 않고 나와 아무런 상관도 없는 사람들이라면 나는 결코 행복을 느끼지 못한다. 아무리 다른 사람들이 많다 해도 그들이 모두 나의 원수와 같은 사람들이라면, 그들을 만나지 못하고 서로 이야기도 할 수 없는 사람들이라면 마찬가지로 행복할 수 없다.

현세에서의 기쁨도 타인을 전제할 뿐 아니라 사랑하는 다른 사람을 전제한다. 즐거움은 사랑하는 타인과의 <만남>에서 나오는 것이다. 그러니까 행복이나 즐거움은 만남에서 나오며 만남은 행복과 즐거움의 창조자이다. 부모와 자식 사이에 만남이 불가능할 때, 연인 사이에 만남이 불가능할 때, 친구간에 만남이 불가능할 때 불행하다. 그러니까 이별은 슬픈 것이 아닌가?

이 세상이건 저 세상이건 모든 슬픔과 불행은 만남이 불가능할 때 생긴다. 그러니까 사랑하는 사람들과 만날 때 행복하고 만나지 못할 때 불행하다. <만남>은 천국이요 이별은 지옥이다.

11. 참된 <만남>은 인격과 인격의 만남

괴테나 베토벤이 살았던 시대는 오늘날에 비하면 참으로 사람이 살만한 시대였던 것 같다. 그들은 인생이 회색임을 알고 있었으나 그들에게는 사랑과 우정 그리고 신의가 있었다. 우리가 살아보지 못한 그 시대의 인생의 멋과 낭만은 각박한 현대에 살고 있는 우리로서는 참으로 동경의 시대로 느껴진다.

그 사회에도 물론 그 시대 나름으로의 어두운 그늘들이 있었겠지만 그 시대의 전체 사상이나 문학작품들에서 엿볼 수 있듯이 분명히 그 시대에는 삶의 멋과 맛이 있었다. 삶에 보람과 희망을 주는 사랑과 우정, 신의 등이 없다면 인생은 회색이 아니라 흑색이 될 것이다. 오늘날 그러한 개념은 변색되었거나 퇴색해 버렸다.

인생을 살 맛 없게 만든 것들이 어느 사이에 우리의 사회에도 깊숙이 스며들어 이제는 뿌리깊이 자리를 잡은 듯싶다. 변절과 배신,

불신풍조는 우리 사회를 근본적으로 변화시켜 놓았다. 이러한 것들은 인간과 인간 사이를 갈라놓고 인격의 진정한 만남을 불가능하게 만들었다.

우리 서민들은 고기 한 근 생선 한 마리를 사려고 할 때에도 걱정이 앞선다. 바가지 쓰는 것이 아닐까? 품질은 속지 않을까 걱정하면서 산다. 다행히 속지 않았을 때 안도의 한숨을 쉬고, 값이나 품질에 속았을 때 체념의 한숨을 쉰다. 어제는 바겐세일을 내걸고 유명 메이커 상표가 붙은 상품들을 팔았는데 오늘은 다른 상점이 들어서 있는 도깨비 바겐세일도 있다. 어떤 때는 상술이 사기술과 통한다는 느낌이 든다. 이것은 우리의 사회풍조의 한 예에 불과하다.

이것보다 엄청난 사건들이 얼마든지 있다. 흔히 인생을 연극에 비유하는데, 우리의 인생연극은 마치 악당들이 선한 인간들을 무대에서 모조리 퇴장시키고 저희들끼리 서로서로 악을 겨루어, 결국에는 가장 악한 자가 인생의 승자가 되는 연극처럼 보인다.

이것은 「악화가 양화를 구축한다」는 화폐법칙과 일치한다. 이러한 인생무대에서 쫓겨난 정직하고 성실한 사람들은 소외당한 예외자로서 외롭게 산다. 그런 사람들은 관중 없는 홀로의 연기를 해야 한다.

이러한 지경에 이른 현대인은 단순히 동물로 전락된 것이 아니라 인간성을 상실한 것이다. 동물은 생존본능을 따를 뿐 악을 행할 줄 모른다. 동물의 행동에 악이 수반되는 것같이 보이는 것은 인간의 입장에서 보기 때문이다. 그들에게는 악이 성립하지 않는다. 그들에게는 선악을 구별할 수 있는 능력조차 없다.

그것은 정신이상자에게 악이 성립되지 않는 것과 같다. 현대인은 <동물성+고도의 지능>으로 보아야 한다. 엄밀히 말해서 현대인은 인간성을 상실하여 동물로 타락된 것이 아니라, <동물성+고도의 지능>이라는 동물도 인간도 아닌 괴물로 변모했음을 의미한다. 그렇기 때문에 현대인은 동물 사회에서 찾아볼 수 없는 가장 간악한 존재가 된 것이다.

그러면 본래의 인간성은 무엇일까? 인간의 본질은 도구를 만들 수 있는 능력, 즉 과학을 할 수 있는 능력, 높은 지능을 갖는다는데 있지 않다. 현대인간이 자랑하는 고도의 과학기술의 문명을 이룩할 수 있는 지능이 곧 인간의 본질은 아니다. 고등동물들 가운데는 상당한 지능을 가진 동물도 있다. 인간과 동물이 똑같이 지능을 갖고 있으므로 지능의 높낮이가 인간과 동물을 구별하는 인간의 본질이 될 수 없다.

인간은 이러한 지능의 능력을 넘어서 더 고차원적인 능력을 가진다. 인간의 정신은 주관─객관의 영역을 넘어서 사물의 본질을 파악할 수 있는 직관능력 혹은 관조능력을 가지고 있다. 예컨대 천재적 화가는 대상으로서의 한 송이 꽃을 넘어서 어떤 미의 본질을 직관하고, 시인은 한 송이 꽃이라는 대상영역을 넘어서 미美 자체를 관조한다. 또한 철학은 만물의 배후근거를 탐구한다. 그래서 인간만 철학하고 예술을 가진다.

그런데 이러한 직관이나 관조의 영역은 주관과 객관이 대립되어 있는 것이 아니라, 나(主觀)의 본질과 너(客觀)의 본질이 하나로 되는 <만남>의 영역을 의미한다. 직관의 능력을 높이 평가하는 것은 나와 너를 넘어서 있는 만물의 본질을 직관할 수 있는 능력을 회복한다는 뜻이 된다.

그러면 현대인간이 그러한 능력을 상실했는가? 하는 의문이 생길 것이다. 한 가지만 예로 들면, 클래식 음악이 소음으로, 세계문학전집이 진열장의 장식품으로, 철학이 고리타분한 공론으로 취급되고 대중음악, 주간지, 실용과학만이 우대 받는 것이 현실이 아닌가? 대중음악, 대중문학, 실용과학에는 감각과 지능은 필요할지 모르지만 본질직관이라는 인간의 능력은 필요하지 않다.

현대인은 <현실적인 것>만을 중요시하는 경향이 있다. 그렇기 때문에 간편한 것, 감각적인 것, 실용적인 것만을 추구한다. 그들은 복잡한 것, 초감각적인, 관념적인 것을 혐오한다. 이러한 현대인의 태도 때문에 인간의 근본능력인 본질직관능력은 퇴화되거나 상실되어간다.

인간은 나와 너의 본질이 <하나>가 되는 본질직관의 능력을 가질 수 있으나, 동물은 생존에 필요한 지능만을 갖기 때문에 대상을 초월하는 것이 아니라, 그 대상이 「먹을 수 있는 것이냐? 아니냐? 암컷이냐? 수컷이냐? 나를 해치는 것이냐? 아니냐?」라는 관점에서만 대상을 본다. 인간은 생존본능이라는 관점을 넘어서 만물의 본질을 직관할 수 있다. 그렇기에 동물과 다른 인간의 본질은 본질직관능력에서 찾을 수 있다.

본질직관을 인간과 인간의 관계에 적용하면 <나의 보이지 않는 인격과 너의 보이지 않는 인격의 만남>이 된다. 직관능력의 상실은 인간과 사물의 관계에서 보면, 인간이 사물을 지능의 대상으로만 보고, 사물의 본질과 나의 본질이 함께 <만나>는 능력의 상실이며, 인간과 인간과의 관계에서 보면, 인격과 인격이 만나는 능력의 상실이 된다. 전자는 과학만능의 현상으로 나타나고 후자는 인격상실로 인한 인격과 인격의 만남의 상실로 나타난다. 이 후자의 현상은 카프카의 작품들이 잘 표현하고 있다.

현대인간은 이미 인간성을 상실하여 괴상한 존재로 <변신>되어,

인격과 인격 사이는 <성城>으로 가로막혀 진정한 만남이 불가능하다고 본다.

이것이 현대인간의 <우리>의 실상이다. 앞에서 말한 사랑과 우정, 신의 등 인정이 메마른 사회나 불신사회는 바로 그러한 인격의 만남의 부재, 즉 인간성상실의 결과이다. 인간을 사회적 존재라고 할 때 그 참뜻은 인간이 함께 모여 집단생활을 한다는 의미가 아니다. 집단적인 사회생활을 하는 동물은 많다.

인간을 사회적 존재라고 하는 것은 인간은 <인격과 인격의 만남>안에서만 인격이나 인간성이 형성된다는 의미이다. 인간성을 상실한 인간들의 사회 속에서는 언제나 너와 나의 관계만 있을 뿐, 인격의 만남은 없다. 그 속에서는 인간성을 찾을 수 없다.

따라서 인간성을 상실한 자나 이기주의자는 그 자신이 사회적 존재임을 거부하는 것이요, 사람됨을 거부하는 것이다.

사회를 부정하는 극단적인 이기주의는 자신의 존재마저 부정하는 모순을 범한다. 이기주의는 한계가 있다. 너의 존재를 부정하여 너를 없애는 데까지 나아간다면 동시에 나의 존재도 부정된다. 그것은 주관과 객관은 언제나 동시에 성립되는 것이며 어떤 하나가 먼저 성립되는 것이 아닌 까닭이다. 본래 <나>라는 존재는 「나는 <너>가 아니다」라는 의식일 뿐이다. 즉 <너>가 아닌 것이 바로 <나>이기 때문에 <나>가 성립하려면 <너>를 전제하지 않을 수 없다. 언제나 <우리>(사회)가 존재할 뿐이다. 이 엄연한 사실을 부정하는 것이 이기주의다. <우리> 속에서 <나>와 <너>가 녹아 버렸을 때 나와 너의 차별이 없어졌을 때 그것이 바로 진정한 <만남>이요 진리이다.

인간은 이 진리를 잊고 나에 집착하기 쉽다. 이것이 곧 불타의 가르침이다. 더구나 육체로서의 나의 존재는 없다고 보는 것이 진리이다. 허무주의를 배워야 한다. 우주가 생성된 이후 티끌 하나도 아니 원자 하나도 없어진 것은 없다. 나의 신체를 이루고 있는 원자들은 태고 때부터 있던 원자들이다. 지금 나를 구성하고 있는 원자들은 나를 구성하기 전에는 분명히 다른 존재를 구성하고 있던 원자로 존재하고 있었다. 그리고 지금 나를 구성하고 있는 원자들도 끊임없이 다른 것의 원자로 되고 있다.

유물론의 입장에서는 나라는 존재는 없는 것이며 만일 나라는 존재를 승인하려면 필연적으로 정신적 존재로서의 나를 승인하는 것이 된다. 그리고 정신적 존재로서의 나의 존재의 인정은 곧 동일성을 유지하는 나의 정체성인 인격체의 존재를 인정하는 것이 된다.

따라서 인간성의 상실이란 보이지 않는 나의 인격과 너의 인격의 존재를 인정하지 않고, 인격을 하나의 사물적 존재로 취급하는 것이요, 즉 인간에 있어서 지능 이상을 인정하지 않는 것으로 이해할 수 있다. 이와 같이 인간이 한낱 원자덩이가 아니라, 인격을 가지고 있는 존재라는 것을 시인할 때, 비로소 인격과 인격의 만남이 가능하게 되고 이 인격과 인격이 만나는 사회 안에서 참다운 인격, 즉 인간성이 길러지는 것이다.

이러한 사회가 곧 살 만한 멋과 맛이 나는 사회일 것이다. 자식에게 컴퓨터를 사주는 아버지보다, 퇴근길에 한 권의 낭만주의 소설을 사다주는 아버지가 많아지고, 딸에게 예쁜 옷을 사다주는 어머니보다 괴테나 바이런의 시집 한권을 사주는 어머니가 많아 질 때 그러한 사회를 기대할 수 있을 것이다.

12. 인간교육은 만남에서

　창의력을 길러주는 것, 높은 지식을 쌓게 하는 것 모두가 교육이 담당하는 중요한 문제이다. 그러나 더 중요한 것은 인간교육의 문제이다. 다시 말해서 인간됨의 교육이 가정, 학교 그리고 사회전체의 교육에 있어서 가장 중요한 문제이다. 더구나 현대에 이르러서는 특히 인간됨의 교육은 가장 중대한 문제로, 혹은 가장 급선무의 과제라고 생각된다.
　그러면 인간됨 이란 무엇일까? 그것은 인간다움을 의미할 것이다. 그러나 다시 인간다움이란 무엇인가를 묻는다면 그 대답은 그리 쉽게 대답할 수 없는 문제가 된다. 도대체 인간다움이 무엇인가를 한마디로 대답할 수는 없다. 인간교육의 목표가 인간다움에 도달하는 것인데, 그 인간다움을 정확하게 무엇이라고 말할 수 없다면, 처음부터 인간교육은 어려움에 직면하게 된다.

그것은 이 세상에 인간다움의 표본도 기준도 존재하지 않기 때문이다. 그러나 인간다움이 무엇인가를 제시하지 않으면 처음부터 인간교육은 불가능하므로, 우리는 어쨌든 인간다움이 무엇을 의미하는가를 밝혀야 한다. 그러나 인간다움을 완전히 밝혀서 제시한다는 것은 처음부터 불가능하다는 사실을 인정해야 한다.

우리가 할 수 있는 것은 인류역사상 인간다움의 모범이라고 생각하는 성인들이 가르친 인간다움을 인간교육의 목표로 삼을 수밖에 없을 것 같다. 그러나 그 성인들의 가르침도 그렇게 정확하게 인간다움을 제시하지 않았다는데 또한 어려움이 있다.

설령 정확한 가르침이라 해도 우리는 그 가르침의 진의를 명확하게 파악할 수 없다는 어려움도 있다. 그래서 우리가 기껏 할 수 있는 것은 그들의 가르침 중에서 가장 일반적인 공통점을 찾아 이해하는 일일 것이다. 그들의 심오한 가르침에서 인간다움을 밝혀내는 것은 전문적 지식을 요하기 때문에 우선 가장 잘 알려진 그들의 가르침을 중심으로 인간다움을 이해하여 보기로 하자.

석가여래의 <인간다움>의 가르침은 무엇이라고 말할 수 있을까? 그가 진리를 깨닫기 위해서 출가하였고, 불교의 가르침 역시 <깨달음>을 말하므로 그에 있어서 인간다움을 깨달음으로 이해하면 어떨까?

그러면 깨달음은 무엇인가? 그 깨달음은 <진리의 깨달음>, <자신의 깨달음>일 것이다. 우선 자신의 깨달음을 생각해 보면 그것은 자각自覺을 의미한다. 자신을 깨달으려면 먼저 자신이 성립한다는 것은 자의식, 즉 자신을 의식할 수 있는 인간만 자신의 깨달음이 가능하다는 사실도 알 수 있다.

석가여래에 있어서 인간다움을 자신의 깨달음으로 이해한다면,

우선 자의식을 가지고 있는 인간만 자신의 깨달음에 도달할 수 있게 된다. 그러면 진리의 깨달음은 자신의 깨달음과 어떤 관계가 있을까? 모든 진리는 하나로 통한다. 진리는 둘이 아니다. 진리를 깨닫는다는 것은 진리를 안다는 의미와는 다르다. 깨닫는 것은 밖으로부터 주입식으로 넣어주는 교육도 아니다. 또한 경험을 통해서 혹은 논리적인 논증을 통해서 인식할 수 있는 진리도 아니다. 내 자신이 스스로 진리를 깨우치는 것이다.

설령 진리라는 것이 멀리 있다 해도, 나 자신이 깨닫는 것이기 때문에 자의식이 있을 때만 진리의 깨달음은 가능하다. 참선을 통하든 어떤 다른 수도의 방법에 의존하든, 나의 <자신>이 있고 나서야 나 자신을 갈고 닦는 진리의 깨달음의 길이 열릴 수 있을 것이다.

그리고 어떻게 보면 나 자신을 갈고 닦는 일이 진리의 깨달음의 길이라면, 결국 자신의 깨달음은 진리의 깨달음과 같은 것이 아닐까? 왜냐하면 참된 자신의 깨달음은 곧 진리의 깨달음과 통하기 때문이다. 진리는 나 자신과 관계되는 진리일 것이다. 나 자신의 문제, 나 자신의 진리를 깨닫는 것이 석가여래의 가르침이 아닐까? 따라서 진리의 깨달음이나 자신의 깨달음은 먼저 인간의 자의식을 전제하고서 가능하다는 것을 알 수 있다.

그리고 인간은 자신을 깨닫는 방법으로 참선을 하고 깊은 참선의 경지에서 자신의 상실에 이르고 무아의 경지에 도달한다. 이러한 무아의 경지 역시 인간의 자의식의 능력, 특히 고차적 자의식에서 즉 <의식의 의식의……>에서 도달되는 것이 아닐까? 왜냐하면 고차적 자의식에서 계속된 <의식의 의식의……>에서 앞의 <나>의 의식이 뒤의 <나>의 의식에 의하여 대상이 되고, 즉 의식으로서는 점점 희미해

지는 <나>가 되어가고, 결국은 <나>는 대상(객관)과 다른 것이 <나>이
므로, 대상으로서 <나>가 희미해지고 없어진다면 <의식의 의식의
의식…>에서 맨 뒤의 <나>라는 의식도 없어진다. 그래서 대상과
<나> 모두가 무가 된다. 그래서 무아의 경지가 된다. 그러한 고차적
자의식의 과정에서 객관과 <나>는 사라지고 만다. 그래서 무아는
곧 물아일여物我一如가 되는 것이 아닐까?

　따라서 석가여래에 있어서 인간다움의 가르침을 진리의 깨달음,
혹은 자신의 깨달음으로 이해한다면, 곧 인간다움의 교육은 인간의
자의식을 바탕으로 하고 있으며, 그 자의식의 능력에 의하여 인간다움
에 도달하는 것이 아닐까 생각한다.

　소크라테스에 있어서 <인간다움>의 가르침은 그의 사상의 집약적
표현으로 이해할 수 있는 「너 자신을 알라!」에서 찾을 수 있을 것
같다. 「너 자신을 알라!」라는 사상은 여러 가지로 해석이 가능하겠지
만, 우선 그 말 그대로 이해할 때 그것은 내가 나 자신을 돌이켜
보고 반성해서 자신을 정확하게 아는 것이라고 이해할 수 있다.

　그러므로 「너 자신을 알라!」는 바로 인간이 자의식의 능력에 의하여
내가 자신을 반성하는 것이며, 결국 인간의 자의식을 전제하고 있음을
알 수 있다. 인간이 자의식의 존재이며 자신을 돌아보고 참된 자신을
알고 참된 자신을 찾는 존재라면 석가여래 자신의 깨달음과 상통하는
점이 있다고 이해할 수도 있을 것이다.

　소크라테스가 추구한 진리 역시 어떤 과학적 지식은 아니었다.
이론적 지식은 실천적일 때 가치가 있다고 보았다. 그래서 진리는
덕과 일치한다고 생각하였다. 따라서 소크라테스에 있어서는 「너
자신을 알라!」에서 자신을 아는 것이 진리이며, 이 진리를 알 때

그것은 바로 실천과 관계된다고 생각하였다.

그러므로 엄밀히 말하면 소크라테스에 있어서 「너 자신을 알라!」라는 진리는 아는 것이 아니라, 깨달음이다. 단편적인 지식만을 많이 습득한 자가 덕스러운 사람이 될 수 없다는 사실은 너무도 쉽게 알 수 있다. 그러나 진리를 깨달은 자는 반드시 덕스러운 사람일 것이다. 그래서 그에 있어서 진리는 반드시 실천적이 되는 것이다.

그에 있어서 인간다움의 교훈을 「너 자신을 알라!」라고 이해했을 때, 그것은 구체적으로 인간다움 자체가 무엇임을 가르쳤다기보다 인간다움에 도달하는 방법이 「너 자신을 알라!」로 집약적으로 표현되었다고 이해할 수 있다. 따라서 「너 자신을 알라!」는 인간다움에 도달하는 방법으로 볼 수 있다. 소크라테스의 일생의 가르침은 인간다움이었다.

흔히 말하는 그의 교육방법인 대화법을 통해서 교육을 할 때, 그는 상대방에게 질문을 계속 던짐으로써 상대방 자신이 모순을 발견하는 방법을 사용하였다. 이 때 반어법은 계속해서 자신의 이론적 모순을 제거해 가도록 하는 방법이었다. 그러나 반어법이 진리를 깨닫는 방법은 아니다. 반어법은 어디까지나 이론적 모순을 알고 제거하는 방법일 뿐이다. 진리는 이론적으로 알 수 없다.

진리는 객관적으로 전달할 수 있는 것이 아니라, 스스로 깨닫는 것이다. 그래서 소크라테스에 있어서 산파술은 산파가 아기를 낳는 것이 아니라, 아기는 산모 자신이 낳아야 하고, 산파는 도와주는 일에 그치는 것과 같이 진리를 깨닫는 것은 어디까지나 학생 자신이다.

여기에서 우리는 소크라테스의 진리관을 엿볼 수 있다. 즉 그에 있어서 진리는 가르치는 것이 아니라 자신이 깨닫는 것이다. 그리고

「너 자신을 알라!」에서 나 자신을 아는 것, 즉 진리를 깨닫는 것은 언제나 나 자신의 일이다. 따라서 「너 자신을 알라!」는 그의 진리탐구의 방향, 즉 인간탐구의 방법을 한마디로 표현한 것이면서 동시에 진리를 깨닫는 구체적 방법이라면, 산파술은 나 자신을 아는, 즉 진리를 깨닫는 방법의 비유적 표현이라고 이해할 수 있다. 진리를 깨닫는 것이 바로 나 자신을 깨닫는 것이기에 소크라테스에 있어서도 인간다움의 교육은 인간의 자의식을 전제하고 있을 뿐 아니라, 결국 인간다움은 인간의 자의식의 심화라고 할까, 인간이 자의식의 능력으로 자신이 무엇인가를 깨달아야 한다는 사상으로 이해할 수 있다. 그리고 바로 그것이 진리를 깨닫는 것이 된다.

예수 그리스도에 있어서 <인간다움>은 무엇일까? 그의 가르침은 오로지 천국인으로서의 <천국인다움>만 가르친 것일까? 물론 그는 천국에 합당한 자를 가르쳤다. 그러나 그가 가르친 천국인, 즉 천국에 합당한 자를 현실적으로 제시하여 보여 줄 수는 없었다. 그래서 언제나 비유를 들어 가르쳤다. 그는 천국에 합당한자로서 어린이를 들었다. 어린이를 천국인의 표본으로 말한 것은 어린이의 순진성, 즉 죄 없는 어린이의 마음일 것이다.

그러니까 이 세상에 살고 있는 인간들 중에서 가장 천국에 합당한 자는 어린이 같이 순진하고 결백한 마음을 가진 자이다. 그러면 그는 천국에 합당한 자를 가르칠 뿐 인간다움은 가르치지 않은 것일까? 그렇지 않다. 그 천국에 합당한 자는 바로 이 세상에서도 가장 이상적인 인간상일 것이다. 즉 천국에 합당한 자는 이 지상에서 가장 인간의 모범이 되는 사람일 것이다.

그것은 성서의 「땅에서 매면 하늘에서도 맨다」는 가르침에서도 잘 알 수 있다. 모든 종교가 죄의 문제를 구원의 문제와 함께 다룬다. 기독교, 즉 예수의 가르침에서도 예외가 아니다. 특히 예수의 가르침에 있어서 천국에 합당한 자를 말할 때에도 죄의 문제와 관련시켜서 <죄가 없는 자>, <순결한 자>를 어린 아이로 비유했다고 해석할 수 있을 것이다.

따라서 그에 있어서 천국에 합당한 자로서 어린이를 내세운 것은 분명히 어린이의 순결성, 즉 죄가 없다는 것 때문일 것이다. 그런데 이 세상에는 완전한 인간은 없으므로, 완전한 인간상에 가까운 어린이를 완전한 인간다움의 표본으로 비유한 것이다. 따라서 예수에 있어서도 인간다움을 가르치고 그 인간다움을 어린이로 비유한 것이라 이해할 수 있다.

그러니까 지상에 있어서 인간다움은 바로 어린아이다. 본래 인간다움은 언제나 하나의 이상적 인간상일 뿐이다. 즉 가장 완전할 것이라고 믿는 인간다움을 그려보는 것에 불과하다.

분명한 것은 예수의 가르침에 있어서도 인간다움을 말하고 동시에 그 인간다움을 죄가 없는 자, 즉 어린이로 비유하고 있다는 사실에서 알 수 있듯이 그에게 인간다움의 문제는 죄의 문제와 직결된다.

그래서 그의 가르침의 목적은 천국에 합당한 자이며, 죄가 없는 자로 인도하는 것, 곧 어린이 같은 자에 이르게 하는 것이라고 이해할 수 있다. 그리고 그것은 가장 인간다움에 도달하라는 교훈으로 해석할 수 있다. 또한 인간다움에 도달하기 위해서 죄의 문제를 해결하여야 했다. 그래서 「회개하라 천국이 가까왔다」라는 것이 그의 가르침의 첫 복음이었다. 그것은 인간에게 철저한 죄의식을 강조하는 것이다.

그런데 회개나 죄의식은 자의식이 있는 인간만 가능하다. 자신을 돌아보는 반성, 즉 자의식에 의해서 회개나 죄의식이 가능한 것이다. 즉 자의식이 있어야 죄의식이나 회개가 가능하고 그 회개에 의하여 인간다움에 도달할 수 있으며, 결국 예수에 있어서 인간다움의 교육은 먼저 인간의 자의식을 전제하고 있을 뿐 아니라, 그 자의식을 통해서 자신의 죄를 철저히 깨닫고 죄를 회개할 수 있는 것이다.

따라서 엄밀히 말하면 철저한 죄의식이나 철저한 회개를 통해서 인간다움에 도달할 수 있다면, 그것은 결국 인간의 자의식의 철저화를 통해서만 철저한 죄의식과 회개가 이루어질 수 있을 것이다. 그러므로 예수에 있어서 인간다움의 교육은 결국 인간의 본질인 자의식의 철저화였다고 이해할 수 있다.

공자의 가르침을, 한마디로 말한다면 인仁이라고 말할 수 있다. 물론 인은 여러 가지 의미를 가지고 있을 뿐 아니라, 공자의 가르침의 목적 또한 여러 가지로 이해할 수 있다. 여기에서는 인의 아주 국부적인 해석을 근거로 해서 인간다움의 교육과 관련시켜 보자. 그런데 공자의 가르침의 궁극목적은 인간의 실천의 문제였다. 그의 실천의 문제, 즉 도덕의 문제는 곧 인간다움의 교육으로 이해된다.

따라서 그의 가르침의 중심이 된 인仁은 바로 인간다움의 교육과 직결되는 것으로 이해하여야 한다. 우선 인은 그 글자가 나타내고 있듯이 두 사람을 의미한다. 그러니까 인은 한 사람이 아니라 두 사람, 즉 인간과 인간의 문제이다. 여기에서 두 사람은 두 육체적 인간의 우연한 충돌이나 조우를 뜻하는 것이 아니다. 그것은 두 정신적 인간, 즉 두 인격의 <만남>을 의미한다. 두 인격과 인격의 만남이기에 만남에서 인격이 완성된다는 의미도 나올 수 있다.

만일 <인>이라는 것이 두 육체적 인간의 우연한 조우를 의미한다면 그 仁 자(字)의 철학적 의미는 완전히 상실되고 말 것이다. 또한 철학적 의미가 없다면 仁 자(字)는 그의 가르침의 중심이 될 수도 없다.

따라서 仁 자(字)를 두 인격체의 만남으로 해석할 수밖에 없을 것이다. 그런데 두 인격의 만남에 의해서 두 인격이 완성된다는 의미는 간과할 수 없는 의미를 갖는다. 그러나 또 한편으로 인격이라는 것이 먼저 성립하는 데는 선 조건이 있다는 사실이다. 즉 인격이 성립하려면 두 존재가 자의식의 능력에 의하여 <나와 다른 너>와 <너와 다른 나>가 성립되어야 하기 때문이다. 인격의 완성이 두 인격의 만남에서 이루어질 수 있다면, 그것보다 먼저 인격 자체가 성립하기 위하여 두 존재가 자의식적 존재이어야 한다는 의미이다.

따라서 공자에 있어서 인간다움이 仁이라면, 그 인은 두 인격존재의 만남에서 완성될 뿐 아니라, 먼저 인간의 자의식에 의하여 두 인격이 성립하는 것이기에, 그의 인간다움 역시 인간의 자의식을 전제하고 있다. 따라서 자의식은 그의 인간다움의 교육의 가능근거인 것이다. 그리고 도덕적 수양에 의하여 인격을 도야한다면 그것은 언제나 내가 나 자신을 돌아보고 고쳐 나아가는 것이므로 역시 수양이란 반복적이고 끊임없는 자의식 혹은 반성의 실행으로 이해할 수 있다.

성인들의 가르침의 공통점 중에 한 가지가 인간을 자의식적 존재로 이해하고 있다는 사실과, 그 자의식의 심화 또는 철저화가 곧 그들에 있어서 인간다움의 교육이라는 것이다. 다시 말해서 성인들의 가르침의 중심문제는 <인간다움>이었으며, 그 인간다움의 교육은 인간의 본질인 자의식의 활동을 심화시켜서 인간다움을 달성케 하는 것이었다고 이해할 수 있을 것 같다.

따라서 인간다움의 교육, 즉 인간교육 역시 다른 데 있는 것이 아니라, 인간의 본질인 자의식을 끊임없이 발동시켜서 자신의 진리를 깨닫게 하고, 또는 회개하도록 하여 인간다움에 이르게 하는 것이다. 그리고 인간다움의 교육은 일반적으로 두 인격체의 만남에서 인격의 완성을 이루는 방법이라고 할 수 있다.

  또한 혼자 인격을 도야할 때에도 사실은 자의식에 의하여 <나>와 <자신>의 <만남>을 통해서 인격을 닦는 방법이라고 할 수 있다. 그러므로 인간교육은 자의식을 통한 만남에 의해서만 가능한 것이다.

II부 인간과 철학

1. 어린이는 철학한다
2. 어른은 철학을 포기한다
3. 자의식과 고차적 의식(I)
4. 자의식과 고차적 의식(II)
5. 자의식이 철학의 근거(I)
6. 자의식이 철학의 근거(II)
7. 인간은 반성능력으로 무한히 발전하는 존재
8. 철학의 진리는 길(道)이다
9. 인간은 철학할 수 있는 존재
10. 인간은 자신의 삶과 죽음을 이해하는 유일한 존재
11. 인간은 논리적 사유 이상의 능력을 가진 존재
12. 사고방식의 역사와 인간관의 역사
13. 인격과 자의식
14. 희망의 철학과 절망의 철학
15. 평등과 자의식
16. 창의성과 자의식

1. 어린이는 철학한다

독일에서 우리 아이들이 가지고 놀던 인형들 중에는 모두 낡아 여기 저기 터져 버려서 꿰매던가 아니면 미련 없이 버려야 할 표범봉제 인형이 하나 있었다. 처음에는 너무 낡아서 버리고 똑같은 것으로 새것을 사주겠다고 했다. 그런데 아이들은 한사코 그 헌 것을 가지고 놀겠다고 우기는 것이었다. 그래서 할 수 없이 터진 곳들을 꿰매주기로 하여 이곳저곳 찾아 꿰매기 시작했다.

그런데 웬일인가? 아이들은 한 올 한 올 꿰매어 나가는 인형을 바라보며 눈물을 글썽이는 것이었다. 나는 물어보았다. 「낡아서 꿰매 주는데 왜 우니?」 내 아들이 울먹이면서 「그렇게 많은 곳을 수술을 하니 얼마나 아프겠어?」라고 대답하는 것이다. 나는 무슨 말을 해야 좋을지 몰랐다.

독일생활을 마치고 이삿짐을 정리할 때였다. 또다시 나는 인형문제로 당황하게 되었다. 그것은 인형들 중에서 낡은 것들을 버리고 오려는 어른과 한사코 버릴 수 없다는 아이들과의 팽팽한 대결이었다. 귀국할 때쯤 되어서는 거의 모든 인형이 낡아 있었는데 기어코 그 인형들을 한국에 가지고 가겠다고 맞서는 것이 아닌가? 아이들의 말은 대충 이런 것이었다. 「쓰레기차에 실려가 어딘가에서 썩지 않느냐?」, 「우리와 헤어지니까 그 인형들이 슬퍼할 것이다.」「한국에 가면 그 인형들을 다시는 못 보는 것 아니냐?」는 이유였다. 할 수 없이 대부분의 인형들을 가지고 올 수밖에 없었다.

또 한 번은 가족들이 비엔나로 기차여행을 갔을 때였다. 밤차를 타고 밤새도록 열차 안에서 자고 낮에는 비엔나를 관광하였다. 또 밤 열차를 타고 올라오다가 뮌헨에서 내려 관광을 하였는데 어쩌다 딸이 가지고 놀던 코알라인형을 역에서 잃어버렸다. 계획된 여행을 진행해야 하는 일로 다른 것을 생각할 겨를조차 없는 형편에 딸애가 그 인형 때문에 주저앉아 우는 것이 아닌가? 같은 것으로 사준다고 달래 봐도 막무가내였다. 할 수 없이 시간에 쫓기면서도 되돌아가서 아무리 찾아보아도 헛수고였다. 그 인형은 어른 엄지손가락보다도 작은 것이었다. 참으로 암담한 생각이 들 정도였다. 반 우격다짐으로 진정시키고 달래어 기차를 탔다.

인형이야기를 너무 길게 한 것 같다. 어린아이들은 다른 장난감이나 물건들 보다 특히 인형을 좋아한다. 그런데 어린아이들은 인형을 가지고 놀 때 먼저 그 인형을 의인화시킨다. 다시 말해서 어린이들은 인형을 의식화 시켜서 사랑하고, 또 그것들이 의식을 가지고 있기 때문에 자기들의 이야기를 알아듣고 또 자기를 미워하거나 사랑할 수 있다고 생각한다.

그런데 어린아이들이 인형을 의인화하고 의식이 있다고 생각하는 것은, 분명히 인형이 헝겊덩이임에도 불구하고 그 헝겊덩이 이외에 <어떤 것>, 즉 자의식이 있다고 생각하는 것이다. 구체적인 헝겊덩이인 사물이 있고 또한 그 사물에 있어서 <어떤 것>이 있다고 생각하는 것이다. 그래서 아이들은 그 <사물>에 불과한 인형을 안고 어떤 <의식>같은 것이 있다고 생각한다. 이러한 사고는 형이상학적 사고이다.

왜냐하면 형이상학적 사고는 언제나 어떤 사물이 있을 때 그 사물 이외에 그 사물 <자체>가 있다는 가정으로부터 시작하기 때문이다. 플라톤의 이데아(idea) 역시 겉으로 나타나있는 현상이 아니라 사물의 본질, 즉 사물 그 자체를 의미하는 것이다. 여기에서 어린아이의 사고는 형이상학적 사고임을 알 수 있다.

어린아이가 인형을 의식화하고 사랑할 때, 잘 살펴보면 어린아이들은 그 인형의 외적인 물질을 사랑하는 것이 아님을 알 수 있다. 자기들이 의식화해 놓은 그 인형의 마음(의식)을 사랑한다. 그래서 그 인형의 아픔, 슬픔, 또는 인형의 사랑을 생각하고 함께 이야기를 나눈다.

다시 말해서 어린아이들의 사랑의 대상은 <의식을 가지고 있는 것>, 더 정확하게 말하면 그 사랑의 대상은 헝겊으로 만든 인형이 아니라 그 인형의 마음(의식)이다.

어린아이들은 인형을 의식화하고 그 의식화한 것을 사랑한다. 즉 의식(마음)을 사랑한다. 그런데 의식을 사랑한다는 것과 의식을 생각한다는 것은 같은 의미가 된다. 그 무엇을 많이 사랑하는 것은 그 무엇을 많이 생각한다는 뜻이기 때문이다.

따라서 사랑한다는 것과 생각한다는 것은 같은 것이 된다. 그런데 생각한다는 것은 철학한다는 의미와 일치하며 철학한다는 의미는 나타나 있지 않은 <어떤 것>을, 즉 진리를 <사랑하는 것>(Philosophia)을 뜻한다. 좀 더 쉽게 말하자면 철학한다는 것은 마치 어린아이들이 인형의 의식을 생각하듯이, 근원적인 어떤 것을 생각하는 것이다.

그 근원적인 어떤 것(진리)을 사랑하는 것이 바로 '철학'(Philosophia = 愛智)이다.

철학의 대상은 물질이나 사물이 아니다. 그러한 물질이나 사물 너머에는 물질 이외의 <어떤 것>이 있다고 생각하고 그 어떤 것을 사랑하는 것이, 즉 생각하는 것이 철학이다.

그러므로 어린아이가 인형을 사랑하는 것은 이미 철학하는 것이다. 인형에게 어떤 의식이 있다고 생각하고 사랑하는 것은 바로 철학적·형이상학적 사고이다. 인간만 어린아이들처럼 <어떤 것>을 의식화할 수 있으며 형이상학적 사고를 하고, 철학하고 사랑할 수 있는 존재이다. 어릴 적의 우리는 오히려 철학적이다. 어른이 되어가면서 비철학적으로 변한다. 그러므로 철학한다는 것은 어린아이가 되는 것이다. 별나라의 꿈, 저 별들의 세계 너머에 어떤 것이 있다고 믿는 건전한 어린아이의 사고가 곧 철학하는 태도이다.

따라서 어린아이와 같은 사고를 하지 않는 사람은 철학할 수 없다. 어른이 되어가면서 오히려 알지도 못하면서, 볼 수 있는 것과 현실적인 것 이외의 모든 것을 부정하는 비철학적 사고에 빠진다. 어리석은 자가 더 지혜로운 자가 될 수 있다는 진리를 알아야 한다. 성서에 「어리석은 자를 지혜롭게 한다」는 말이 있듯이 말이다. 즉 어리석은 자로서 지혜로운 자가 곧 철학하는 사람이다.

「아빠! 저 별들의 세계 너머에 하느님이 있어요?」, 「그 인형은 나를 미워할 거야!」하는 아이의 말이 나를 당황케 하고 나를 기쁘게 하였다. 또한 그러한 아이들의 말은 늘 나를 긴장케 한다. 어린이다운 인간만이 순수하게 사랑할 수 있고 철학할 수 있다.

2. 어른은 철학을 포기한다

　어린아이들이 빠르게는 5살, 늦게는 6살쯤 되면 주위의 새로운 것들을 경험하면서 많은 질문을 던진다. 그 하나하나의 경험하지 못한 것들에 대한 질문을 통해서 어린아이들은 새로운 세계로의 지식을 확장해 나아간다. 즉 물음을 묻고 해답을 얻는 과정을 통해서 경험의 세계를 넓혀간다.
　그런데 그들의 물음 중에는 현실적인 물음도 많지만 때때로 어른들도 대답할 수 없는 어려운 질문으로 어른들을 당황케 한다. 어린아이들의 물음 중에는 형이상학적인 물음이나, 아직 현대의 과학으로도 해결하지 못한 물음들도 있다. 즉 우주의 유한성과 무한성에 대한 물음, 혹은 시간의 처음과 끝에 관한 물음도 묻는다. 말하자면 지금까지 아니, 어쩌면 인류역사가 끝나는 날까지 영원히 해결하지 못할 심오한 물음도 묻는다.

지금부터 약 2천 5백여 년 전에 인간이 합리적 사유를 시작하면서 바로 그러한 물음들을 물어왔다. 그리고 그러한 근원에 대한 물음은 과학이나 철학이 지금까지 물어왔고 또 그 해답을 찾아내려고 애쓰고 있다. 그러나 일반적으로 그러한 물음들은 영원히 해답될 수 없다는 생각에서 덮어두거나 보류해 놓고 현실적인 물음들만을 해결해나간다.

그런데 실은 어린아이들과 마찬가지로 인간은 본래 철학적 물음을 가지고 있다. 그리고 그것이 어린아이들의 물음이든 어른의 물음이든 간에 그러한 철학적 물음들은 명백한 해답이 주어지지 못한 채 해결되지 못한 물음으로 남아있다. 그러면서도 끊임없이 묻고 있다.

그러한 철학적 물음에 대하여 어른들은 「나는 모른다」 혹은 「본래 그런 것은 모르는 거야」라고 간단히 묵살해 버리고 말지만 어린아이들은 「어른들이 왜 모를까?」하는 의아한 생각과 함께 더욱 알고 싶은 호기심을 나타낸다. 때로는 어른들의 퉁명스런 말을 듣고 더 이상 캐묻지는 못하지만 원망스럽게 돌아선다.

그런데 그 어린아이들도 차츰 자라나면서 그러한 물음들은 해답될 수 없다는 확신이 굳어져간다. 그리고 어른이 되면 그 확신이 더욱 굳어져서 그러한 물음은 물을 필요조차 없다고 단정하기에 이른다. 즉 그러한 물음은 결코 해답될 수 없다고 확신하고 포기해 버린다. 여기에서도 어른과 어린아이들의 차이가 나타난다. 어른은 철학적인 물음을 포기한 자라면, 어린아이는 철학적인 물음을 포기하지 않은 자이다.

그러면 그러한 물음은 처음부터 해답될 수 없는 물음이라는 것을 잘 알고 있어, 아예 포기해 버린 어른은 어린아이보다 더 현명하고,

어린아이들은 해결될 수 없는 물음을 쓸데없이 묻기 때문에 어리석은 것일까? 어른은 그러한 철학적 물음을 포기한 현명한 자요, 어린아이들은 해결할 수 없는 철학적 물음을 아직도 묻는 어리석은 자이다.

그러나 엄밀히 말하면 어른들은 그러한 물음들을 포기한 것이지 그러한 물음이 아주 없는 것은 아니다. 어른들에게도 그러한 물음이 있는데 포기하거나 억제하는 것뿐이다. 애초부터 그러한 물음이 없는 것은 아니다. 그러므로 어른과 아이들의 차이는 그러한 물음이 있고 없는 차이가 아니라, 묻지 않는 것과 묻는 차이이다.

그런데 그러한 철학적 물음을 분석해 보면 물음을 묻는 당사자 역시 시간과 공간, 우주 전체 안에 있으면서 시간과 공간의 유무한성有無限性을 묻는 것이다. 즉 자신을 포함한 전체 세계에 대하여 묻는 것이다. 그러한 물음은 자의식이 있을 때만 물을 수 있다. 자의식을 가지고 있는 인간만 <자신>을 포함시켜 우주 전체를 객관으로 삼아서 물을 수 있다. 즉 오직 자의식을 할 수 있는 인간만 철학적 물음을 물을 수 있는 것이다.

따라서 그러한 물음을 묻는 어린아이들은 자의식을 가지고 있기에 그러한 철학적 물음을 묻는 것이며, 그러한 철학적 물음을 묻는 것은 인간의 본질에 충실함이다. 인간 이외의 존재는 결코 그러한 물음을 물을 수 없고, 그러한 물음을 물을 수 없는 것은 그것들이 <자의식>을 가지고 있지 않기 때문이다.

인간의 본질인 자의식을 가지고 있는 존재만 그러한 철학적 물음을 물을 수 있다. 그런데 인간만 그러한 철학적 물음을 물을 수 있는 까닭에 그러한 물음을 묻는 것이 바로 인간적人間的이다. 그러한 물음을 묻는 것은 인간의 본질에 충실한 것이다.

그러니까 그러한 철학적 물음을 포기한 것은 현명할지는 모르지만 <비인간적>이며 인간의 본질에서 벗어난 것이다. 엄밀히 말하면 어른들은 현명한 것이 아니라 비인간적이다. 어른은 세속적이며 어린아이는 현실에 물들지 않은 아직 인간의 순수성을 지니고 있다고 이해할 수 있다. 따라서 철학적 물음을 포기한 어른들의 현명은 인간의 본질을 벗어난 현명이며 인간적인 물음을 포기한 비인간적 현명이다. <어떤 것>에 대하여 현명하게 아는 것이 아니라, 포기한 자를 어떻게 현명하다고 말할 수 있겠는가?

세계의 근원에 대하여 알지 못하는 것은 어른이나 어린아이 모두 같다. 그것에 대하여 포기한 것과 포기하지 않은 것의 차이뿐인데, 포기한 것 자체를 현명하다고 할 수 있겠는가? 어린아이들은 어른들의 퉁명스런 대답에도 포기하지 않고 상상의 나래를 끝없는 우주에 펼친다.

그러나 어른들은 「어떻게 하면 재산을 모을 수 있을까?」, 「어떻게 하면 권력을 잡을 수 있을까?」, 「어떻게 하면 건강하게 오래 살까?」등 현실에, 속세적인 것에만 관심을 쏟는다. 어른들은 현실주의자요 속세주의자들이다. 그러나 어린이들은 초현실적인 것에 관심을 갖고 꿈과 상상 속에서 산다.

많은 철학자들은 어린아이들처럼 어리석다. 그들은 어린아이들의 물음을 묻기 때문이다. 엄격히 말해서 약 2천 5백 년 동안의 철학사는 어린애처럼 묻고 해답을 주어 보는 과정이었으며 철학자들은 아직도 <묻는 자>로서 남아 있다. 그렇다고 완벽한 해답을 찾은 자도 없다고 할 수 있다.

따라서 철학자들은 철학적 물음을 포기하지 못하고 지금도 묻고 있는 어리석은 어린아이와 같다고 할 수 있다. 그 철학자들은 어른이기 때문에 오히려 바보스럽기까지 한 사람들이다. 어른이 되었는데도 아직도 그러한 물음을 묻기 때문이다.

어른이 된다는 것이 어린아이의 물음을 묻지 않는 것, 포기한 것이라면 그것은 철학의 포기요, 순수성의 포기, 인간적임의 포기가 된다. 그러한 철학적 물음을 묻는 것은 어린아이로 남아있다는 증거이며 순수성을 잃지 않은 것, 인간적임에 머물러 있는 것이다. 어른들은 인간성으로부터의 타락으로 이해할 수 있다. 그러나 인간만이 철학적 물음을 묻는 존재인 까닭에 인간만 철학적 물음을 묻는 <의문부호>이다.

그러나 한편 그러한 물음을 묻되 아직도 완전한 해답에 도달하지 못했고 앞으로도 도달하지 못한다는 것이 기정사실임에도 불구하고 그러한 물음을 포기하지 못하는 것은 인간이 인간의 본질로부터 벗어날 수 없기 때문이다.

오히려 인간은 그러한 물음을 숙명적으로 묻게 되어 있다. 일찍 어른이 되어버려서 그러한 철학적 물음으로부터 해방된다면 참으로 편할 것이다. 그러나 철학자들은 아직도 그러한 물음으로부터 벗어나지 못한 자들이다.

일반적으로 사람들은 그러한 얽매임으로부터 벗어나려고 애쓴다. 인간적임을 포기하려고 한다. 그래서 물음이 없는 자가 되려고 한다. 인간은 참모습을 벗어나, 인간의 탈을 벗어 던지고 다른 탈을 쓰려고 한다. 그러나 근본적으로는 벗어나지 못한다.

그것은 인간의 본질상 그러한 물음을 묻도록 되어 있기 때문이다. 따라서 철학적 물음의 포기는 바로 비인간화요 인간소외이다. 그러나 현대인은 더욱 그러한 철학적 물음으로부터 벗어나려고 발버둥 친다.

이러한 태도는 자신의 본질을, 자신의 본래의 모습을 증오하고 자신의 본래의 모습을 외면하고 다른 존재이기를 원하는 태도이다. 즉 인간성을 버리려고 하는 태도이다. 그러므로 현대인은 능동적이고도 적극적으로 비인간화로 빠져 들어가기를 원한다. 인간은 기꺼이 타락하려고 하며 서로 타락을 경주한다. 그래서 인간이 아닌 것, 자신을 상실한 곳에 안주하려고 한다. 그렇게 되면 편할 것같이 생각한다.

그러나 그러한 철학적 물음은 그렇게 쉽게, 그리고 완전히 떨쳐 버릴 수 없는 것이다. 완전히 포기했다고 믿던 그 물음이 어느 순간엔가 가슴 속 깊은 곳에서 다시 고개를 들기 마련이다. 어떻게 보면 그러한 물음은 인생에 끝까지 붙어 다니는 징그럽고 끈적끈적한 물음이다. 끈질기게 따라다니며 인간에게 안식을 허락하지 않는다. 그가 인생에 많이 지쳐 있을 때, 반대로 가장 편안한 곳에 안식하고 있을 때, 또 다시 마음의 문을 두드리는 귀찮은 손님이 바로 철학적 물음이다.

해답될 수 없다는 사실을 너무도 잘 아는데 다시 물어지는 물음이다. 그래서 다시 그러한 물음으로부터 도피하려고 한다. 그러니까 인간은 철학적 물음에 쫓기는 존재이다. 인간은 어른이 되어 철학적 물음을 포기하지만 실은 그것은 완전히 포기된 것이 아니다. 겉으로 튕겨 나오지 않도록 억제하고 있는 것이기 때문에, 기껏 해야 잠재우는 것이며 그래서 언제나 다시 튀어나올 수 있는 물음이다.

따라서 현대인의 철학 부재不在는 문명의 힘에 의한 물질적 풍요에 안식하여 철학적 물음으로부터의 도피이며, 완전히 물음을 떨쳐 버린 것은 아니다. 그러므로 그 도피는 완전한 도피가 아니다. 잠재되어 있는 물음은 언젠가는 고개를 들기 마련이다. 또다시 언젠가는 그 물음에 사로잡히고 쫓기게 된다. 그러므로 인간은 철학적 물음을 완전히 포기할 수 없는 존재이다. 이것이 인간의 참모습이다.

완전히 그러한 물음으로부터 벗어날 수 있는 사람이 있다면 그는 인간이 아니다. 인간이라면 누구나 그러한 물음 안에서 방황하는 것이다. 왜냐하면 궁극적인 문제가 모두 완전히 해결된 인간은 있을 수 없기 때문이다. 인간은 철학을 포기도 극복도 할 수 없는 존재이다. 그래서 오늘도 인간은 철학적 물음을 묻고 있는 철학적 물음의 존재이다.

철학적 물음을 묻는 것은 인간의 본질에서 나오는 물음이며, 바로 그것은 인간의 위대성이기도 한다. 그러한 물음이 있는 한 인간은 그 해답을 찾으려고 애쓰게 된다. 물음이 없는 자는 찾지 않는 자이다. 물음이 없는 자는 안일에 빠지게 되고, 안일에 빠지면 마치 흐름이 정지된 웅덩이 물처럼 인간다움은 그 생명을 잃고 썩게 된다.

인간은 문제가 있어야 한다. 물음은 인간을 움직이게 한다. 철학적 물음은 인간을 움직여 진리를 찾아 방황케 한다. 그는 그 해답을 찾아 나설 수밖에 없다. 그는 나그네와 같다. 그는 추위나 잠자리, 한술 밥을 끊임없이 걱정하지 않으면 안 된다. 그리고 아직 가야 할 길은 멀고도 험하다.

그러나 그 진리를 찾는 나그네는 철학적 물음을 포기하고 안주한 주막집 주인보다 많은 경험을 한다. 그는 추위와 배고픔과 싸우면서 고독을 배운다. 본래 인간은 나그네요 더구나 행선지가 정확하지 않은, 그러면서도 떠나야만 하는 나그네이다. 철학적 물음이라는 짐 보따리를 매고 해답을 찾아 나서는 나그네는 그의 여장을 풀

행선지도 모른다. 그것은 아무도 모르는 미지의 세계다. 그러나 철학적 물음을 갖고 있는 인생은 어쩔 수 없이 갈 길을 재촉하지 않으면 안 되고 언제나 방황하는 나그네의 생이다.

주막집 주인에 비하면 나그네는 고달프고 주인은 편안하다. 그러나 주인은 나그네의 방황에서 얻는 많은 경험을 얻지 못한다. 나그네와 주막집 주인은 둘 다 언젠가는 인생이라는 여정의 끝을 맞는다. 하나는 안일하고 평안한 인생을 살고, 하나는 나그네로서 안식 없는 방황의 인생을 살다가 죽음을 맞는다. 나그네는 객사客死를 할 것이다. 그러나 모든 죽음은 같다. 침묵이요 무無이다. 전생前生의 행복과 불행은 이미 무의미한 것이 된다.

그러나 주인과는 달리 나그네의 생은 인간적 생을, 진리를 찾는 구도자의 삶을 산 것이다. 인간적 물음에 쫓기며 산 삶이다. 그의 삶은 인간적임에 충실한 삶이다.

3. 자의식과 고차적 의식(Ⅰ)

　동물은 자의식이 없다. 동물의 의식은 단 한 번의 의식뿐이다. 동물들은 <아프다>, <춥다>등 혹은 <괴롭다> 등 단 한 번의 의식뿐이다. 동물과는 달리 인간은 한 번의 의식인 <아프다>, <괴롭다>는 의식 자체를 대상으로 삼아 <나는 왜 아플까?> <나는 왜 괴로울까>라고 생각할 수 있다. 즉 의식의 의식, 반성을 할 수 있는 존재이다. 그리고 인간은 반성을 통해서 발전할 수 있다.
　그렇기 때문에 동물은 반성을 할 수 없으며 반성을 할 수 없기 때문에 현재보다 더 나은 것으로의 발전이 없다. 그래서 동물은 언제나 같은 생활의 양식을 되풀이할 뿐이다. 그러나 인간은 자의식의 능력에 의하여 어제를 반성하여 더 나은 오늘을 만들고, 오늘을 반성하며 다시 오늘보다 나은 내일을 창조할 수 있게 되어 늘 인간은 발전의 도상에 있게 된다.

자의식은「내가 나 자신을 생각한다」는 사유의 능력을 뜻한다. 여기에서 생각하는 <나>와 생각되어지는 <나 자신>으로, 나의 의식(생각)이 둘로 갈라진다. 그리고 이때 생각하는 나도 의식이며 생각되어지는 나 자신도 의식이기 때문에 자의식은 <의식의 의식>을 의미하게 된다.

　따라서 자의식은 자신을 돌이켜 보는 것, 혹은 반성의 능력이다. 그런데 자의식에서 생각하는 <나>와 생각되어지는 <나> 자신으로 내가 둘로 분열되기 때문에,「진정한 나는 무엇이냐?」라고 묻게 되면 언뜻 대답하기 어렵게 된다. 그 하나만을 진정한 나라고 말한다면 모순이 생긴다. 왜냐하면 생각하는 <나>도 생각되어지는 <나>도 분명히 나의 의식이기 때문이다.

　그래서 나는 생각되어지는 <나>와 <생각하는 나> 전체라고 말해야 할 것이다. 이렇게 말해도 진정한 나는 또 문제가 된다. 결국 나는 둘이면서 하나라고 말하면 되지 않을까? 그래도 석연치 않다. 데카르트는 <생각하는 나>를 실체로 말하지만, 그 나는 어떤 나를 의미하는지 분명치 않다. 그래서 진정한 나는 둘이면서 하나인 나라고 할 수밖에 없을 것 같다.

　그러니까 인간이 자의식을 할 때 진정한 나는 고정될 수 없고 다만 <생각하는 나>와 <생각되어지는 나>, 그리고 <전체로서의 나>라고 할 수밖에 없을 것 같다. 그래서 나는 둘이면서 하나라고 말할 수밖에 없다. 왜 <하나>라는 <나>가 있어야 할까? 그것은 둘로 갈라진 나는 진정한 나를 대표할 수 없기 때문이다. 왜 <둘>로서 <나>가 있어야 할까? 그것은 둘로 갈라진 <나>도 분명히 <나>임에는 의심할 여지가 없기 때문이다. 이러한 상황에 있는 것이 인간의 자의식이다.

어쨌든 이러한 <나>가 둘로 갈라지는, 즉 <의식의 의식>을 자의식이라고 한다. <의식의 의식의 의식의……>라는 자의식과 구별해서 <의식의 의식>이라는 자의식을 일차적一次的 자의식이라고 편의상 규정하기로 한다.

이 일차적 자의식에 의하여 인간은 학문을 할 수 있고 철학을 하고 종교를 갖게 된다. 그래서 이 일차적 자의식에 의하여 인간은 오늘의 인간세계를 만들어냈다. 이 일차적 자의식은 논리적 사유의 근거이기도 하다.

그런데 인간이 일차적 자의식의 능력에 머물러 있는 것은 아니다. 즉 「내가 나 자신을 생각하다」는 단 한 번의 반성, 즉 일차적 자의식의 능력을 넘어서 「내가 나 자신을 생각하고 있다」는 사실을 다시 의식할 수 있다. 이것은 <의식의 의식의 의식>이며 더 나아가서는 <의식의 의식의 의식의……>무한히 나아가는 의식도 가능한데 그런 자의식을 고차적高次的 자의식이라고 규정하기로 한다. 이 고차적 자의식에서 나의 의식은 뒤죽박죽이 되어버린다. 그러나 몇 번은 혼돈되지 않고 가능하다. 그러니까 인간의 의식은 고차적 자의식의 능력이 있음이 확실하다.

따라서 동물에 있어서는 일차적 자의식마저 없는데 반해서 인간은 일차적 자의식은 물론 고차적 자의식을 갖는 존재이다. 일차적 자의식과 고차적 자의식은 인간의 본질이 된다. 그런데 <의식의 의식의 의식……>이라는 고차적 자의식에 있어서 진정한 <나>는 어느 것일까? <의식의 의식의 의식……> 전체가 <나>라고 말할 수 밖에 없을 것 같다.

그러나 이 고차적 자의식에서는 <나>라는 것을 고정시킬 수 없을 뿐 아니라, 언제나 계속해서 앞의 의식의 나는 뒤의 의식의 나에 의하여 희미해지고 그 나의 자리를 계속 빼앗긴다. 그래서 전혀 고정된 나를 확립할 수 없고 <나>가 있다고 할 수 없게 되어 <무아無我>가 되는 것 같다.

따라서 고차적 자의식에 있어서는 나는 무이에 가까운 것이 되고, 분명 있기는 있으나 늘 없어져 가는 <나>이기 때문에 <늘 무화無化되어 가는 나>라고 할 수밖에 없을 것 같다. 따라서 고차적 자의식에 있어서 나는 <무아에로의 도상에 있는 나>라고 하는 것이 정확한 표현이 될지도 모른다. 이 고차적 자의식에 의하여 인간은 무아의 경지에 몰입할 수 있다. 즉 무의식의 경지에 들어간다. 이 경지에서 인간은 종교적·예술적 체험을 하고 깊은 철학의 경지에서 진리를 깨닫는 것이 아닐까?

4. 자의식과 고차적 의식(Ⅱ)

자의식은 <의식의 의식>이다. 그런데 대상을 나와 다른 너로 볼 수 있는 것은 자의식에서 가능하다. 이때 나는 하나의 의식이며, 하나의 의식으로서의 나와 너를 구별하는 또 하나의 <의식>이 필요하다. 즉 나와 너에 맞서는 의식과 나와 너를 구별하는 의식이 있어야 한다. 즉 자의식이 있어야 나와 다른 너라는 것이 성립할 수 있다. 즉, 주관인 <나>와 대상인 <너>를 구별하는 능력이 의식의 첫 능력이다.

나와 다른 너를 의식한다는 것은 <A와 B>의 차이를 알고, 「A는 B가 아니다」라는 판단을 할 줄 알아야 한다. 이때 「A는 B가 아니다」라는 판단은 결국 모순율을 알고 있을 때 가능하다. 즉 인간의 의식은 모순율을 알고 있기 때문에 나와 다른 너가 성립하는 것이다. 그러니까 인간의 첫 의식작용은 A와 B를 구별하는 「A는 B가 <아니다>」이므로 결국 그 구별의 능력은 <아니다>를 할 수 있는 능력이다. 즉 인간의 의식은 부정의 능력임을 알 수 있다.

따라서 인간만이 자의식의 능력으로 부정의 능력을 갖는다. 그런데 자유의 본질은 부정이다. <아니오>가 아니라 <예>라는 긍정은 자유가 아니다. 언제나 <예>라고 긍정만 할 수 있다면 그것은 복종이요 노예이다. 언제나 <예>가 아니라 <아니오>라고 할 수 있는 것이, 즉 부정할 수 있는 것이 자유이다.

동물은 나와 다른 너라는 것이 성립하지 못하기 때문에 <너는 나가 아니다>라는 모순율을 모르기에, 즉 부정의 능력이 없어, 언제나 긍정만 할 수 있으며, 동물은 <아니오>를 할 수 없기에 자유가 없다. 인간의 의식만 부정할 수 있는 능역을 가지고 있다.

자의식이 나와 다른 너를 성립시키고, 그것은 모순율에 의하여 가능하고, 또 모순율은 하나의 부정의 능력이며, 이 부정의 능력에 의하여 인간은 자유로운 존재가 된다. 그런데 이것은 다른 방향에서 인간의 자의식을 분석해 보아도 같은 결론이 나온다는 것을 알 수 있다.

자의식이란 본래 <의식의 의식>인데 이 <의식의 의식>이란 앞의 의식을 뒤의 의식이 부정하는 것과 같다. <의식의 의식>에서 이미 앞에 의식은 뒤의 의식의 대상이 되어있다. 앞의 의식은 뒤의 의식에 의하여 의식의 역할을 못하고 의식의 대상이 되어버린다. 본래가 대상을 향하고 대상을 의식하는 의식의 능력을 상실한다.

따라서 그 자체가 하나의 의식의 대상이 되었을 때 그 의식은 이미 의식의 대상으로 떨어져 있다. 의식이 하나의 대상으로 떨어졌다는 것은 의식의 본래의 본질을 상실한 것이다. 대상화된 의식이 된다.

즉 뒤의 의식이 앞의 의식을 대상화함으로써 앞의 의식은 순수한 의식의 고유성을 상실케 된다. 뒤의 의식은 앞의 의식의 고유성을 부정하여 하나의 대상으로 떨어뜨린다. 따라서 <의식의 의식>에서 뒤의 의식은 앞의 의식을 부정하는 행위가 된다. 즉 자의식은 앞의 의식을 부정하는 능력이라고 말할 수 있다. 뒤의 의식은 앞의 의식을 의식으로 승인하지 않는 부정의 능력이다. 그런데 본래 <부정>이 자유의 본질이므로 자의식에 의하여 인간은 자유로운 존재가 된다.

동물의 의식은 자의식이 아니며 한 번의 의식뿐이다. 그 한 번의 의식은 신경계통과 연결되어 있다. 그래서 그 의식은 신경계통의 반응으로 나타날 뿐이다. 어떤 상처를 입었을 때 감각기관을 통하여 전달되어 <아프다>는 의식을 갖게 된다. 그러나 그 아프다는 의식을 다시 의식해서「나의 아픔은 왜 생겼을까?」라는 앞의 의식을 다시 의식하지 못한다.

그래서 동물은 의학을 발전시킬 수가 없는 것이다. 혹시 동물 중에 상처를 치료하는 방법을 안다 해도 그것은 반복된 경험을 통해서 얻은 조건 반사적 지식에 불과하기에 신경계통의 명령 즉 본능을 따를 뿐이다. 따라서 동물은 결코 본능을 부정할 수 없다. 언제나 본능을 긍정할 수밖에 없다. 동물은 본능을 긍정할 수밖에 없는 본능의 노예다. 본능을 부정할 수 없는 동물은 자유가 아니다.

인간은 <의식의 의식>에 의하여, 즉 자의식에 의하여 <아프다>라는 한 번의 의식에 그치지 않고「나의 아픔은 왜 생겼을까?」라는 처음의 의식을 다시 대상화하여 의식할 수 있다. 즉 두 번째 의식은 신경계통에 연결되어 있는 것이 아니라, 신경계통에 연결되어 있는 의식을 다시 대상으로 삼아 의식하는 것이다. 그 의식은 신경계통과 상관없는 의식이다. 첫 의식은 신경계통에 연결되어 있어 단순한 반응에 불과하고 그것은 본능을 따르는 것이다.

예컨대 <배가 고프다>라는 첫 의식은 본능을 따르려고 한다. 남의 것이라도 먹으려고 한다. 그 첫 의식, 즉 남의 것이라도 먹으려는 본능을 부정할 수 있는 것은 두 번째 의식에 의한 것이다. 즉 두 번째 의식은 「그것은 남의 것이니까 먹지 않겠다.」는 첫 의식을, 단순히 배고프다는 첫 의식의 욕구를 부정할 수 있다. 인간은 자의식의 능력, 즉 부정의 능력에 의하여 본능을 부정할 수 있으며 <아니오>를 할 수 있는 자유로운 존재이다.

그런데 이 본능의 부정은 <의식의 의식>이라는 일차적 자의식에 의하여 가능하다. 또한 <의식의 의식의 의식……>이라는 인간의 본래의 의식, 즉 고차적 자의식 역시 앞의 의식을 뒤의 의식이 계속 대상화하는 것이므로 앞의 의식을 계속 부정하는 행위이다. <의식의 의식>이 계속되는 동안 처음의 의식은 의식의 기능을 상실하고 만다. 그러나 앞의 의식이 완전히 의식이 없는 것이 아니라 뒤의 의식에 비하여 희미해진 의식이 된다. 그리고 뒤의 의식은 더 앞의 의식에 비해서는 더 밝은 의식이다. 즉 「의식의 의식의 의식……」이 계속되는 의식들 중에서 언제나 앞의 의식은 뒤의 의식에 비해서 희미하지만 그 앞의 의식에 비하면 더 밝은 의식이다. 그래서 「나」의 뚜렷한 의식은 언제나 맨 끝의 의식이다.

그러나 엄밀히 말하면 그 맨 끝의 <나>의 의식도 점점 희미해진다. 왜냐하면 <나>의 의식이 뚜렷하려면 나와 다른 의식의 <대상>이 뚜렷할 때 가능하기 때문이다. 대상이 없는 의식은 의식이 아니다. 앞의 모든 <나>의 의식들은 <대상>으로 떨어지고 맨 끝의 <나>마저 없어지므로 실체로서 <나>는 상실된다. 결국 고차적 자의식에서는 맨 끝의 <나>마저 없어지고 그 앞의 모든 <나>들은 대상으로 떨어져 없어진다. 따라서 주관도 무요, 객관(대상)도 무가 되어 물아일여物我 一如가 된다.

5. 자의식이 철학의 근거(Ⅰ)

　모든 지식은 물음으로부터 시작한다. 그것이 하찮은 지식이든 차원 높은 지식이든 지식은 물음이 동기가 된다. 현재까지 인간이 쌓아올린 과학기술의 지식은 인간 스스로 경탄할 만한 지식이다. 그러나 그 경탄해 마지않는 현대의 과학기술 역시 조그만 물음으로부터 시작해서 차츰차츰 넓고 깊은 물음들을 해결하면서 이루어진 것이다.
　다시 말해서 처음에는 단순하고 유치한 물음을 묻고 그 물음에 대한 합리적인 해답을 얻고, 다시 그 합리적 지식을 바탕으로 해서 더 큰 근원적인 물음으로 확대해 나아가는 과정이 곧 과학기술은 물론 모든 인간지식의 발전과정이다.
　그래서 최초의 유치하고 단순한 물음으로부터 복잡하고 고차적인 물음까지를 단계적으로 나열한다면 그 물음들의 단계성을 알게 될 것이다. 그리고 다음의 물음에 의한 해답 없이는 그 다음의 물음과 해답이 불가능한 것이다. 물론 그 물음들이 일직선으로 나열될 수 있는 것은 아니겠지만, 무수히 얽히고설킨 물음들과 해답들은 마치 그물과 같은 것이다.

그런데 물음과 해답을 살펴보면 앞의 해답 안에 이미 다음의 물음을 함유하고 있다는 사실을 알게 된다. 즉 어떤 해답이 있을 때 그 해답은 다른 물음을 기초로 해서 해답된 것이다. 그러니까 엄밀히 말해서 해답은 물음에 근거하고 있는 것이다. 즉, 아는 것은 모르는 것에 근거하고 있는 것이다,

물음은 캐 올라가는 물음과 캐 내려가는 물음으로 나눌 수 있다. 즉 어떤 현상이 있을 때, 그 현상의 원인을 묻는 물음과 그 현상을 원인으로 해서 다른 결과를 찾으려는 물음으로 나눌 수 있다.

그런데 캐 들어가는 물음은 근원을 찾아가는 물음이 된다. 즉 학문적으로 말한다면 기초과학으로 물어 내려가는 물음이다. 그런데 기초과학의 성과를 근거로 해서 물어 올라가는 개별과학들의 물음도 있다. 그리고 이 개별과학들은 수많은 물음으로 갈라지기 때문에 많은 학문의 영역으로 나누어지는 것이다.

그래서 이러한 물음들은 물음의 해답을 근거로 해서 다시 위로 끝없이 물어 올라가게 된다. 그리고 그 해답의 성과들을 현실생활에 적용하고 사용하게 된다.

예컨대 빛의 굴절현상의 근원을 묻는 물음이 아래로 캐 내려가는 물음이라면, 빛의 굴절현상을 어디에 사용할 것인가를 묻고 망원경을 만든다면 그러한 물음과 해답은 실용적 물음과 해답이라 할 수 있다. 따라서 아래로 캐물어 가는 물음을 기초과학이라면 위로 캐물어 가는 물음은 실용 과학적 물음이라고 할 수 있을 것이다. 그런데

위로 묻는 실용적 물음이 무수하게 갈라지고 복잡해진다면, 아래로 묻는 물음은 내려갈수록 단순해진다. 인간이 이와 같이 물음을 묻고 해답하는 능력에 의하여 학문이 성립하고 과학기술의 발전을 보게 되었다.

그런데 물음과 해답을 살펴볼 때 언제나 해답은 물음이 먼저 있음으로써 나오는 것이기 때문에, 언제나 물음이 해답에 우선하고 모든 해답은 결국 물음에 이미 종속하고 있는 것이다. 즉 아래로 캐묻는 물음과 해답의 관계를 살펴보면, 주어진 해답을 근거로 하면서도 동시에 다음의 해답의 가능성을 함유하고 있는 것이다.

특히 위로 캐 올라가는 물음은 생활에 필요한 실용적 물음들이며 그러한 물음은 인간의 생존과 관계되는 물음들이고, 자신의 생존을 위해서 동물들도 물을 수 있는 물음들이다. 그렇다고 인간의 고도의 현대 과학적 물음을 동물들이 묻는 다는 것은 아니다.

예컨대 위로 캐묻는 물음은 높은 곳에 먹이가 있을 때 「어떻게 하면 저 먹이를 먹을 수 있을까?」와 같은 물음들이다. 아래로 캐묻는 물음은 근원적 물음이 되어 「세계의 근원은 무엇인가?」와 같은 물음이 된다. 그런데 <세계의 근원>을 묻는 물음은 이미 <나>까지 포함된 물음이 된다. 왜냐하면 나 역시 이미 세계에 속해 있기 때문이다.

그래서 근원적 물음은 <나를 포함한 세계>에 대한 물음이 된다. 그런데 나까지 포함시킨 세계를 물음의 대상으로 묻는다는 것은, 이때 세계에 포함시킨 <나>와 그 세계에 대하여 묻는 <나>가 성립하기 때문에, 이때는 나는 둘로 갈라진다. 즉 <물어지는 나>와 <묻는 나>로 갈라진다. 이와 같이 물어지는 나와 묻는 나로 갈라지는 것은 인간에 있어서만 일어난다. 동물은 물어지는 나, 즉 나 자신이라는 것이 없다.

 인간은 나 자신이 성립하므로 근원을 묻는 물음에서와 같이 나 자신을 포함시킨 세계의 근원을 물을 수 있다. 인간만 자의식을 가지고 있어 물어지는 나, 즉 나 자신과 묻는 내가 성립하고 <나 자신을 포함시킨 세계>의 근원에 대하여 물을 수 있다.

 그러니까 아래로 캐 내려가는 물음 중에서 근원적 물음은 자의식을 가지고 있는 인간에게만 가능하고, 그 근원적 물음을 형이상학이라고 한다면, 자의식을 가지고 있는 인간만 형이상학을 하게 된다는 의미로 이해되는 것이다.

 즉 인간만 형이상학적 물음을 물을 수 있는 철학하는 존재이다. 인간만 자의식을 갖는 유일한 존재이고 근원을 묻는 철학하는 존재라면, 철학을 단념한다는 것을 무엇을 의미할까?

6. 자의식이 철학의 근거(Ⅱ)

흔히 서양철학의 발상지를 그리스로 보고 탈레스를 철학의 시조로 본다. 그를 철학의 시조로 보는 것은 그의 사유가 그 이전의 사유와는 달리 최초로 자연(Physis)을 문제 삼고, 사상事象 자체에서 사상을 설명하려는 사유를 했다는 이유에서이다.

신화적 사유가 어떤 사상을 설명할 때 그 사상 자체에서 그 사상을 설명할 수 있는 원리를 찾지 않고 다른 것에서, 즉 신화를 빌어 설명했다면 탈레스의 사유는 사상 자체에서 사상을 설명할 수 있는 원리를 찾으려는 사유였기 때문에 이성적 사유, 즉 합리적 사유라고 보아, 그 이전의 사유와 구별하고 그를 최초의 합리적 사유의 효시로 보고 그를 철학의 시조라고 부르는 것이다.

그의 사유가 자연의 근본원리 내지는 근본원소를 묻는 근원적 물음이었기 때문에 철학적 사유요, 또한 합리적 사유였기에 학문의 시조로 본다.

이때 탈레스가 문제로 한 자연(Physis)은 물질적 자연만을 의미하는 것이 아니라, 물질과 정신 전체로서의 자연인 까닭에 자연의 근본원리나 원소가 무엇인가를 묻는, 그의 물음은 결국 물질과 정신의 전체로서의 자연의 근원을 묻는 물음이 된다. 단적으로 만물의 근원을 묻는 물음이었다. 실로 철학은 전체적이고 근원적인 물음을 묻는 사유라고 할 수 있다.

이러한 철학의 성격이 철학(Philosophia)이라는 어원에 잘 나타나 있다. Philosophia는 Philos(愛)와 sophia(智)의 결합어이다. 그러니까 철학의 어원적 의미는 애지愛智이다. 여기에서 sophia는 개개의 사물을 설명할 수 있는 개별적 지식이 아니라, 만물을 꿰뚫는 전체적이고 근원적인 진리를 의미하는 것으로 동양철학에 있어서 도道와 같은 것이다. 그리고 philos는 어떤 실용적 지식을 사랑하듯이 현실적 인생을 위한 사랑이 아니라, 진리를 위해서라면 죽어도 좋은 사랑을 의미한다. 공자의 「아침에 도를 들으면 저녁에 죽어도 좋다」는 진리에 대한 사랑을 의미한다.

그런데 그 전체적이고 근원적인 진리를 사랑하는 철학이 성립되려면, 먼저 인간 자체가 그러한 철학적 물음을 물을 수 있는 능력이 있어야 한다. 동물은 그러한 물음을 물을 수 없으므로 철학할 수 없고, 인간은 그러한 물음을 물을 수 있기 때문에 인간만 철학을 할 수 있다. 따라서 인간에 있어서만 철학이 성립한다면 무엇이 동물과 다른 인간의 고유한 것이 될까? 만일 철학적 사유가 인간에게만 있다면 그것은 동물과 다른 인간의 본질이 될 것이다.

그러면 철학할 수 있는 인간의 본질은 무엇일까? 그것은 단적으로 말해서 인간의 자의식이라고 말할 수 있다.

즉 인간은 자의식에 의하여 세계전체를 근원적으로 묻고 사유할 수 있는, 철학하는 존재가 된다. 따라서 철학은 인간의 자의식에 의하여, 일차적 자의식에 의하여 성립되고 인간의 자의식은 인간의 고유한 본질이며 철학의 가능근거가 된다.

따라서 인간만 철학할 수 있고, 철학할 수 있는 것이 인간의 본질이기에 그가 얼마만큼 인간의 본질에 충실한가, 그가 얼마만큼 <인간적>인가 하는 것은 곧 그가 얼마만큼 철학하는가에 달려 있다고 말할 수도 있다. 그렇다고 철학을 전공으로 해야 인간적이라는 뜻은 아니다. 철학적 사유를 얼마만큼 하느냐를 말하는 것이다.

그러니까 철학적으로 사유하기를 꺼리고 도피하는 것은 <인간다움>으로부터, 인간의 본질로부터 벗어남이며 도피나 포기로 이해할 수도 있다. 어쨌든 인간은 「내가 나 자신을 생각한다」는 일차적 자의식에 의하여 만물 중에 유일하게 철학할 수 있는 존재가 된다.

그러나 인간의 사유가 「내가 나 자신을 생각한다」는 일차적 자의식의 능력에 국한된다면, 언제나 사유하는 나는 사유의 주체로서 남아있다. 물론 이러한 일차적 자의식에 의해서도 철학적 사유는 가능하다. 그러한 철학적 사유는 언제나 내가 남아 있는 사유이기 때문에 합리적·논리적 사유의 영역에 머문다. 그런데 철학적 사유를 보면 플라톤에서부터 벌써 합리적 사유의 영역을 넘어서 있다. 즉 일차적 자의식의 능력에 의하여 인간은 철학적 물음을 묻게 되었다(철학의 시작).

그러나 철학적 사유는 합리적 사유영역을 넘어서 나래를 펼쳤다. 인간의 사유는 합리적으로 말할 수 없는 비합리적·비이성적 영역을 넘나들게 된다. 이때에는 일차적 자의식에 있어서 남아 있던 내가 희미해지고 결국에는 없어질 정도의 영역으로 나아간다.

이것은 「내가 나 자신을 생각한다」는 <의식의 의식>이라는 일차적 자의식의 사유가 아니라, 「내가 나 자신을 생각하고 있다」는 것을 다시 의식하고 또 그것을 또 다시 의식하고……라는 <의식의 의식의 의식의……> 즉 고차적 자의식을 의미한다. <의식의 의식의 의식의……>이라는 무한한 의식의 운동에서 일차적 자의식에 남아 있던 <나>마저 희미해지고 없어지고 마는 인간의 사유가 있다.

이러한 사유의 깊은 경지에서는 <나>뿐만 아니라 <세계>자체도 없어진다. 즉 세계도 나도 없는 무세계, 무아無我의 경지가 된다. 인간은 이 고차적 자의식에서의 철학적 사유도 가능하다. 그러니까 일차적 자의식의 능력에 의해 철학이 시작하고, 고차적 자의식의 사유에 의하여 철학은 더욱 심화된다고 말할 수 있다. 이러한 고차적 자의식의 능력은 결국 철학 뿐 아니라 예술의 깊은 경지나 종교의 깊은 경지와도 관계가 있다.

7. 인간은 반성능력으로 무한히 발전하는 존재

　우리의 생각에는 사고의 법칙이 있으며, 그 법칙에 따라 생각하면 그 사고는 논리적 사고가 되고, 그 사고의 법칙을 따르지 않은 생각은 비논리적인 사고가 된다. 문법에서 긍정문과 부정문이 있듯이, 우리의 사고에도 긍정과 부정이 있는데 이 긍정과 부정은 우리가 논리적 사고를 할 때 가장 근본적인 원칙, 다시 말해서 논리적인 생각을 할 때 모든 사고법칙의 근본원칙을 말한다. 어쨌든 우리의 언어나 사고는 똑같이 긍정과 부정이 있다.

　그러면 긍정과 부정이 인간과 어떤 관계가 있는가를 살펴보자. 인간은 육체와 정신이라는 두 가지 요소로 되어 있다. 이러한 인간의 양면성을 철학자들은 여러 형태로 표현하였다. 그런데 육체는 물질인 까닭에 물질의 법칙에 지배되고 정신은 정신의 법칙에 의하여 지배된다고 볼 수 있다. 물질의 법칙은 자연의 법칙이며 자연법칙은 또한 필연의 법칙이다.

다시 말해서 육체는 필연의 법칙인 본능에 복종하고 본능을 필연적으로 긍정한다는 말에서 볼 수 있듯이, 육체·필연·본능·긍정 등의 개념은 상호불가분의 관계를 가지고 있을 뿐 아니라, 결국은 우리의 육체가 자연법칙에 복종하는 긍정이라는 개념으로 이해할 수 있다.

그러면 우리의 정신의 본질은 무엇일까? 정신은 아무런 구속을 모르고 자유로운 것이다. 육체와는 달리 정신은 자연의 법칙, 즉 본능을 필연적으로 긍정하는 것이 아니라, 오히려 이와는 반대로 정신의 본질은 본능에 복종하지 않고 본능을 거부하고 부정할 수 있다는 데 있다. 육체가 본능을 긍정하고 따르려 할 때 정신은 본능에 복종치 않을 수 있으며 본능부정이 가능하다.

여기에서 정신·가능성·본능부정이라는 개념은 상호 불가분의 관계임을 알 수 있다. 따라서 육체의 본질이 자연법칙, 물질의 법칙, 본능을 따르는 긍정이라면, 정신의 본질은 본능을 부정할 수 있는 능력으로 이해할 수 있다.

인간은 육체와 정신으로 되어 있지만 동물과 다른 인간의 본질은 본능을 부정할 수 있는, 결국 정신이라고 해야 할 것이다. 그렇다면 인간의 본질은 정신이며 정신의 본질은 부정이라는 결론이 나온다. 실로 인간이 인간다울 수 있는 것은 본능의 노예가 되지 않고 본능을 부정하는 정신의 본질에서 찾아야 할 것이다.

인간의 본질이 정신에 있다면 진정한 나는 분명히 육체가 아니라 정신적 존재로서의 나일 것이다. 이 정신적 존재로서의 나는 육체적인 나에 복종하고 따를 때 육체의 노예가 되고 말 것이며, 오히려 정신적 존재로서의 내가 육체적인 나에 복종하지 않고 육체적인 나를 부정할 때 나는 육체로부터 자유로운 존재가 될 것이다. 인간이 인간의 본질에 따라 살 때 인간다운 삶이라고 한다면, 인간의 위대성은 바로 정신적인 본질에 따르는, 즉 육체적인 나를 부정하는 데 있다고 할 것이다.

풀어 말하면 인간의 정신이 인간의 본질이기 때문에, 내가 나의 육체의 본능을 얼마만큼 부정하느냐에 따라 그만큼 나는 인간적이 되고 그만큼 참다운 인간이 될 것이다.

따라서 인간다운 삶이란 이 육체의 본능을 부정하는 정신적 자아의 실현일 것이다. 이와 반대로 만일 진정한 자아는 나의 육체일 뿐이라고 생각하는 사람이 있다면, 인간의 본질이 육체의 본능에 있다고 믿기 때문에, 본능의 노예가 되는 것을 당연하다고 생각하고 동물로 전락한 삶을 찬양할 것이다. 따라서 본래 인간의 본질이 육체라고 생각하느냐 정신이라고 생각하느냐에 따라서 육체의 본능을 따르는 삶을 찬양하는 물질적 삶과 육체의 본능을 부정하는 정신적 삶이 결정될 것이다.

이제 긍정과 부정을 나와 타인과의 관계에서 살펴보자. 인간이 육체적 존재이든 아니면 정신적 존재이든, 누구나 인간은 너보다는 나를 더 중요하게 여기고, 나를 더 주장하려는 본능을 가지고 있다. 위에서 말한 대로 아무리 정신적 자아의 실현을 삶의 목표로 삼는 사람이라도, 어디까지나 너보다 나를 더 주장하는 면이 강하다고 말할 수 있을 것이다.

그러나 이와 같이 너를 부정하고 나를 긍정하려는 것은 이기주의가 주도하는, 소위 베이컨이 말한 만인이 만인에 대한 적이라는 이리들의 사회가 될 수밖에 없을 것이다. 즉 인간과 인간의 관계는 적대관계가 될 것이다.

위에서 말한 아무리 정신적인 <자아>의 실현이라 해도, 너보다 언제나 나를 긍정하고 주장하려는 것은 넓은 의미에서 볼 때, 인간의 심리적 본성이라고 할 수 있을 것이다. 이 심리적 본성을 긍정하는 것 역시 인간의 본질이 아니다. 오히려 그 심리적 본성을 부정하는 것이 인간의 본질이다. 왜냐하면 인간의 본질은 정신에 있고, 정신의 본질은 본능부정에 있기 때문이다.

따라서 너와 나와의 관계에 있어서도 인간의 본질에 따라 사는 것은 나를 부정하는 데 있다. 이와 같이 모든 사람이 본능적인 나를 부정할 때 너와 나는 협조의 관계, 사랑의 관계, 바람직한 사회가 될 것이다. 이러한 부정의 원리는 만물이 존재하는 근본원리가 된다. 가을에 한 알의 밀알이 자기를 부정하여 썩을 때, 다음 가을에 많은 결실을 갖게 되고 그 밀의 종이 번성할 수 있다.

부모와 자식에 대한 자기희생이 있을 때, 그 자식은 훌륭하게 성장할 수 있는 것이다. 만일 자식을 위해서 조금도 희생하지 않는, 즉 자기를 부정하지 않는 부모가 있다면 어떻게 그 부모가 부모의 도리를 다했다고 할 수 있을 것이며 어떻게 그 자식이 훌륭하게 성장하기를 기대할 수 있으랴. 자식의 효도라는 것도 사실은 자식이 본능적 자기를 부정함으로써 성립될 수 있다. 효의 근본의미도 역시 부모를 위해 자신을 부정하는 원리일 것이다.

이상에서 보았듯이 부정은 만물생존의 원리일 뿐 아니라, 인류의 근본원리가 되는 것이다. 다시 말해서 도덕의 완성은 곧 자기부정의 원리에서 이루어질 수 있다고 본다.

긍정과 부정을 현실부정이라는 측면에서 고찰해 보자. 현실을 부정할 줄 모르고 긍정만 한다는 것은 개혁·진보·발전을 포기하는 것이다. 인간이 현실을 긍정하고 현실만족에 머물러 있었다면, 오늘의 과학기술 문명은 있을 수 없을 것이며 인간은 원시상태로 존재할지도 모른다. 모든 동물들에 있어서는 진화는 있었으나, 스스로 현실을 부정하여 개혁한다는 의미로서의 진보나 발전은 없었다. 까치는 수십만 년 전부터 똑같은 방식으로 집을 짓는다. 그것은 집을 짓는 방법을 본능적으로 타고났으며, 그 본능적인 건축방식을 부정할 수 없었기 때문이다.

인간은 토굴이라는 현실을 부정하고 초가집을, 초가집이라는 현실을 부정하고 기와집을……이렇게 인간은 현실긍정에 머물러 있지 않고 늘 현실을 부정할 수 있어, 개혁과 발전을 거듭하여 오늘날의 놀랄 만한 문명세계를 이룩할 수 있었다. 인간만이 이러한 문명세계를 소유하는 것은 인간만의 본질인 현실부정의 능력을 소유하고 있는 까닭에 가능한 것이다.

긍정과 부정의 원리를 인간에 적용시켜 보면 긍정적 인간과 부정적 인간이 된다. 전자는 일반적으로 현실을 긍정하는 자로, 후자는 현실을 부정하는 자로 볼 수 있을 것이다. 긍정적 인간은 현실의 안일을 추구하고, 현실의 안일은 결국 자기의 안일을 긍정하는 것이다.

그에게는 정의나 불의 같은 것은 상관없다. 소위 <yes man>의 심리를 분석해 보면, 사회나 국가를 위해서가 아니라, 이기적 심보라는 사실을 쉽게 알 수 있다. 역사 속에서 그들은 망국의 간신배들이었으며, 아첨을 일삼는 기회주의자들이었다는 사실을 역사가 대변해 준다. 현실은 반드시 정의와 선의 편이 아니기 때문에 그들은 부정과 불의에 영합하고, 현실의 자기보존을 위해, 자기긍정을 위해 모든 수단과 방법을 가리지 않는다.

현실은 그들을 환영한다. 그들은 융통성이 있는 사람, 아량이 넓은 사람, 호인 등의 듣기 좋은 칭호로 칭찬을 받으면서 요령 있게 잘 살아간다. 혹시 그들은 현실이라는 측면에서 볼 때 필요악일지도 모른다. 그러나 분명한 것은 그들이 정의와 선의 위치에 서있지 않다는 것은 확실하다. 왜냐하면 그들은 결국 자기긍정이라는 인간의 본능 내지는 이기심의 노예로서 인간의 본질과는 상반되는 위치에 서있기 때문이다. 인간은 인간답게 살 때, 즉 본능적 자기를 부정할 줄 아는 정신적 존재일 때 참 된 인간이다.

현실에 있어서 긍정이 건설적이라면 부정은 파괴적이다. 언뜻 생각해 보면 현실의 부정은 용납하기 힘들다. 더구나 현실부정은 전통부정과 관계되기에 반드시 보존 유지해야 할 전통을 파괴하는 자들의 심보를 먼저 살펴볼 필요가 있다. 예컨대 어떤 행정이 조석朝夕으로 전통을 파괴한다면 문제가 있는 것이다.

전통을 파괴하는 자들의 심리를 잘 살펴보자. 자기가 높은 행정의 책임자로 있을 때 자기의 지위를 확고히 하고 또는 자신에게 유리하게 하기 위하여 전통을 파괴 부정한다면, 그것은 틀림없이 자기부정이 아니라, 그 이면에는 인간의 본능인 이기적인 자기긍정이 도사리고 있음을 알아야 한다. 전통적인 도덕을 파괴하는 것도 같은 경우이다. 본래 윤리를 명하는 것은 본능이 아니다.

오히려 본능은 윤리를 거부한다. 그렇기 때문에 전통윤리를 파괴하는 심보 역시 정신적인 존재로서의 자아의 부정이요 본능의 긍정이다. 다시 말해서 전통 윤리의 파괴는 본능긍정이라는 본능의 옹호라는 사실을 알아야 한다. 전통적 윤리를 파괴하는 데는 아무런 수고가 필요 없다. 그저 육체의 본능을 따르면 된다.

현대에 들어와서 고전예술이 푸대접받고 말초신경을 자극하는 대중예술이 판을 친다. 인간의 정신이 아니라 육체적이고 일시적인 감정을 즐겁게 하는 본능을 따르는 예술들이 각광을 받는 것은, 두말할 필요 없이 현대인의 경향인 본능지향의 일면을 잘 나타내 준다. 인간은 육체와 정신의 통일체이기에 육체를 부정하고 정신만 긍정할 수는 없다. 그러나 육체의 본능을 부정해야 비로소 육체와 정신의 조화가 이루어진다. 정신이 본능으로서의 나를 부정함으로써 육체와 정신이 겨우 균형을 유지하게 된다.

본래 수양이란 정신이 육체적 본능을 부정하는 과정이라고 볼 수 있다. 본능긍정의 세력을 억제하여 정신을 드러내는 것이 수양이라 할 수 있다. 인간본능의 세력을 그대로 긍정할 때, 정신은 육체본능의 노예가 되고 결국 인간은 물질의 지배를 받는 본래의 인간성을 상실한 동물로 전락할 수밖에 없다. 적어도 인간 사회를 유지해야 한다는 소극적인 면에서 생각해도 사회를 구성하는 우리 각자의 본능을 부정함으로써 가능한 것이다. 도덕과 윤리는 이기적 본능을 긍정하는 것이 아니라, 부정하는데서 성립한다. 나만을 주장하는 본능긍정은 모든 인간관계와 도덕을 파괴한다. 그런데 자신의 본능을 부정하려면 먼저 <자신>을 돌이켜볼 수 있는 반성(자의식)의 능력이 전제된다.

윤리도덕이란 결국 각자의 본능부정에서 성립될 수 있다. 각자가 육체적 본능만을 긍정한다면 동물들의 사회, 비도덕적 사회밖에는 성립할 수 없다. 인간의 본질은 정신에 있고 정신의 본질은 본능부정에 있다. 그리고 본능부정은 자신의 본능을 반성할 수 있는 자의식적 존재인 인간에게만 가능하다.

8. 철학의 진리는 길(道)이다

　많은 선각자들이 진리를 찾아 긴 사색과 명상의 길을 떠났다. 그들은 진리를 찾기 위해서 끝없이 먼 진리의 길을 찾아 헤맸다. 그들은 나름대로 진리를 깨닫고 돌아와 진리를 가르쳤다. 그러나 그들은 우매한 대중에게 진리를 손아귀에 넣어 주지는 못하였다. 진리는 그렇게 쉽게 다른 사람에게 단편적인 지식을 전달하듯이 손에 넣어 줄 수 있는 것은 아니다.

　그들이 설령 진리를 깨달았다 해도 그 진리를 다른 사람에게 쉽게 전달할 수 없는 것이 진리의 본질이기도 하다. 왜냐하면 진리가 그렇게 쉽게 아무에게나 전달될 수 있는 것이라면, 그 진리는 어떤 명제로 모두 표현할 수 있는 것이 된다. 그렇다면 이때의 진리는 인간이 개념화할 수 있는 것이 된다.

　진리는 <어떤 것>으로 모두 서술되고 규정할 수 있다는 말이 된다.

그렇다면 그 진리는 유한적인 것, 개념화할 수 있는 것인데 이때에 진리는 <어떤 것>으로 고정되어 버린다. <어떤 것>으로 고정된 것은 진리일 수 없다. 예컨대 진리는 「S는 P이다」라는 식으로 한마디로 말할 수 없다. 이때 S와 P가 완전히 같다면 동어반복이 된다. 또한 동어반복이 아닌 명제라면 아직 정확하게 진리를 기술한 것이 못되는 명제가 된다. 즉 「S는 P이다」에서 P가 S를 다 표현할 수 없다면 언제나 S는 모두 설명되지 않고 있는 셈이다.

또한 진리 자체와 완전한 동의어는 없다고 보아야 한다. 만일 있다면 그 동의어는 다시 무엇이냐? 하는 것이 물어져야 하기 때문이다. 그래서 선각자들은 진리를 말할 때 비유를 들어 말한다든가, 「진리는 X이다」로 말할 수밖에 없었다. 그런데 그 X가 애매모호한 경우가 많다. 또는 「진리는 네 자신이 깨달아라!」라고 말할 수밖에 없었다. 그런데 진리는 그렇게 하나의 명제로 표현할 수 없는 것이기에, 「진리는 X이다」라고 표현한 선각자들의 말은 모두 「진리는 네 자신이 깨달아라!」라는 말로 이해할 수밖에 없을 것 같다.

내 자신이 진리를 깨닫는다는 것은 진리를 정확하게 전달해 줄 자도 없고 내 자신 홀로 진리를 찾아 나서야 한다는 뜻으로 이해된다. 그러면 어디로 갈 것인가? 진리는 보이지 않는다. 어떤 길이 진리에로 통하는 길인지 알 수 없다. 진리를 찾아가려면 우선 그 길을 잘 선택해야 할 것이다. 아무 길이나 무작정 가면 진리에 도달하는 것은 아니다.

그러나 엄밀히 말하면 진리에로 통하는 길이 나아있지 않다. 이미 선각자들이 닦아 놓은 길을 쉽게 달려갔으면 좋겠지만 그런 길은 없다. 진리에로의 길은 자신이 숱한 고통과 피나는 노력으로 개척해 나아가지 않으면 안 된다. 마치 갈대밭처럼 선각자들이 헤쳐 나아간 그 길은 흔적도 없다. 그 선각자들마저도 처음부터 진리를 보고 지름길로 달려간 것은 아니다. 그들 역시 황야에서 길을 잃고 헤매고 기나긴 방황 끝에 찾아간 것이다. 그 길이 너무나 험난했기에, 너무나 긴 방황 끝에 찾은 길이다. 진리에 도달하여 진리를 깨달은 뒤에도 그 길을 기억해 낼 수가 없다.

진리를 깨닫고 다시 속세로 돌아올 때 다시 그 험난한 길을 따라 돌아올 필요는 없다. 진리를 깨달은 그들은 순식간에 속세로 돌아온다. 진리를 깨달은 자는 평탄한 진리의 빛의 인도로 쉽게 돌아오는 것이다. 비진리의 세계에서 진리의 세계로의 길은 험난하지만, 진리의 세계에서 비진리에로의 길은 쉽고 가까운 길이다.

그것은 빛의 근원에서 어두운 곳으로 비추기 때문에 그 길은 밝다. 그러나 비진리의 세계에서 진리의 세계에로의 길은 그 진리의 빛으로부터 비추는 빛 때문에 너무나 눈이 부셔서 앞으로 나아갈 수 없는 것이다. 선각자들은 그들이 갔던 그 길을 다시 가리켜 줄 수 없다. 방향 제시밖에는 할 수 없다.

그러니까 어떤 선각자도 그 자신이 앞장서서 다시 우리를 진리에로 인도할 수는 없다. 그들은 방향만 제시할 뿐이다. 그것도 그들 나름대로의 길을 제시하는 까닭에 언뜻 보기에는 그 길의 방향이 모두 달라 보인다. 그것은 그럴 수밖에 없다. 진리에로 통하는 길은 하나의 평탄대로가 아니며, 또한 곧게 길이 나 있는 것이 아니다. 빛이 비추이는 진리의 광원을 향하여 넘어지고 엎어지고 더듬으면서 찾아가야만 한다. 따라서 선각자들이 진리를 찾아 간 길도 모두 같을 수는 없다.

따라서 진리는 자신이 찾아야 한다. 그러면 나 자신이 혼자서 길을 개척하면서 진리에로 갈 수 있을까? 그러나 선각자들처럼 진리 자체에 도달하기는 어렵다. 엄밀히 말하면 선각자들만이 진리 자체에 도달할 수 있고, 우리네처럼 평범한 인간은 기껏해야 진리에로 통하는 도상에서 생이 끝난다. 그러므로 평범한 우리에게 진리는 <진리에로의 과정>에 있음이 고작이다. 우리에게는 그 길이 바로 진리가 된다. 그래서 「나는 길이요 진리니라」가 성립하는 것이 아닐까?

　유한한 우리 인간은 진리 자체에 도달 할 수는 없다. 人間은 진리를 목표로 하는 길 위에 있을 뿐이다. 진리에로의 길만 있을 뿐이다. 우리에게는 진리는 길(道)이 된다. <진리에로의 길을 깨달음>이 진리의 깨달음이 될 뿐이다.

　따라서 진리의 길을 깨닫는다는 것은 진리의 길에서 방황하는 것이며 그 고난의 길을 개척하는 것이다. 그 진리의 길 위에 있음으로서의 진리는 앞으로 전진하지 않으면 안 된다. 앞으로 나아가는 길이 참된 길(道)이다. 진리는 정지가 아니다. 앞으로 나아가는 길이 참된 길로서의 진리이다. 그러나 앞으로 나아가려면 힘이 있어야 한다. 그것이 진리에 대한 사랑의 힘이다.

　진리를 갈망하는 사랑이 없이는 진리에로 나아갈 수 없다. 그러므로 진리에 대한 사랑은 인간이 진리, 즉 길(道)을 찾는 원동력이다. 그리고 앞으로 나아갈 수 있는 길만이 도(道)라면, 사랑 없이는 진리에로 나아갈 수 없다. 그러므로 사랑은 진리를 가능케 하는 것이다.

도(道)는 진리에로 통하는 길이며 진리자체다. 그것은 진리이면서 동시에 진리에 도달하는 길이다. 즉 진리에로 나아가는 방법이다. 그러므로 도(道)란 인간에 있어서는 진리 자체를 향하여 앞으로 나아가는 길로서의 진리이다. 왜냐하면 진리 자체는 어떤 것으로 고정되지 않고 언제나 하나의 길로, 하나의 방법으로 있을 뿐이다. 따라서 진리는 하나의 방법이다.

　엄격히 말한다면 진리 자체는 말할 수도 도달할 수도 없다. 진리를 깨달았다는 것은 엄밀히 말하면 진리의 길의 깨달음이다. 그가 언제나 진리에로의 길 위에 있음을 의미한다. 그래서 선각자가 진리를 말하는 것은 언제나 도道요 방법으로서 도를 말하는 것이지, 진리 자체를 말하는 것은 아니다. 인간의 모든 언어의 표현은 기껏해야 진리 자체를 가리키는 방법에 불과하다. 그 방법이 인간에 있어서는 도요 진리이다.

　그래서 칸트는 <철학하는 방법>만을 말할 수 있었다. 즉 철학한다는 것은 방법을 배우는 것이다. 따라서 철학하는 것은, 진리를 찾는 것은 하나의 방법, 즉 사유의 방법이다. 진리 자체의 깨달음이 아니라, 방법의 깨달음만 있을 뿐이다. 도가 진리이며 곧 방법이라는 것은 옳다. 인간에 있어서 철학은 방법에 머물 뿐이다. 그때그때의 최선의 방법이 최선의 철학이요 진리일 뿐이다. 그것이 도의 의미일 것이다. <철학한다>는 것은 애지(愛智 philosophia)이다. 진리를 사랑하는 것이 진리를 탐구하는 것이며, 그 사랑은 끊임없는 진리를 향한 사랑이다. 진리를 향한 영원한 사랑의 힘이 지금까지 인간으로 하여금 철학하게 하는 힘이다.

　철학은 사랑의 힘에 의하여 진리를 향하여 앞으로 나아가는 것이기에, 진리는 사랑에 의하여 추구된다. 즉 사랑이 없다면 인간은 진리를 향한 길 위에 있을 수 없을 뿐 아니라, 진리는 거들떠보지도 않는 내팽개쳐진 것이 되고 만다. 그러므로 진리는 인간의 진리에 대한 사랑에 의하여 비로소 추구되고 의미를 갖게 되는 것이기에 사랑은 진리를 진리이게 하는 것이다. 인간의 진리에 대한 사랑이 없다면 진리는 거론조차 할 필요 없는 무의미한 것이다. 사랑이 없는 진리는 울리는 꽹과리가 될 뿐이다.

<진리에로의 길>로서 진리는 사랑에 의하여 성립되므로 사랑은 진리의 가능근거가 된다. 사랑에 의하여 진리가 밝혀질 수 있고, 진리가 의미를 갖게 되고, 진리가 사랑에 의하여 성립된다고 볼 때 사랑은 진리의 가능근거이다. 그런데 그 사랑은 인간의 근원적 진리에 대한 철학적 욕구이기 때문에, 결국 진리는 인간에 의하여 비로소 거론되고 의미를 갖게 되는 것이다.

그러므로 인간은 진리의 파수꾼인 것이다(하이데거). 인간의 사랑에 의하여 성립되고 의미를 갖게 되는 것이므로 진리는 인간과의 관계에서만 말할 수 있다. 인간만이 진리를 사랑하는 존재이므로 인간에게만 진리가 문제되고 인간과 동시에 문제되는 것이다.

그러나 진리는 인간에 의해서 문제되고 그 사랑이 인간의 사랑이므로 진리의 문제는 사랑보다 인간의 문제가 일차적이다. 모든 진리 이전에 인간이 문제된다. 「왜 인간은 진리를 묻는 존재인가?」가 더 우선적인 문제이다. 진리는 인간을 떠나서는 존재할 수도, 언급조차 할 수도 없다. 인간이 사랑하는 것(진리)이 무엇인가를 밝히려면 「도대체 인간은 어떤 존재인가?」를 먼저 문제 삼아야 한다.

결국 진리의 문제는 인간의 문제이다. 진리 자체는 아직 밝혀지지 않았다. 인간에 있어서 서술되는 진리가 언제나 진리 자체는 아니다. 그러나 인간은 그 진리가 무엇인가를 알고 싶은 열렬한 사랑을 가지고 있다. 인간과 진리는 어떤 다른 존재보다 깊은 관계가 있다. 그리고 인간에 의해서 처음으로 추구되고 의미를 갖게 되고, 인간에 의하여 성립하는 것이기에, 그리고 진리 자체를 밝힐 유일한 실마리가 인간이므로 진리를 밝히기 위해서 인간을 분석하는 일이 우선하게 될 수밖에 없다는 결론이 나온다. 즉 진리의 문제보다 인간의 문제가 일차적 문제가 된다(하이데거).

그러나 한편 인간에 의하여 비로소 그 개념이 성립되고 인간의 사랑에 의하여 추구되지만, 진리 자체는 인간보다 더 큰 개념이다. 진리 자체는 인간에 의하여 성립되는 것이 아니며 인간으로부터 나온 것은 아니다. 따라서 진리 자체는 인간과 상관없이 의연히 그 자체대로 그 의미를 가지고 있는 것으로 이해할 수 있다. 이 진리 자체는 인간과 무관하게 존재하는 것이기에 오히려 인간 문제보다 더 근원적 문제가 될 수 있다.

전자의 경우는 모든 진리의 근원이 인간이라는 것이며, 후자의 경우는 오히려 진리를 인간보다 근원적인 것으로 이해하는 것이다. 전자는 길(道)로서의 진리, 방법으로서의 진리, 인간에 의하여 비로소 의미를 갖는 진리라면 후자는 진리 자체이다. 그리고 길로서의 진리가 인간 주체에서 밝혀야 할 진리라면, 진리 자체는 인간밖에, 인간과 상관없이 존재하는 것이다. 그것은 인간을 초월한 진리요, 인간 주체에서 밝혀낼 수 없고 진리 자체에서 밝혀야 할 진리일 것이다. 길로서의 진리가 인간의 내재적 진리라면, 진리 자체는 인간을 초월한 진리일 것이다.

그러나 두 진리는 성립할 수 없다. <진리>라는 개념은 절대성을 의미한다. 진리가 두 가지 있다는 것은 진리라는 개념 자체에 모순된다. 결국 그 진리는 <같은 것>이다. 그러니까 그 같은 것이 하나는 인간으로부터 밝혀지는 것으로, 또 하나는 인간 밖에서 밝혀지는 것으로 보아야 할 것이다. 진리의 내재성과 초월성의 차이이다. 내재적 진리가 인간 스스로 깨달음에 의하여 밝혀지는 진리라면, 초월적 진리 자체는 깨달음에 의하여 밝혀지는 것이 아니라, 밖으로부터 주어져야 한다는 뜻이 될 것이다. 인간 안에 있는 것은 인간 자신에 의하여 밝혀 질 수 있고, 인간 밖에 있는 것은 인간 안에서, 스스로 밝혀 질 수 없는 것이 아닐까?

인간 <안의 진리>와 인간 <밖의 진리>를 우리 안에 있는 신과 우리 밖에 있는 신으로 이해하면 어떻게 될까? 우리 안의 진리는 수양과 명상을 통하여 깨달음으로 찾는 신이 아닐까? 그리고 우리 밖에 있는 신은 계시에 의해서만 알 수 있는 신이 아닐까? 우리 안에 있는 진리가 도道로서의 진리, 철학적 진리라면 우리 밖에 있는 진리는 종교적 진리가 아닐까?

안의 진리가 깨달음에 의하여 알려진다 하고, 밖의 진리는 계시에 의하여 주어진다 해도, 진리는 <같은> 진리이기 때문에 언제나 인간에게 있어서는 진리 자체를 파악할 수는 없다. 인간은 늘 진리에로의 도상에 있을 뿐이다. 진리에로의 도상에 있는 도道로서의 진리는 인간의 본질인 진리에 대한 사랑에 의하여 추구되는 진리이다. 그 진리는 철학적 진리이다. 즉 愛智(철학)로서의 진리다. 그리고 밖의 진리는 인간의 사랑에 의하여 추구되고 도달할 수 있는 진리가 아니라, 신의 사랑에 의하여서만 알려질 수 있는 계시의 진리일 것이다.

9. 인간은 철학할 수 있는 존재

「궁극적인 존재는 무엇인가?」, 「인간이 마땅히 실천해야 할 행위는 무엇인가?」, 「참다운 삶의 가치는 무엇인가?」 또는 「인간이란 무엇인가?」 등 철학은 궁극적인 물음들을 물어왔다. 칸트나 쉘러에 따르면 그러한 철학적 물음 가운데서 「인간이란 무엇인가?」라는 인간학적 물음이 철학의 중심문제일 뿐 아니라, 그 물음이 해답되면 그 밖의 다른 물음들이 해결된다고 본다. 다른 현대 철학자들도 이와 같거나 비슷한 입장을 취하고 있다. 따라서 「인간이란 무엇인가?」라는 인간규정의 문제가 철학의 중요한 문제인 것만은 확실하다.

철학에서 인간을 여러 가지 개념들로 규정한다. 여기에서는 그 중 몇 가지 개념으로 인간을 규정하고, 그 개념들을 중심으로 인간과 철학과의 관계만을 이해하는 것으로 그치겠다. 먼저 부정을 인간규정 개념으로 들 수 있다. 인간은 「아니오, NO」라고 할 수 있는 존재라고 한다. 인간과 동물은 똑같이 본능을 가지고 있지만, 동물이 본능에 복종하여 언제나 「예, Yes」라고 할 수밖에 없는 본능긍정의 존재라면 인간은 본능을 따르고 긍정할 수도 있지만, 또한 본능을 거역하여 「아니오」라고 할 수 있는 존재이다.

다시 말해서 동물이 본능을 긍정할 수밖에 없는(Must) 본능의 구속을 받는 존재라면, 인간은 본능을 부정할 수 있는(Can) 본능으로부터 자유로운 존재이다. 실로 인간과 동물의 본질적인 차이는 본능부정과 본능긍정에서 찾을 수 있다.

따라서 동물과 다른 인간의 본질이 있다면, 그것은 본능부정의 능력으로 보아야 하기 때문에, 본능부정의 능력이 인간다움의 척도가 된다. 그런데 동물의 본능을 긍정하는 것은 바로 현실의 긍정이라는 특성을 가진다. 동물이나 인간의 본능은 현실적인 생존을 위한 것을 긍정한다. 다시 말해서 본능 자체가 현실긍정의 성질을 가지고 있다. 그리고 인간의 본질이 부정능력이라고 할 때, 그 본능을 부정하는 것은 바로 인간의 정신이며, 정신은 현실적 생존을 위하여 긍정하려는 본능을 부정하는, 즉 현실부정의 성질임을 알 수 있다.

따라서 동물의 본질이 본능, 현실긍정이라면 인간의 본질은 정신, 현실부정이라 할 수 있다. 인간은 내세를 위하여 현실의 생을 부정하는 종교를 가질 수 있다. 모든 종교에 공통하는 고행사상이 인간의 현실부정의 본질을 잘 보여준다.

화가의 눈이나 시인의 눈은 현실의 한 송이 꽃을 넘어 어떤 아름다움을 보고, 철학자의 사유는 현실세계 너머에서(부정하고) 진리를 찾는다. 인간이 종교와 예술을 갖고 철학한다는 것은 바로 인간만이 현실을 부정할 수 있는 정신을 소유하고 있기 때문이다.

동물들 중에는 인간의 건축술이 무색할 정도로 기하학이나 역학적으로 손색없는 정교한 집을 짓는 건축의 명수들도 많이 있다. 그러나 그들의 건축술은 본능의 유전에 의한 것이다. 그렇기 때문에 까치는 그들이 존재한 이후부터 지금까지 줄곧 똑같은 집을 짓는다. 그들의 건축양식은 고정되어 있다. 동물의 건축술이 본능유전에 의하여 고정되어 있다면 인간의 건축술은 발전하는 건축술이다. 동물들에게 변화나 발전이 있다면 그것은 진화에 의한 것이다. 그러나 인간은 토굴을 부정하고 초가집을 부정하고 기와집을 지을 수 있다.

인간은 현실부정을 통하여 발전하는 존재이다. 또한 현실을 부정하고 새로운 것을 창조할 수 있기 때문에, 인간만이 문화를 창조하는 존재가 되고 문화적 존재라는 인간규정이 나오는 것이다. 인간의 본질을 정신에서 찾고, 정신의 본질을 부정능력으로 이해하는 것은 인간을 철학적 물음을 묻는 존재라고 규정하는 것과 같은 의미이다. 인간만이 현실적인 물음들을 넘어서(부정하고) 형이상학적 물음을 묻는다.

그래서 폴 티리히는 인간을 <의문부호>라고 규정한다. 인간이 철학한다는 것은 형이상학적 물음을 묻는 존재라는 의미이며, 형이상학적 물음을 물을 수 있는 것은 현실을 부정할 수 있기 때문이다. 만일 인간이 현실만을 긍정한다면 형이상학적 물음을 물을 수 없기 때문이다. 그러한 물음, 즉 형이상학적 욕구가 있기 때문에 인간은 유일하게 철학할 수 있는 존재가 된다.

서두에서 말한 철학적 물음 가운데서 「인간이란 무엇인가?」는 인간 자신에 대한 물음이다. 다시 말해서 인간이 동물과 다른 것은 자신이 무엇인가를 묻는, 즉 철학한다는 데서 찾을 수 있다.

따라서 현대에 있어서 인간본질인 사람됨(人間性)이 상실되었다는 말은 곧 인간의 본질인 철학함을 상실했다는 말로 이해되고, 인간성을 회복해야 한다는 말은 철학함을 회복해야 한다는 뜻으로 이해된다. 그러므로 현대에 있어서 인간성의 부재, 인간성의 상실은 곧 철학빈곤 내지는 철학부재를 의미한다.

인간의 본질은 부정에 있고 인간이 현실부정 능력에 의하여 철학적 물음을 묻는 존재이기 때문에, 또한 인간만이 삶의 너머에 있는 죽음을 묻는다. 그런데 죽음과 삶은 동시에 물어진다는 사실을 주목해야 한다. 왜냐하면 죽음이란 독자적으로 성립하는 것이 아니라 언제나 삶과 함께 이해되는 죽음이기 때문이다. 영원한 죽음이나 영원한 삶만 있다면 삶도 죽음도 성립되지 않는다.

예컨대 「삶이란 무엇인가?」라는 물음과 「죽음이란 무엇인가?」라는 물음은 내가 죽어 없어진 것이 아니라, 살아 있는 나의 삶은 무엇인가? 라는 물음이며, 「죽음이란 무엇이냐?」라는 물음은 나의 삶이 없어진 것(無)이 무엇인가? 를 묻는 물음이다. 다시 말해서 우리가 삶을 묻기 전에 이미 죽음을 이해하고 있기에 삶을 물을 수 있다.

인간이 삶과 죽음을 묻는 것은 자신의 존재(있음)와 무(없음)를 묻는 것이며, 유일하게 인간이 자신의 존재와 무를 묻고 이 물음 때문에 철학하는 것이다. 철학은 존재와 무를 묻는 것이다. 따라서 철학함이 동물과 다른 인간의 본질이 된다. 그런데 죽음은 삶의 아버지이다. 삶이란 죽음에서 탄생하여 죽음 속으로 사라진다. 우리의 삶은 짧고 죽음은 영원하다. 우리는 태어나기 전에 영원히 없었으며 죽은 뒤에도 영원이 없기 때문이다. 삶이란 죽음이라는 끝없는 검은 배경에 의하여 드러나는 하나의 회색의 점에 불과하다. 더 정확하게 말하면

거의 드러나지도 못하는 점과 같다.

　그림에서 배경에 의하여 대상이 드러나듯이 영원하고 무한한 죽음에서 작고 유한한 삶을 이해하여야 한다. 또한 배경에 의하여 똑같은 대상의 이미지가 달라지듯이 죽음을 어떻게 이해하느냐에 따라 삶의 의미가 결정된다. 그럼에도 불구하고 삶 자체에서만 삶을 물으려고 한다. 그러한 물음은「삶을 어떻게 살 것인가?」라는 방법을 묻는 물음이 된다. 그것은 분명히 먼저 삶의 의미나 목적을 묻지 않고 방법을 먼저 묻는 선후가 바뀐 물음이다. 삶의 방법만을 묻는 그러한 세태가 가치의 혼란을 창조해 낸다.

　그리고 인간이 유한한 존재이면서 이 죽음을 묻고 이해하는 존재이기에 인간만이 반성하는 존재가 된다. 인간이 신과 같이 영원히 사는 존재라면 잘못에 대한 반성은 필요 없을 것이며, 또한 인간이 동물과 같이 반성할 수 없다면 발전이나 문화 창조는 결코 있을 수 없을 것이다. 신이 더 이상 반성과 발전도 필요 없는 완전한 존재라면, 그리고 동물이 반성과 발전이 없는 고정된 존재라면, 인간은 죽음을 이해하고 묻기에, 다시 말해서 내가 유한한 존재로서 반드시 죽는다는 사실을 이해하고 있기 때문에, 자신을 돌이켜 보는 반성하는 존재가 된다.

　그리고 반성한다는 것은 자신을 돌이켜 보는 자의식과 같은 뜻이며 인간이 자의식적 존재이기에 자신에 대해서 물을 수 있는 존재, 즉 자신의 죽음이나 자신의 삶을 묻는 철학할 수 있는 존재가 되는 것이다. 따라서 인간을 반성할 수 있는 존재라고 규정하는 것은 인간을 철학하는 존재라고 규정하는 것과 같다.

　따라서 부정할 수 있는 존재, 죽음을 묻는 존재, 반성할 수 있는 존재라는 개념들은 철학하는 존재라는 같은 지평에서 이해되는 인간규정 개념들이다. 또한 이러한 개념들과 같은 지평에서 이해되는 개념이 자유라는 개념이다. 앞에서 말한 인간이 본능을 부정할 수 있는 존재라는 말은 인간이 자유로운 존재라는 말과 같은 뜻이다.

왜냐하면 본능의 명령을 긍정만 한다는 것은 결국 본능에 복종하는 본능의 노예가 되는 것이기 때문이다. 다시 말해서 본능의 명령에 대한 yes, yes…는 본능긍정, 본능의 노예이기 때문이다. yes만 하는 것이 아니라, 즉 본능을 긍정만 하는 것이 아니라 no라고 할 수 있는 것은 본능의 구속으로부터의 자유를 의미하는 것이다. 동물은 본능을 긍정할 수밖에 없기에, 언제나 본능의 노예이기 때문에 자유로운 존재가 아니다. 인간은 본능을 부정할 수 있는 자유로운 존재인 까닭에 동물처럼 본능의 충족에 만족하는 돼지가 아니라, 불만족한 소크라테스가 되는 것이 인간다운 것이다.

인간의 본질이 자유요 본능의 충족으로 만족하지 않는다. 인간에게는 파우스트의 고뇌나 햄릿의 번민이 있으며 이정표 없는 인간여정에는 자유로운 방랑자의 방황도 있다. 또한 아직도 도달하지 못하고 어쩌면 영원히 도달하지 못할 진리를 찾아 철학하는 사람도 있는 것이다. 이러한 것들이 너무나 인간적인 것들이다. 인생도 과정이요, 철학도 과정이다.

10. 인간은 자신의 삶과 죽음을 이해하는 유일한 존재

삶에는 고통과 고뇌가 따르기 마련이다. 한때 삶을 살고 간 인생들의 가장 큰 고통과 고뇌는 무엇이었으며 지금 삶을 향유하고 있는 우리의 고뇌는 무엇일까?

고통과 고뇌의 실상은 무엇일까. 그것은 삶의 유일한 적인 죽음일 것이다. 그것이 「햄릿」의 고뇌이든 「파우스트」의 고뇌이든, 아니면 병마와 싸우는 육체적 고통이든 간에 인생의 고뇌와 고통이란 다름이 아니라 작은 죽음들이다. 그 작은 죽음들이 쌓이고 커지면 죽음이 된다. 육체적 고통이 심하면 죽고 정신적 고뇌도 심하면 죽는다. 살아 있으면서 당하는 고통이 심하면 죽고 정신적 고뇌도 심하면 죽는다. 살아 있으면서 당하는 고통과 고뇌가 죽음보다 괴롭다고 느껴질 때도 있다. 그러나 실은 그 고통이 극에 달하면 죽는 것이다. 그런 고통들은 작은 죽음들이요 죽음의 전주곡이라 할 수 있다.

삶에 부수하는 정신적 고뇌를 치유할 수 있는 영약은 없을까? 다시 말해서 정신적 고뇌가 따르지 않는 인생은 없을까? 잘라 말해서 그러한 영약도, 그러한 인생도 없다. 그러한 삶이란 상상 속에서만 있을 수 있다. 왜냐하면 삶이란 본래가 독자적으로 성립될 수 없는 것이어서, 삶이란 언제나 죽음을 전제하고 있기 때문이다. 이 삶(存在)은 본래가 죽음(無)에서 나온 것이다. 삶의 아버지는 죽음이다. 우리는 분명히 태어나기 전에 영원히 없었으며, 죽은 뒤에도 영원히 없다.

그런데 대부분의 현대인들은 삶과 죽음의 문제 중에서 삶의 문제만을 떼어 놓고 물을 뿐 아니라, 삶이 무엇이냐를 묻는 것보다 먼저 삶을 어떻게 살 것이냐 하는 삶의 방법을 우선적으로 묻는다. 다시 말해서 삶의 의미나 목적이 먼저 설정되고 난 다음에 그 목적과 의미에 따르는 삶의 방법이 물어져야 옳은 순서일 텐데, 삶의 목적은 묻지 않고 삶의 수단만을 묻는다.

우리는 현대인에게서 목적과 수단의 가치의 혼란을 볼 수 있다. 삶의 의미와 목적을 잃고 어떻게 살 것이냐 하는 삶의 방법만을 묻게 될 때, 오늘날과 같이 삶의 수단 자체가 목적으로서 대우받고 숭앙받는 현대는 곧 가치의 혼란, 가치관의 전도를 초래했다.

물질적인 부귀를 누리는 것이나 높은 지위와 권력을 잡는 것은 삶을 어떻게 살 것이냐 하는 삶의 방법이지, 결코 그것이 삶의 목적은 될 수 없다. 그러나 현대인들은 그러한 삶의 수단 자체를 삶의 목적으로 혼동하고 있다.

이러한 가치관의 혼돈은 재산 문제로 부자지간, 형제지간에 서로 송사를 일삼는 물질 제일주의의 사회를 만들었으며, 유흥비를 마련하기 위해 인간의 생명을 살해하는 쾌락주의, 부동산투기나 사기행각에 의한 한탕주의 등, 우리는 차마 인간의 눈으로 볼 수 없고, 인간의 귀로 들을 수도 없는 엄청난 사건들을 매일 겪고 있다. 그들이 행세하고 행패를 부리는 사회 속에서 선량한 시민들은 겁에 질려 떨고, 공포와 절망 속에서 언제나 당하면서 살아야 한다. 이것은 삶의 문제에서 삶의 수단만을 중요시하는 수단숭배의 미신에서 나온 가치전도의 한 풍조이다.

올바른 가치관의 정립을 위해서 우리는 삶의 수단보다 먼저 삶의 의미나 목적을 문제 삼아야 한다. 「삶의 의미와 목적은 무엇인가?」라는 물음은 앞에서 말한 대로 죽음이란 무엇이냐 라는 물음과 함께 물어진다. 다시 말해서 「삶이란 무엇인가?」라는 물음의 해답은 「죽음이란 무엇인가?」라는 물음의 해답에서 나오는 것이다.

죽음이 무엇인가를 묻는 것은 곧 삶의 의미를 묻는 것이며, 참으로 죽음을 이해하는 것은 삶을 이해하는 것이다. 죽음에서 삶을 볼 때 삶의 의미가 드러난다. 부분을 전체에서 이해하듯이 삶에서 죽음을 이해하는 것이 아니라, 죽음에서 삶을 이해할 수 있다. 영원하고 무한한 것에서 유한하고 작은 것을 보아야 한다. 죽음을 이해하는 것에 따라 그 삶의 의미나 목적이 결정된다. 그것은 마치 회화繪畵에서 배경에 따라 똑같은 대상의 이미지가 변하는 것과 같다.

따라서 앞에서 삶과 죽음을 묻는 것이 철학하는 것이라고 했지만, 실은 더 추구해 보면 철학한다는 것은 죽음을 묻는 것이라 할 수 있다. 그러면 죽음을 묻는 것이 어떻게 인간의 본질이 되고 인간회복의 문제와 어떤 관계가 있는가를 살펴보자.

인간과 죽음은 특별한 관계를 갖는다. 인간만이 죽음을 묻고 죽음을 이해하고 있는 유일한 존재이다. 이 죽음을 묻고 이해하는 인간만 삶도 반성할 수 있다. 인간이 신과 같이 영원히 사는 존재라면 잘못된 것에 대한 일체의 반성이 필요 없을 것이다. 또한 인간이 동물과 같이 반성할 수 없다면 문화의 창조나 문명의 발전은 결코 있을 수 없을 것이다. 신이 더 이상 발전할 필요 없는 완전한 존재라면, 그리고 동물이 발전하지 못하는 고정된 존재라면, 인간은 죽음을 이해하고 묻기 때문에, 다시 말해서 내가 유한한 존재로서 반드시 죽는다는 사실을 이해하고 있기 때문에 반성하고 발전하는 존재가 된다.

인간은 반성을 통하여 발전하는 존재이다. 인간에게 있어서 반성할 수 있다는 것이 인간의 본질이다. 인간은 이 반성이라는 인간의 본질을 통해서, 다시 말해서 잘못된 것을 반성하고 시정하는 반복된 발전을 통하여 인간문화를 창조했으며 인간만이 갖는 도덕사회를 이룩한 것이다.

만일 인간이 동물과 같이 반성할 수 없는 존재였다면 인간사회는 맹수들의 사회가 되었을 것이며, 신과 같이 죽지 않는 존재로서 죽음을 이해하지 못하고 반성하지 못한다면, 인간사회는 희랍신화에 나오는 신들의 사회와 같은 괴상한 사회, 상상조차 하기 어려운 무질서한 사회가 되었을 것이다.

만일 오늘날의 사회가 도덕이 없고 무질서한 사회라면 그것은 반성을 모르는 동물의 사회이거나 반성할 필요조차 없는 무질서한 신들의 사회일 것이다. 이것은 바로 인간의 본질인 반성능력의 퇴화, 다시 말해서 인간이 인간의 본질로부터 멀리 이탈되어 있다는 말이 된다. 이것이 다름 아닌 인간성의 상실이다.

일상생활 속에서 자신을 돌아보게 하는(反省) 계기는 바로 내 자신의 삶이 영원하지 않다는 것, 내가 죽는 존재라는 사실을 실감할 때이다. 죽음은 나 자신의 삶을 돌아보게(反省) 하고 그 삶의 의미를 묻게 한다. 죽음은 인간으로 하여금 반성의 계기를 주며 나의 인생을 직시케 한다.

거꾸로 이러한 자기반성의 계기가 없을 때, 다시 말해서 죽음을 말끔히 잊고 살 때, 자신을 상실한 채로 인생의 수단에 불과한 생활의 노예가 되어 취생몽사의 애매한 삶을 살게 된다. 인간은 죽음을 배워야 한다. 죽음을 이해하는 사람은 삶과 죽음의 문제를 진지하게 생각하고 그 해답을 찾으려고 노력하는 사람이다. 우리의 선각자들은 이 문제를 해결하기 위해 더 큰 삶을 위하여 조그만 삶을 기꺼이 버렸다.

오늘날 현대인은 죽음을 생각할, 다시 말해서 자신을 돌이켜 반성하는 철학할 겨를조차 없다. 죽음하고는 아무런 상관이 없는, 즉 반성이 필요 없는 불사신처럼 살거나, 이제는 더 이상 반성할 줄 모르는 동물처럼 살기를 좋아한다.

그들은 순간에서 영원을 찾는다는 미명 아래서, 죽음의 문제를 생각하는 것은 그 해결이 불가능하다는 자명한 이유에서, 아니면 죽음을 생각하는 것조차가 삶에 고통을 더해 줄뿐이라는 약삭빠른 현실주의에서 죽음을 잊고 살려고 발버둥 친다. 이러한 죽음을 잊고 살려는 현대인간의 발버둥은 어느 결에 자신을 불사신이나 하나의 동물로 면모시켜 버렸다. 이 『변신』이 카프카의 다름 아닌 현대인의 인간성의 상실인 것이다.

따라서 인간성의 회복은 결국 인간의 반성능력의 회복이 된다. 그리고 반성할 수 있는 계기는 인간이 죽음을 묻고 이해하는 것이며 죽음의 문제를 묻는 것은 바로 존재나 무無를 묻는 철학하는 것이기 때문에 인간성의 회복은 철학하는 것에 돌려진다.

우리는 상실된 인간성의 회복을 위해 철학하는 사람, 즉 죽음을 묻고 이해하는 사람이 되어야 할 것이다. 죽음이야말로 인간을 심각하게, 인생을 진지하고 엄숙하게, 인간을 인간답게 만드는 것이다. 이것은 톨스토이의 『이반 일리이치의 죽음』에서 잘 묘사되어 있다.

삶에는 고뇌가 따른다는 전제가 진정 현대인에게 해당될까? 특히 오늘의 젊은이들이 인생의 고뇌를 가지고 있을까? 오히려 「젊은이들이여, 인생의 고뇌를 가지고 인생을 방황해 보라」는 말이 오늘의 젊은이들에게 해야 할 옳은 충고가 아닐까?

11. 인간은 논리적 사유 이상의 능력을 가진 존재

유아에게 영어교육을 시킨다. 더 적극적인 어머니들은 모태에 있는 아이에게 영어를 들려주는 기상천외한 영어 조기교육을 한다는 말을 들었다. 이 지구상에 이렇게 교육열이 뜨거운 어머니들은 없을 것이다. 그런데 사유, 언어, 사상이 같은 것이라는 사실을 알아야 한다.

아직 우리말을 모르는 유아에게 영어를 가르치는 것은 바로 한국의 영혼(사상)이 들어가기 전에 미국영혼이 들어앉는 것이다. 아들을 미국인으로 만들 것인가? 한국인으로 만들 것인가? 먼저 결정해야 한다. 한국영혼을, 한국정신을 축출하기 위하여 과거에 일본이 한국어 말살정책을 썼던 것을 왜 그렇게 쉽게 망각하는지 모르겠다. 완전히 한국말을 배운 다음에, 그래서 완전한 한국인을 만든 다음에 영어교육을 시켜야 한다. 미국인을 만들 것인가? 한국인도 미국인도 아닌 튀기를 만들 것인가? 잘 판단해야 한다.

일찍이 희랍인들은 인간과 동물을 엄격히 구별하여 인간을 이성을 가지고 있는 존재로 규정하고, 동물을 「로고스를 가지고 있지 않은 것들(ta aloga)이라고 규정하였다. 주지하는바 로고스는 우주의 이법 理法, 인간의 이성, 혹은 언어 등의 의미를 지니고 있다. 따라서 인간이 로고스를 가지고 있는 존재라는 말은 결국 인간이 이성이나 언어를 가지고 있는 존재라는 뜻으로 이해된다.

이성이라는 말도 여러 가지 의미를 지니고 있지만, 인간을 이성적 존재라고 보는 것과 생각하는 존재로 규정하는 것은 거의 같은 의미로 이해할 수 있을 것이다. 실로 인간은 생각할 수 있는 존재로 훌륭한 문화를 창조할 수 있으며, 놀랄 만한 과학문명을 이룩하여 만물가운데 빼어난 존재가 되었다.

그런데 그 위대한 인간의 사고는 바로 인간이 언어를 가지고 있기 때문에 가능한 것이다. 우리가 무엇을 생각할 때 언제나 언어를 가지고 생각하는 것이다. 이성을 가지고 있는 존재라는 것과 언어를 가지고 있는 존재가 같은 의미이듯이, 생각하는 존재라는 것과 언어를 가지고 있다는 말은 같은 뜻이 된다. 그래서 인간의 본질을 언어에서 찾는 학자들도 있다. 다시 말해서 인간만 언어를 가지고 있는 유일한 존재라는 것이다.

그런데 생각할 수 있기 때문에 언어를 갖게 되는 것인지, 아니면 언어를 가지고 있기 때문에 생각할 수 있는 것인지 그 선후관계는 미묘한 것이다. 그러나 한 가지 분명한 것은 사고와 언어는 불가분의 관계이며 인간을 생각하는 존재로 규정하는 것과 언어를 사용하는 존재라고 규정하는 것은 같은 의미로 이해할 수 있다.

이러한 사고와 언어의 밀접한 관계 때문에 어떤 민족의 언어를 분석해 보면, 그 민족의 사고방식은 물론 그 민족의 사상까지도 읽어낼 수 있는 것이다.

이것은 어떤 개인의 경우에도 적용된다. 다시 말해서 어떤 사람의 사상이나 그의 지식은 그 사람의 언어의 넓이와 일치한다. 넓은 의미에서는 자연과학의 모든 기호들도 인간의 언어에 포함된다. 초등학교 1학년 어린이는 그 어린이가 사용하는 언어의 범위 안에서 생각하고, 그 어린이의 지식 또한 그 어린이가 사용하는 언어의 범위를 넘지 못한다. 그렇기에 모국어는 물론 외국어를 많이 알고 있는 사람은 그만큼 생각하는 범위가 넓어진다.

오래 전 부터 유치원에서도 영어를 교육시키고 있다. 또한 현재 우리나라의 학생들은 일반적으로 이삼십년 전의 학생에 비해 외국어의 실력이 많이 진보했다고 본다. 따라서 앞에서 말한 대로 사용언어의 범위와 그 사람의 사고의 범위, 혹은 사상과 지식의 범위가 불가분의 관계라고 전제할 때, 현재 우리나라의 젊은이들은 외국어 능력의 향상으로 과거의 젊은이들보다 풍부한 사상과 월등한 지식을 가지고 있다는 결론이 나온다. 그런데 많은 사람들이 통계자료까지 제시하면서 현재의 젊은이들의 논리적 사고의 빈곤을 운운하는 것은 어찌된 일인가?

그러나 이것은 현재 우리나라 청소년들의 어떤 공통성으로 부정할 수 없는 현실로서 나타나 있다. 현실을 자세히 분석해 보면 이들은 일상생활이나 자기의 전공분야에서 언어실력이 향상되었을 뿐이다. 다시 말해서 일반적으로 전문지식에 있어서는 월등하다고 할 수 있으나 생각에 있어서는 그렇지 못하다는 것으로 해석할 수 있다.

우리가 염려하고 있는 논리적 사고의 결핍은 어떤 단편적인 의사를 표현하고 어떤 문장을 문법적으로 해석하는 실력이 아니다. 문장전체를 논리적으로 이끌어 갈 수 있는 논리적 사고 능력 또는 논리적으로 언어를 사용할 수 있는 능력의 부족을 말하는 것이다. 그들이 언어를 가지고 생각하고 있는 것은 사실이지만, 그 언어의 논리성의 결여, 다시 말해서 그들의 사고의 단순화가 문제인 것이다.

이러한 현상은 비단 우리나라 젊은이들에게만 국한되는 것은 아니다. 일찍이 마르쿠제는 현대인간을 진단하여, 단순화되어버린 사고방식만 발달한 현대인을 일차원적 인간이라고 결론 내린 바 있다. 그런데 마르쿠제가 규정한 일차원적 사고는 사실은 논리적 사고까지 포함한 현대인의 사고방식을 그렇게 표현한 것이다. 오히려 과학적 사유만 발달했다는 의미로 현대인간을 규정한 개념이다.

본래 인간의 본질을 생각하는 존재로 규정할 때, 그 사고는 언어를 가지고 의사를 표현하고, 논리적 사고로 가능한 산수문제나 물리문제를 풀 수 있는 인간의 사고능력만을 의미하는 것이 아니었다. 플라톤에 있어서는 이데아를 직관하는 능력을 뜻한다.

일반적으로 동물들은 감각기관을 가지고 본능적으로 환경에 적응하면서 살 뿐 아니라, 어떤 동물은 감각적 지각들을 정리하여 환경을 개조시킬 수 있는 능력까지 가지고 있다. 인간도 그러한 동물과 마찬가지로 감각기관을 통해서 사물을 지각하고 그 지각한 것들을 정리하여 자신의 생존을 위해서 응용한다.

다시 말해서 그것은 감각기관을 통해서 들어온 여러 가지 지각들을 정리하여 처리하는 과정이라 할 수 있다. 인간과 동물이 지각들을 정리하여 처리하는 과정은 저급한 단계이기는 하지만 바로 논리적 사고라고 말할 수 있을 것이다. 그러나 논리적 사고라는 점에서는 같지만 인간의 논리적 사고가 동물의 그것보다는 훨씬 우월하다. 다시 말해서 인간은 지각들을 정리하여 생존에 응용할 뿐 아니라, 개념이나 관념들을 논리적으로 정리할 수 있다. 우리가 말하는 논리적 사고의 결여는 바로 이 단계를 뜻한다.

많은 현대의 지성들은 인류파멸이라는 인류역사의 종말을 걱정하면서 인간성의 회복을 부르짖고 있다. 실제로 우리는 늘 전쟁의 위험 아래서 공포에 떨고 있다. 그들의 눈에는 현대인간은 인간의 본래적인 모습을 상실해가고 있는 것으로 보인다. 다시 말해서 그것이 있음으로써 바로 인간이라 부를 수 있는 인간의 본질을 상실해 가고 있다는 것이다. 이러한 인간성의 상실은 인류역사를 파국으로 몰고 들어가, 결국은 인류역사의 종말을 초래할 수 있다고 경고한다. 그래서 그들은 논리적 사고력을 넘어선 더 고차적인 인간사고의 퇴화를 걱정한다.

오늘날 우리가 우리 젊은이들의 논리적 사고능력의 빈곤을 개탄하고 있는 현실에서 본다면, 우리의 젊은이들에 대한 바람은 최소한의 바람일 것이다. 오히려 논리적 사고력을 충분히 기르고 난 뒤에, 이에 머무르지 않고 논리적 사고력으로 도달할 수 없는 더 높은 사고의 영역으로 나아가야 할 것이다. 실로 논리적 사고는 과학기술의 원천이며, 질서 있는 합리적인 생활의 근원이다. 한 마디로 말해서 논리적 사고는 오늘날 물질의 풍요를 구가하고 경탄해 마지않는 고도의 물질문명의 근거는 될 수 있으나, 도덕과 윤리, 그리고 가치관의 정립 등, 앞서 말한 인간회복의 문제를 해결해 주는 것은 아니다.

우리에게 급선무는 물론 젊은이들에게 논리적 사고력을 길러주는 일이다. 그러나 논리적 사고의 결함 또한 직시할 줄 알아야 한다. 논리적 사고방식에 의하여 내려진 결론을 맹신해서는 안 된다. 그것은 역사적 교훈이 우리에게 증명해 주고 있다. 어떻게 보면 바로 논리적 사고에 대한 맹신이 인간을 우리가 지금 염려하는 현대의 인간상으로 변모시킨 장본인이다. 현대에 들어오면서 논리적 사고의 맹신이 비과학적·비현실적·비합리적이라는 이유에서 전통적인 진리관·윤리관 그리고 가치관을 무참하게 학대하고 드디어 파괴해 버렸다는 사실을 주시하여야 한다. 비논리적인 것은 추호의 가치도 없다는 논리제일주의의 팽배로 전통적인 진리관, 윤리관과 가치관은 그 설 땅을 상실하게 되었다. 논리적 사유능력마저 제한된 현재의 젊은이들에게 논리적 사유능력 이상의 능력을 요구하는 것은 지나친 바람일까?

12. 사고방식의 역사와 인간관의 역사

　현대철학이나 현대의 지성인들은 현대인을 진단할 때 인간성의 상실, 혹은 인간소외라는 개념들을 사용한다. 그 의미는 거의 같은 의미로 이해할 수 있다. 인간성의 상실이란 인간이 본래 가지고 있는, 그것 때문에 인간이라고 할 수 있는 인간의 본질을 상실했다는 뜻이며, 인간소외 역시 인간이 본래의 모습에서 떠나 낯선 존재가 되어버린 것을 뜻한다.

　즉, 현대인간은 과거의 인간과는 다른 인간의 모습을 하고 있다고 보는 것이다. 물론 이것은 인간의 외형의 변모를 말하는 것이 아니라, 인간의 내면성의 변모를 의미하는 것이다. 그것은 곧 인간성의 상실을 의미한다. 그러면 현대인이 어떻게 변모했다는 것일까?

　현대인간은 고대나 중세의 인간상을 가지고 있지 않다. 고대인들은 현실 너머를 보고, 그 현실 너머에서 진리를 직관하려고 하였다.

즉 현실보다 더 근원적이고 참된 것은 이념적인 것이라고 생각하였다. 그 이념적인 것으로부터 현실을 설명하고 이해하려고 하였다. 그렇기 때문에 그들의 사고방식은 다분히 연역적 사고방식이었다.

예컨대 최초의 철학자 탈레스는 자연의 아르케(근본원소·근본원리)를 물었다. 그 아르케는 우주만물의 근원을 의미하는 것으로 초현실적인 문제였다.

그리고 플라톤의 이데아나 아리스토텔레스의 순수형상이 그러한 연역적 사고방식을 대표할 수 있다. 다시 말해서 그리스의 고대 철학자들의 관심은 언제나 초현실적인 것에 관해서 묻고, 그 초현실적인 것으로부터 현실을 설명하였다. 그렇기 때문에 현실에 집착하지 않고 그러한 이념적 영역을 사유함으로써, 즉 초현실적 진리를 직관하는 데서 진리를 찾으려 하였다. 현실을 초월한 어떤 이념적인 것으로부터 위안을 받는 사람은 현실을 너그럽게 이해하고 자기만족의 기분에서 살 수 있다.

중세인간의 사고방식 역시 연역적 사고방식이었다. 현실세계는 초현실적인 신으로부터 창조된 것이며, 현실의 모든 의미와 가치는 신으로부터 나온 것이며 현실의 모든 것은 신과의 관계에서만 이해하였다. 언제나 가장 큰 대전제는 신이었으며 그 대전제로부터 현실세계를 연역적으로 설명하였다.

중세의 그러한 연역적 사고방식은 고대와 마찬가지로 아무래도 현실을 경시하는 풍토를 만들었다. 현실적인 것, 인간적인 것은 <아랫것>이며 초현실적인 것, 신적인 것은 <위의 것>이며, 아랫것이 헛된 것이라면 위의 것은 영원한 것으로 여기게 되었다.

따라서 고대인간과 마찬가지로 중세인간은 현실문제에 집착하지 않고 위의 것을 바라보는 인간상이라고 할 수 있다. 그리고 그 신적인 것을 닮아가려고 하였다. 즉 고대와 중세의 인간은 위의 것, 영원한 것, 신적인 것을 동경하는 이상주의자였다.

그들은 이상적인 것에 도달하는 것을 궁극목표로 삼았다. 그리고 그러한 이상적 인간상을 마음에 그리고 있었기에 그들 자신이 그러한 인간이었다. 그들 자신이 이미 그러한 인간의 본질을 타고났으며, 그러한 이상에 도달할 수 있다고 믿었다.

그들의 연역적 사고방식은 보편을 개물個物보다 중요시하는, 즉 보편이 개물에 우선한다는 사상이었다. 그러한 연역적 사고방식, 위의 것을 존중하는 사상은 바로 그들 자신의 인간관과 밀접한 관계가 있다. 「자신을 무엇으로 이해하는가?」라는 것은 바로 그 시대의 인간상이다.

또한 그 시대의 사고방식과 그 시대의 인간관은 같은 것이라고 말할 수 있다. 현실을 초월한 이념으로부터 현실을 이해하려는 고대인의 사고방식은 결국 그들 자신을 이념에 관계되는 유일한 존재로 이해하였다. 그리고 그러한 이념의 세계를 직관할 수 있는 능력을 이성으로 이해하여 그들은 이성인간관을 갖게 되었다.

중세의 인간은 자신들이 신의형상을 닮은 유일한 존재임을 굳게 믿고 있었다. 인간 안에 신성神性이 있다고 믿는 긍지를 가지고 있었다. 중세인은 그러한 자신을 높이는 긍지를 가지고 있었기에 자신을 경멸하지 않았다. 자신의 본질을 지키고 자신의 본질을 더욱 빛나게 하려고 애썼다.

중세의 수도원은 인간 안에 있는 신성을 더욱 갈고 닦아 신의 형상에 더욱 가까워지려는 노력의 일면으로 이해할 수 있다 그런데 이 신성은 곧 인간의 본질이며 바꾸어 말하면 이성을 의미하는 것이다. 그러므로 중세의 인간상 역시 이성인간관이었다. 유일하게 이성을 부여받은 인간으로서의 긍지와 자존심을 가지고 있었다. 그러한 자부심은 바로 그들의 자기이해로부터 나온 것이다.

고대에 있어서도 인간은 유일하게 이성을 가진 존재로서의 긍지를 가지고 있었다. 그들은 인간임을 천하게 생각지 않았다. 그들은 인간으로서 큰 자부심을 가지고 있었다. 인간으로서의 자존심을 지키기 위하여 스토아학파의 철학자들은 죽음을 택하기도 하였다. 이성적 존재로서의 자부심은 바로 고대와 중세의 인간관과 일치한다.

근대인은 어떨까? 근대인은 소위 르네상스운동과 종교개혁운동을 통하여 드러났듯이 그들은 인간으로서의 자존심이 대단하였다. 즉 그들은 모든 개인의 개성을 존중하는 개인주의를 숭상하였다. 개인을 존중하는 그러한 개인주의는 근대사상의 바탕을 이루고 있다. 종교개혁운동은 보편적인 교회의 구원이 아니라, 개인의 신앙에 따른 개인의 구원을 주장하고 나섰으며, 보편을 중시하는 연역적 사고방식에 반기를 들고, 개인을 중시라는 휴머니즘은 결국 보편으로부터 개인을 해방시키고 개인을 존중하는 개인주의를 바탕으로 해서 일어난 운동이었다.

개인이나 개물을 중시하는 개인주의 사상은 개별적인 것들로부터 보편적 진리를 이끌어 내는 귀납적 사고방식이다. 개인이나 개물을 중요시하는 이 귀납적 사고방식은 여태까지 개물보다 보편을 중요시하는 고대와 중세의 사고방식과는 반대되는 근대운동의 기초가 되었다.

고대나 중세에 있어서 인간이성은 보편적 이성을 전제한 이성이었다. 세계이성이나 신적 이성이 바로 그러한 보편적 이성이다. 그러한 이성인간관은 보편적 이성을 전제하고 있었기 때문에 개별적 이성보다는 보편적 이성을 더 높이고 존중하였다. 그러나 귀납적 사고방식에 따른 개물을 중시하는 근대에 있어서 이성은 개인의 이성, 인간의 이성을 강조한다.

이러한 개별적 이성의 강조는, 지나친 인간이성의 존중은 결국 인간의 자존심을 자만심으로 바꾸어 놓았다. 근대인간은 인간으로서 자존심을 넘어선 자만심을 갖게 되었다.

한마디로 근대인은 자신의 인간성을 지나치게 주장하여 인간제일주의에 빠진다. <나>로부터 모든 것이 이해되는 데카르트의 사상이나, 철학이 종교보다 우위를 차지하는 헤겔, 신과 인간이 전혀 구별되지 않는 스피노자의 사상에서 우리는 근대인의 자만심 내지는 인간제일주의를 읽어낼 수 있다. 한 마디로 말해서 근대에 있어서 인간은 신의 지위에 오를 정도로 지나친 자만심을 갖게 된다. 인간이성의 지위가 절정에 오른 셈이다.

그러나 인간은 자신을 지나치게 높이 추켜올리면 현기증 때문에 <자신>을 정확하게 이해할 수 없게 된다. 그러한 인간자존의 극치에 달한 근대 자체는 이미 근대사상 자체를 파멸시킬 가능성을 내포하고 있었다. 그래서 그 절정의 시기에, 근대 말에 그러한 인간제일주의·이성제일주의에 대한 거센 반발운동이 일어났다.

근대의 바벨탑은 여지없이 무너졌다. 그 파괴는 처참할 정도였다. 근대에서 현대에로의 변화는 점진적 변화가 아니었다. 부분적 파괴가 아니라 전체를 파괴시키려는 혁명적이고 급격한 파괴였다. 즉 현대의 근대에 대한 반대운동은 전체를 파괴하는 전체적 운동이었다. 그래서 그 철저한 변화는 여태까지의 모든 전통을 여지없이 붕괴시키는 운동으로 발전하였다.

그러니까 귀납적 사고방식에 따른 개별적 이성만을, 즉 인간이성만을 지나치게 강조한 근대의 개인주의적 이성인간관의 파괴에 그치지 않고 고대와 중세의 인간관과 인간의 존엄성을 한꺼번에 파괴시키는 운동이었다. 이에 따라 전통적 인간관은 여지없이 파괴되어 결국 인간성의 부재, 인간성의 상실을 야기하고 말았다. 모든 전통은 깨지고 이성철학은 붕괴되고 말았다.

<이성>을 제멋대로 해석하고 잘못 이해된 이성을 파괴하는 꼴이 되었다. 현대의 철저한 이성파괴운동은 인간의 자신에 대한 전통적인 이해, 즉 이성인간의 파괴가 되었고, 그 전통적인 이성인간관의 파괴는 자연적으로 <이성이해의 부재>, 즉 인간성의 상실이 되었다. 결국 지나친 파괴는 「인간은 이성적 존재가 아니다」가 되었고 전혀 인간관이 없는, 인간성의 상실을 초래하였다. 현대의 근대에 대한 파괴운동은 과도한 파괴가 되어 인간성 말살이라는 무서운 결과를 초래하기에 이르렀다.

인간이 자신이 무엇인가를 이해하지 못한다는 것은 곧 인간관의 부재일 뿐 아니라, 인간 자존심의 상실을 의미한다. 이렇게 될 때 인간은 동물과 다른 존재라는 생각도, 만물의 영장이라는 자존심도 잃고 만다. 인간으로서의 긍지와 자부심을 잃을 때 인간은 자신을 비하시켜 동물로 전락시킨다.

그래서 현대인간은 자신에 대한 이해의 상실로 자신의 가치나 삶의 의미마저 잃어버리고 삶의 목표를 잃은 유랑자가 된다. 그러한 현대인간은 무엇을 위해, 또 어떻게 살아야 할 것인가 조차 모른다. 그저 생의 충동에 따라 애매한 삶을 살뿐이다.

본래가 생의 충동자체는 목표도 없다. 충동은 순간순간 변덕스럽게 변하기 때문에 그 삶은 갈팡질팡할 수밖에 없다. 충동은 <어떻게>는 상관하지 않는다. 그저 살려고 할 뿐이다. 그것은 삶의 목표나 삶의 방법을 제시하지 못한다. 그래서 이성을 잃은 현대인은 삶의 목표와 삶의 길을 잃고 방황할 뿐이다. 현대인은 길이 없는 길을 간다. 가장 옳은 길을 찾기 전에 갈 곳을 먼저 알아야 한다. 도대체 내가 누구인가를, 어떤 존재인가를 알아야, 즉 내가 <무엇>인가를 안 다음에야 <어떻게>라는 길을 찾을 수 있을 것이다. 먼저 인간의 본질이 무엇인가를 확정해야 한다. 확실한 인간관의 확립이 우선된 다음에 인간의 본질에 충실한 방법으로 살 수 있는 것이 아닌가?

인간이 자신에 대한 이해가 없을 때 인간성의 상실이 일어난다. 따라서 현대가 철저하게 파괴한 것이 이성인간관이라면, 다시 어떤 인간관을 확립하는 일은 급선무이다. 그런데 근대인의 오류가 인간이성의 지나친 확대해석에 있다면, 초기의 현대철학의 오류는 지나친 인간이성의 축소해석에 있다.

따라서 이성에 대한 새로운 해석만이 현대에 있어서 인간관의 확립을 가능케 하는 지름길이다. 책임은 초기의 현대철학의 이성에 대한 지나친 축소해석에 있다. 그리고 더 큰 과오는 이성인간관을 파괴시키고 난 다음에 새로운 인간관을 제시하지 못한 점이다. 결국 그들은 낡은 집을 허물어 놓는 데만 힘쓰고, 새 집을 건축하지 못한 셈이다.

다시 근본문제로 돌아가서 생각해 보자, 고대인들과 중세인들의 사고방식이 주로 연역적 사고방식이었으며, 연역적 사고의 대전제는 신, 이성, 이념들이었으며 인간을 이 대전제들과 연관하여 이해하였다. 그리고 그들은 이성적 인간관을 확립하였다. 인간은 모든 만물 중에 이성을 가지고 있는 빼어난 존재로 이해하였다.

근대인은 개물(個物)이나 개인의 이성을 강조하는 귀납적 사고방식에 의하여 개별적 이성을 최대로 확대 존중하여 이성인간관의 절정에 달하였다. 그러나 근대의 이성인간관은 인간이성 자체가 지나치게 확대되어 절대이성이 되었다.(헤겔)

그리고 사고방식에서 볼 때도 연역법과 귀납법은 상보적(相補的)으로 성립하는 것이기 때문에, 전통적 이성인간관은 그 내용을 같이 할 수밖에 없다. 다시 말해서 연역법과 귀납법의 사고방식은 똑같이 이성인간관을 산출해 낼 수밖에 없었다.

연역적 사고방식과 귀납법 사고방식이 똑같은 이성인간관을 확립했을 때 전자는 <신적> 이성을, 후자는 <인간적> 이성을 의미한다. 그 <신적>은 연역법의 출발점이 <위>이며, <인간적>은 귀납법의 출발점이 <아래>이기 때문이다. 그 출발점이 다를 뿐이다. 두 사고방식은 상보적으로 성립하는 것이므로 그 <신적>과 <인간적>은 결국 같은 것으로서 이성이 될 수밖에 없는 것이다. 한 마디로 말해서 그 시대의 인간의 사고방식은 곧 그 시대의 인간상과 불가분의 관계를 갖는다.

그러면 현대의 사고방식은 어떤 것일까? 현대는 사고방식에 있어서 넓은 분야를 개척한 셈이다. 현대철학은 해석학적·현상학적 방법 등 인간사유의 영역이 확대되었다. 이러한 사유의 영역의 확대는 현대적 인간관을 산출해야 할 것이다.

따라서 현대의 사고방식은 연역법과 귀납법을 포함한 더 넓은 현대적 사고방식에 따른 인간이해가 될 것이다. 그래서 현대에 있어서 인간관은 이성에 대한 새로운 해석에 의한 새로운 현대적 인간관이 나와야 할 것이다. 이성에 대한 새로운 해석과 이해에 따라 현대의 인간관은 여러 가지 개념으로 규정한다. 그러나 분명한 것은 전통적인 이성 인간관에 있어서 그 이성에 대한 새로운 해석이어야 한다. 왜냐하면 새로운 많은 개념들의 산출은 곧 다시 인간관의 혼란을 야기할 수 있기 때문이다.

 필자는 현대적인 인간관을 위한 개념으로 자의식, 만남, 자유를 내세우고 싶다. 그러나 이러한 개념은 전통적인 이성개념에 대한 폭넓은 해석에 지나지 않는다는 점도 말해 두고 싶다.

13. 인격과 자의식

 도대체 인격이란 무엇인가? 인간에게 인격이라는 것이 있을까? 모두가 대답하기 어려운 물음이다. 옛날부터 인격을 논해 왔지만 정확하고 쉽게 이해되는 개념은 아니다. 우선 인격이란 인간에게만 해당되는 개념이라는 것은 확실하다. 그러니까 인격은 인간의 어떤 고유한 것이다. 인간이라는 개념 안에 이미 인격이라는 개념이 포함되어 있다고 볼 수 있다. 그것이 인간의 고유성이라면 인격은 필연적으로 인간의 본질과 관계된다. 그러므로 인격을 규정하는 것은 인간의 본질규정에서 나와야 할 것이다.
 인간의 본질이 <자의식>을 가지고 있는 것으로 규정된다면, 결국 인격은 자의식적 존재를 의미하는 것으로 이해할 수 있을 것이다. 아직 자의식이 없는 어린애나 이미 죽은 자에게는 엄격히 말하면 인격이라는 것이 해당되지 않는다. 물론 자의식이 없는 동물에게도 그것들 나름대로의 어떤 본성이나 공통적인 본질이 있다고 생각되지만 그것들을 인격체로 볼 수는 없다.

인격이란 자의식이 있어서, 적어도 <나>를 객관화하여 사유할 수 있어서 나 <자신>이라는 것이 성립되어야만 한다. 일반적으로 말해서 <나 자신>이 곧 인격이라고 말할 수 있다. 즉 나 자신이 성립되는 자의식적 존재에게만 인격이 성립된다. 그래서 그러한 자의식적 존재에게만 인격수양이라는 것도 성립한다.

즉 나 자신이 성립할 때, 자의식적 존재만이 <자신>을 객관화하여 자신을 돌아보고 자신을 수양할 수 있는 것이다. 그리고 나 자신의 인격의 고상함과 천박함을 알 수 있는 것이다.

적어도 <의식의 의식>이라는 일차적 자의식이 있는 존재에게만 인격이 성립된다. 자의식이 없는 동물은 자신이 성립되지 않기 때문에, 자신을 반성하거나 자신의 수양을 쌓는다는 것은 불가능하다. 그것들은 인격이 성립되지 않는다. 인격 수양은 자의식적 존재가 그 자신을 갈고 닦는 것을 의미한다.

기독교에서 인간이 신을 닮았다고 한다. 그렇다면 신도 인격을 가지고 있어야 할 것이다. 인간이 신을 닮았다고 할 때 일반적으로 그 닮은 것을 이성으로 이해한다. 그런데 더 정확하게 말하면 <자의식>으로 이해할 수 있다.

선악과를 따먹은 아담은 부끄러움을 알았다. 부끄러움을 아는 것은 자의식이 있는 존재만이 가능하다. 선악과를 따먹기 전에는 아담은 부끄러움을 몰랐다. 그렇다면 선악과를 따먹기 전의 아담은 자의식이 없다고 보아야 한다.

그러면 성서에 있는 대로 그 선악과를 따먹음으로써 눈이 밝아져서 선과 악을 구별할 수 있는 능력이 생긴 것으로 이해할 수 있다. 그것은 자의식이 생겨서 부끄러움을 알았다는 의미로 이해할 수 있다. 그래서 키엘케골은 선악과를 따먹은 타락의 행위를 <인간이 되는 행위>로 이해하였다.

그러면 이렇게 이해할 수 있지 않을까? 선악과를 따먹기 전의 아담은 아직 자의식이 완전하지 않은 어린애와 같은 존재였는데 선악과를 따먹는 행위를 통해서 자의식이 생겼다고. 그런데 어떤 기독교의 종파에서는 선악과를 따먹은 행위를 사탄과의 영적 성교로 해석한다. 이러한 해석에도 많은 문제가 제기될 수 있을 것이다. 예컨대 이브의 영적 성교를 이해한다 해도 아담의 영적 성교를 어떻게 설명할까?

선악과를 따먹은 행위를 아담 이브의 첫 성행위로 이해하고 첫 성행위 후에 부끄러움을 알게 되었다는 해석은 이해할 수 있을 것 같다. 왜냐하면 성서에 아담이 타락 후에 부끄러워서 무화과 잎새로 몸을 가렸다고 기록되어 있기 때문이다. 또한 성서에 선악과를 따먹으면 눈이 밝아진다고 기록되어 있기 때문이다. 그러한 해석이 옳건 그르건 간에 성교, 부끄러움, 그리고 자의식은 서로 깊은 관계가 있는 것 같다.

인간이 성교의 능력이 생긴 시기와 성인이 되는 시기, 그리고 완전한 자의식이 생기는 시기는 거의 같은 시기로 이해할 수 있을 것 같다. 다시 말해서 인간의 본질은 자의식을 갖는 것이라고 이해할 때 자의식과 부끄러움, 즉 수치심과는 불가분의 관계가 있다. 자의식이 있는 자만이 수치를 알 수 있고 죄의식을 가질 수 있다.

그렇기에 어린애는 수치를 모르다가 점점 성장하여 성을 알아차리면서 수치를 알게 되고 완전히 성적으로 성인이 되었을 때, 즉 성교의 능력이 생겼을 때 더욱 수치를 느낀다. 그리고 성교의 능력이 있을 만큼 성인이 되었을 때 성적 수치를 알 뿐 아니라, 그 수치를 아는 것은 바로 자의식의 능력이 있는 자만이 가능하다.

또한 자의식의 능력이 있는 자만이 죄의식을 가질 수 있다. 결국 성교, 자의식, 수치심, 죄의식을 느끼는 시기는 거의 같은 시기로 이해할 수 있다고 본다.

그러니까 타락행위를 통해서 인간이 되는 것으로 이해한다면, 그것은 인간이 타락행위를 통해서 완전한 자의식이 생겼다고 해석하는 것이다. 혹은 타락행위를 하는 시기와 완전한 자의식이 생기는 시기는 일치한다고 해석하면, 타락행위에 의하여 인간이 된 것이 아니다. 본래부터 자의식을 가지고 있었으나 아직 완전한 자의식을 가지고 있지 못한, 아직 완전한 성인이 되지 못한 아담이 완전한 자의식에 도달하여, 즉 성교의 능력이 생겨서 성교를 하여 부끄러움을 알게 되었다고 이해하면 어떨까?

어쨌든 인간의 수치심은 성적 부끄러움에서 시작한다. 그리고 수치심은 자의식을 가지고 있는 인간만 갖는다. 아담의 부끄러움 역시 성의 부끄러움이었으며 그러한 수치를 느낄 수 있는 것은 인간이 자의식을 가지고 있기에 가능하다.

정확한 것은 아니지만 어린이들도 어렴풋이 성을 아는 연령에 도달하면서 성적 부끄러움을 알기 시작한다. 그러나 그것은 성인의 부끄러움과는 같지 않다. 그들이 성을 확실히 알았을 때와 그들이 성의 능력이 생겼을 때, 즉 성인이 되는 때는 일치한다고 이해할 수 있다. 그리고 성의 부끄러움을 아는 시기와 완전한 자의식이 생기는 때는 일치한다고 이해할 수 있다. 따라서 자의식, 수치심, 성인成人, 성교능력은 같은 지평에서 이해할 수 있는 개념들이다.

그러니까 아담이 부끄러워한 것은 그가 첫 성교를 한 시기가 아닐까? 성서는 처음부터 성인을 창조한 것처럼 되어 있다. 첫 성행위에서는 일반적으로 서로 부끄러움을 느낀다. 그래서 아담은 몸을 가렸다고 이해할 수 있지 않을까? 사탄과 성교를 했기 때문에 부끄럼을 알게 된 것일까? 아담과 이브의 첫 성교행위에서도 부끄러움을 느꼈을 것이다. 처음부터 성인을 창조했다 해도 그들은 첫 성행위에서 부끄러움의 극치를 경험하고, 이때 그들은 완전한 자의식의 극치에 도달할 만큼 성인이 된 것이 아닐까?

그런데 첫 성교가 아닐 때에도 부끄러움은 생길 수 있다. 평범한 부부사이의 성교행위에서는 일반적으로 부끄러움을 느끼지 않는다. 그러나 다른 사람이 보았을 때 부끄러움을 느낀다. 부끄러움은 자의식이 있는 제3자가 있을 때 생긴다. 만일 아담과 이브가 에덴동산에서 발가벗고 살면서 그전처럼 자연스럽게 성교를 해왔다면 아무런 수치심이 생기지 않을 것이다. 즉 아담과 이브 둘만 있을 때, 그리고 첫 성교가 아니라면 부끄러움은 느끼지 못했을 것이다. 그러나 어떤 제3자가 있을 때 그들은 몹시 부끄러움을 느낄 것이다.

그러면 에덴동산 안에 그들에게 성적 부끄러움을 갖게 한 제3자는 누구일까? 그런데 그 제3자가 인격체일 때 부끄럽다. 인간은 다른 인간에게 부끄럼을 탄다. 동물이나 인격을 가지고 있지 않은 존재에게는 부끄러움을 타지 않는다. 즉 아담과 이브는 제3자 때문에 몸을 가렸을 것이다. 그 제3자는 인격체인 신이나 사탄일 것이다.

따라서 에덴동산에는 제3자가 있다고 이해할 수 있다. 그 제3자는 신일까? 아니면 사탄일까? 그 제3자는 사탄보다는 신이었을 가능성이 더 크다. 왜냐하면 에덴동산에서의 사탄이나 천사는 신의 형상대로 창조된 존재가 아니며, 유일하게 인간이 신의 형상대로 창조된 인격적 존재이며 인격의 원형은 신의 인격이기 때문이다. 그러나 제3자 때문에 가린 것은 아니라고 볼 수도 있다. 왜냐하면 신이나 사탄이 인격체라고 해도 그들은 무형적 존재일 것이기 때문이다. 형체를 가지고 있는 자의 눈으로 볼 때 더 부끄럽게 느끼고 가릴 것이기 때문이다.

따라서 첫 성교 후에 서로 부끄러움을 느꼈기 때문에 가리고 그때가 바로 자의식이 완성되는 때이고 그래서 죄의식을 가진 때라고 이해할 수 있다. 그때부터 죄를 알고 죄가 성립되었다는 말은 완전한 자의식이 생긴 때부터라고 이해할 수 있지 않을까? 왜냐하면 본래가 죄의식이나 죄는 완전한 자의식이 있을 때 성립되기 때문이다. 만일 아직 미숙한 자의식이라면 완전한 죄의식은 없게 되고 완전한 죄도 성립되지 않을 것이다.

선악과를 따먹었다는 행위를 첫 성교라고 이해할 때, 첫 성교의 행위는 죄의 시초요 죄의식의 완성으로 이해할 수 있다. 인간은 첫 성교를 통해서, 어른이 됨으로써, 자의식을 가짐으로써 완전히 신으로부터 떨어져나가 독립적 존재가 되기 때문에 신은 그것을 싫어한 것이 아닐까? 인간이 성교의 능력이 생기고 성교를 통해서 자식을 낳게 될 것이고 결국은 신과의 관계가 멀어지고 드디어는 신을 떠나게 되는 것을 싫어한 것이 아닐까?

성행위는 곧 내가 부모로부터 독립된 개체가 되는 순간이다. 왜냐하면 그 성행위를 통해서 자식을 갖게 되고 다른 개체를 생산할 수 있기 때문이다. 동물에서 보면 어미가 될 수 있을 때, 즉 성적性的 능력을 갖게 되면 그 어미와의 관계는 파괴된다. 이제 자기의 새끼를 낳고 기르려는 본능을 따른다.

　인간에 있어서도 성적 능력을 갖는 성인이 될 때, 성행위는 부모로부터 떨어져 나가는 행위로 이해할 수 있다. 어쩌면 인간에 있어서 첫 성행위는 자신이 독립적 존재임을 확신하는 첫 경험인지도 모른다. 왜냐하면 성행위를 통해서 <자신>의 독립성을 확신하게 되기 때문이다. 이때 자신이 독립적 개체임을 의식한다.

　성적 능력이 있을 때 성행위를 통해서 인간은 부모에게서 떨어져 이성과 하나가 된다. 그때부터 자식은 독립존재가 된다. 따라서 성적 능력의 완성은 독립성·개체성을 의식케 한다. 또한 자신의 독립성·개체성의 깊은 의식은 바로 깊은 자의식에서 일어난다. 그러므로 아담과 이브의 첫 성교는 자신의 독립성의 선언이요 신으로부터의 이탈을 의미하기에 죄가 되는 것이 아닐까?

　첫 성교 이후에 언젠가는 그들이 자식을 생산하게 되고 그렇게 되면 신으로부터 떨어져 나가게 되므로 성교를 금한 것은 아닐까? 그러나 이것은 신의 창조 목적에 모순된다. 신은 이미 아담과 이브의 후손들이 번창하기를 축복했기 때문이다.

　선악과를 따먹은 행위가 무엇을 의미하고 왜 선악과를 만들어 놓았는지는 아무도 모른다. 확실한 것은 인간은 자의식이 생겼을 때 성인이며, 성인은 성적 능력이 완성된 자이며, 자의식에 의하여 수치를 느낄 수 있고 자의식에 의하여 죄가 성립하고 죄의식이 성립된다는 것이다. 그리고 성적능력이 완성되었을 때, 완전한 자의식을 가질 때, 인격이라는 것도 성립된다. 자의식을 가진 존재가 자신의 개채성과 독립성을 의식하고, 자의식에 의하여 나 자신이 성립되고 그 자신이 다른 것이 아니라 인간의 인격이라고 할 수 있다.

그리고 나 자신의 개체성과 독립성을 의식함과 동시에 타인이 자신을 승인할 때, 인간은 서로 인격체를 인정하게 되는 것이다. 그리고 그 개체성은 바로 인격의 유일성이 되는 것이다. 그리고 인격은 그 유일성 때문에 절대적 가치를 갖게 된다. 자의식을 가지고 있는 까닭에 인간은 인격을 소유하고 그 유일성과 정체성에 의하여 인격은 절대적 가치를 갖게 될 뿐 아니라, 인격에 절대적 가치가 부여되어 인간의 존엄성이 부여된다. 따라서 인간의 존엄성은 결국 인간의 자의식에 있다.

그러므로 <자의식>이 밝은 자는 그만큼 <자신>의 의식이 밝고 그 때문에 <인격>의 존재를 더 확실하게 느낀다. 자의식이 흐린 자는 인격의 존재를 희미하게 의식하게 되어 인격의중요성을 망각할 수 있는 것이다.

또한 수양은 자신을 갈고 닦는 것이기 때문에, 즉 인격을 닦는 것이기 때문에 결국 그것은 자신을 밝게 하는 것이다. 자신이 밝은 자는 자신의 인격을 중요시하고 함부로 행동하지 않는다. 자의식이 밝은 자는 타인의 인격을 함부로 취급하지 않는다. 따라서 그 사람의 인격을 알려면 그가 다른 사람을 어떻게 대하는가를 보면 알 수 있다. 그 인격이 숭고한 사람은 다른 사람의 인격을 존중한다.

14. 희망의 철학과 절망의 철학

인간은 2천 5백년 전부터 학문을 하기 시작하였다. 최초에 그들은 무엇을 문제 삼았을까? 도대체 그들의 탐구대상은 무엇이었을까? 학문의 시조라고 일컬어지는 탈레스는 최초에 자연을 문제 삼았다. 즉 그는 자연의 아르케(arche)를 물었다. 다시 말해서 자연의 근본원소·근본원리를 물은 것이다. 그런데 이때 자연이라는 말은 정신과 물질 전체를 의미하는 것이었다.

그러니까 자연의 아르케는 무엇인가? 라는 물음은 정신과 물질의 근원을 묻는 물음이었다. 따라서 그 물음은 정신과 물질, 즉 우주만물의 근원을 캐묻는 형이상학적 물음이었다. 그런데 정신과 물질에 관해서 물었다는 것은 <있는 것>에 대해서 물었다는 의미가 된다. 적어도 <있는 것>은 정신과 물질 밖에 없기에 말이다. 즉 최초의 철학자들은 현실적으로 있는 것의 근거에 대한 의문을 품었다. 현실적으로 없는 것, 예컨대 신은 무엇인가를 묻지 않았다. 현실적으로 있는 것, 즉 정신과 물질에 대하여 물었다. 그들의 물음은 현실적이었으며 전혀 현실적으로 있지 않은 것, <없는 것>에 대하여 묻지 않았다.

실로 우리의 물음 역시 <있는 것>에 대한 물음이 현실적이고 절실한 물음이다. 처음부터 현실적으로 없는 것에 대해서는 물을 필요조차도 없는 것이다. 그런데 <있는 것의 근원>은 무엇인가? 라는 물음은 결국 있는 것의 근원이기 때문에 있는 것을 가능케 하는, 즉 <있는 것>의 근원을 묻는 것이다.

식물을 식물로서 가능케 하는 것은 무엇인가? 라는 물음은 단순히 식물의 생성生成의 원리를 묻는 생물학적 물음이 아니다. 그것은 식물이 <있는 것>으로서 가능케 하는 것을 묻는 것이다.

그리고 최초의 물음은 구체적이고 개별적인 식물에 관한 물음이 아니라, <있는 것 전체>를 가능케 하는 것이 무엇인가를 묻고 있다. 그래서 그들의 물음은 현실적으로 있는 것에 대하여 묻고 있지만 어느 사이에 이미 그들의 물음은 현실을 넘어 <현실적으로 있는 것을 가능케 하는 것>을 묻고 있기 때문에 형이상학적 물음이 된다.

그들의 물음은 이미 개별과학個別科學의 물음인 어떤 개별적 존재자, 예컨대 식물이나 동물에 관한 생물학적 원리를 묻는 것이 아니다. 모든 만물 전체, 즉 있는 것 전체의 근원을 묻는 물음이다. 그러므로 그들의 물음은 현실적으로 있는 것에서부터 시작하고 있지만, 현실적으로 있는 것을 가능케 하는 현실적으로는 없는 어떤 원리나 근본원소를 묻고 있는 것이다. 개별적으로 있는 것의 물음, 즉 이 소나무 이 돌맹이와 같이 개별적 존재자의 가능근거를 묻는 것이 아니라, 존재하고 있는 것 전체 즉 존재자 일반의 가능근거를 묻고 있다.

어쨌든 우리의 물음은 있는 것으로부터 출발한다. 그러므로 철학이나 학문은 물음으로부터 시작하고, 그 물음은 있는 것으로부터 시작하는 것이지 <있지 않는 것>에서부터 시작할 수는 없다. 따라서 철학의 출발은 존재자로부터 시작한다. 그러나 개별적 존재자가 아니라, 존재자 일반의 근거를 묻는 데서부터 시작한다. 그리고 그 존재자 일반의 근거를 존재(Being)라고 할 수 있다.

그런데 존재자 일반이 존재하고 있는데 있지 않음을 가정할 때 존재의 모순 개념인 무(무)가 나오게 된다. 그리고 존재는 <있다>의 명사이며 무無는 <없다>의 명사형이다. 따라서 만물은 분명히 존재하고 있다고 볼 때, 존재는 쉽게 이해할 수 있지만 무無는 잘 이해되지 않는다.

뿐만 아니라 존재는 <있다>이기 때문에 만물의 존재를 긍정하는 것이며 <없다>는 분명히 있는 것을 없다고 하는 것으로서 부정의 의미를 갖는다. 있는 것을 있는 그대로 긍정하는 것이 존재라면 있는 것을 없다고 부정하는 것이 무無이다.

따라서 존재는 긍정적이며, 무無는 부정적이다. 우리의 사유는 존재, 즉 긍정의 편에 설 수도 있고 무無, 즉 부정의 편에 설 수도 있다. 그리고 존재의 편은 유신론有神論과 관계되고 무無는 무신론無神論과 관계된다.

왜냐하면 전자는 존재사 일반의 근거가 있다고 믿고 그 근거를 신으로 이해할 수 있으며, 그것은 신의 존재의 긍정이 되고, 후자는 존재자 일반의 근거자체를 없다고 믿기 때문에, 즉 신도 부정하는 것이 되고 결국 무신론이 된다. 전자는 만물의 근거를 있다고 본다면 후자는 만물의 근거를 없다고 보는 것이다.

따라서 유신론적有神論的 입장은 존재로부터 존재자가 가능한 것으로 본다면, 무신론은 무無로부터 존재자가 가능함을 말하는 것이 된다. 즉 전자는 <있음>에 <있는 것들>이 근거한다는 이론이라면, 후자는 <없음>에 <있는 것들>이 근거한다는 이론이 된다. 그러나 있는 것들이 없음에 근거한다는 말은 모순된다. 그러한 이론은 상식적으로 허용할 수 없는 이론이 된다. 그것은 무無에서 유有가 나왔다는 이론이 되기 때문이다. 그래서 유신론은 만물의 근거가 있다는 입장이라면, 무신론은 만물의 근거가 없다는 이론이 된다.

따라서 존재를 주장하는 입장이 유신론이라면, 무無를 주장하는 것이 무신론이라고 이해할 수 있다. 따라서 철학에 있어서도 이것은 똑같이 적용된다.

즉 존재에 치중하는 철학은 만물의 존재근거를 인정하기 때문에 유신론적 철학이 되고, 반대로 만물의 존재근거를 부정하는 무無의 입장을 강조하는 철학은 무신론적 철학이 된다. 그러니까 철학자들을 여러 가지 기준에 따라 분류할 수 있지만 결국 존재의 입장을 주장하는 유신론적 철학자와 무無를 주장하는 무신론적 철학자로 분류할 수도 있다.

그런데 유신론적 철학과 무신론적 철학에 있어서 전자는 인간에게 삶의 긍정과 삶의 의미와 가치를 부여할 수 있는데 반해서, 후자는 인간의 삶은 물론 삶의 의미와 가치마저도 부정하게 된다. 전자가 희망의 철학이라면 후자는 절망의 철학이라고 할 수 있다. 유신론적 입장을 취하는 철학은 만물이 존재함을 긍정하고 만물의 존재근거를 인정한다.

즉 만물의 궁극적 존재를 인정하고 그 궁극적 존재에게 모든 절대적 의미와 가치를 귀속시키고 거기서부터 인간의 삶의 의미와 가치를 부여받게 된다.

그것은 인생 백년이 무無라는 입장의 철학처럼 무로부터 와서 다시 무로 돌아간다는 주장이 아니라, 존재로부터 와서 존재로 돌아간다는 입장을 취하므로, 즉 신으로부터 와서 신으로 돌아간다는 주장이 되기에 인생 백년의 의미와 가치는 무로 돌아가지 않고 가치와 의미를 부여받게 된다.

그러나 인생 백년이 무로부터 와서 무로 돌아간다는 입장에서 보면, 그 인생 백년마저도 무일 뿐 아니라, 아무런 의미나 가치도 없게 된다. 이렇게 주장될 때, 결국 삶의 바탕을 상실하게 되고 허무를 직면하게 되는 것은 피할 수 없는 일이 된다. 살아야 할 이유도 죽어야 할 이유도 없는 삶의 바탕을 상실케 된다. 이때에는 일체의 것이 무속으로 빠져버리기 때문에, 그 무를 주장하는 철학마저도 아무런 의미도 없는 헛된 지껄임이 될 가능성이 크다.

그래서 무신론적 철학 안에서는 결국 인간에게 삶의 의미와 가치를 제공할 수 없는, 또한 모든 윤리와 도덕을 파괴하는 입장이 되고 만다. 기껏 제시할 수 있는 것은 삶이 무라는 사실, 즉 허무주의를 제시할 뿐이다.

모든 무신론적 입장을 취하는 철학은 한결같이 허무주의를 의미하게 된다. 인간에게 삶의 의미와 가치를 부정하는 무신론적 철학은 그 삶 자체의 의미를 상실하게 된다. 그것은 인간문화와 역사를 무의미한 것으로 돌리기 때문에 파괴의 철학이라고 할 수 있다. 모든 가치와 의미가 무이기에 인간에게 희망을 주지 못한다. 그것은 파괴의 철학, 절망의 철학이다.

반면에 유신론적 철학은 삶의 긍정, 삶의 의미와 가치를 제공할 수 있기에, 그것은 긍정의 철학, 희망의 철학이 될 수 있다. 무신론적 철학, 무를 주장하는 철학은 「왜 살아야 하느냐?」 「삶의 의미는 무엇이냐?」라는 물음에 대답할 수 없다. 나는 유신론적 철학, 존재를 주장하는 철학에, 희망의 철학에 한 표를 던지고 싶다.

15. 평등과 자의식

<나와 다른 너>라는 것은 자의식을 가지고 있을 때만 성립한다. 그런데 인간이 자의식을 가지고 있어서 나는 나와 다른 너를 의식할 수 있으며, 상대방 역시 <너와 다른 나>를 의식할 수 있다. 그래서 나는 나와 다른 너를 의식하는 존재이며, 너 또한 <너와 다른 나>를 의식하는 존재이다. 이때 나는 나 <자신>을, 너는 너 <자신>을 의식한다. 이 나 자신과 너 자신이 성립하기 위해서는 먼저 나와 너는 똑같이 자의식적 존재이어야 한다. 즉 너와 나는 자의식을 가지고 있다는 점에서 평등하다.

자의식적 존재로서 나 <자신>과 너 <자신>은 대등한 것이다. 따라서 여기에는 가치의 차등이나 우열이 있을 수 없다. 다 같이 자의식적 존재이며 나와 너는 평등한 존재이다. 따라서 인간만 유일하게 자의식을 가진 존재이며, 모든 인간이 자의식을 가진 존재인 까닭에 모든

171

인간은 평등한 존재가 된다. 평등이란 본래 나와 너의 평등이므로 처음부터 나와 다른 너라는 것이 성립될 수 없는 동물은 평등이 성립될 수 없다.

따라서 인간이 평등하다는 것은 어떤 법 앞에서 평등한 것이 아니라, 법 이전에 이미 인간은 평등한 것이다. 그러니까 어떤 사람이 다른 사람을 평등하게 취급하지 않는 것은 법 이전의 문제인 것이다. 그는 상대방을 자의식이 없는 존재로 보는 것이며 인격적 존재로 생각지 않는 것이다.

그런데 그것은 엄청난 과오를 범하고 있는 것이다. 왜냐하면 그것은 인간의 본질을 부정하는 것이기 때문이다. 이미 인간의 본질을 가지고 있는데 그 인간의 본질을 부정하는 것이다.

인간에 있어서 평등이란 나와 너는 똑같이 자의식을 가지고 있어서 <자신>이라는 인격을 가지고 있어 나와 너를 대등한 존재로 생각하는 것이며 나의 가치와 너의 가치를 대등한 것으로 생각하는 것이다. 만일 나의 존재가 더 우월하다고 생각하는 것은, 그래서 상대방의 인격을 인정하지 않거나 무시하는 것은 먼저 자신의 존재를 부정하는 것과 같은 것이다. 그것은 <나>라는 것이 언제나 <너와 다른 나>이며, 따라서 나는 너를 전제하고 있기 때문이다. 너는 내가 존재하기 위한 전제조건이다. 그러므로 너를 부정하거나 무시하는 것은 그만큼 나의 존재의 전제조건이 부정되는 것이다.

그것은 존재론적 의미의 망각이다. 즉 나는 너와 동시에 존재하는 것이며 결코 내가 존재한 다음에 네가 존재하는 것이 아니라는 진실의 망각이다. 언제나 나와 너는 동시에 존재하고 있으며 나와 너, 즉 <우리>만 존재할 뿐이라는 사실을 명심해야 한다.

16. 창의성과 자의식

　동물도 반복된 훈련이나 학습에 의하여 상당한 수준의 지식을 가질 수 있다. 그래서 침팬지도 칵테일을 할 수 있는 지식을 가질 수 있으며, 어떤 기계를 조작할 수 있는 지식도 가질 수 있다. 다시 말해서 동물들에게도 어떤 지식을 갖도록 교육할 수 있다.
　그러나 동물에 있어서 그러한 반복된 훈련이나 학습에 의한 지식은 하나의 습관과 비슷한 것이다. 인간에 있어서도 그러한 지식이 필요하고 또한 그러한 지식을 추구하기도 한다. 그런데 인간에 있어서 반복된 학습에 의한 지식도 동물의 그것을 능가한다. 인간의 지능은 동물보다 우수하다.
　그러나 인간이 동물의 반복된 학습에 의한 지식을 훨씬 능가할 수 있는 것은 단순히 지능의 능력에, 즉 높은 지능지수의 능력에 의한 것이 아니다. 동물은 같은 반복된 학습을 통하여 그것이 하나의 습관으로 굳어질 때까지 지식으로 되지 않는다. 그렇기 때문에 하나의 습관이 될 때까지 많은 시간이 걸린다.

그런데 인간에 있어서 차원 높은 지식을 가질 수 있는 것은 동물과 같은 지능에 의한 것이 아니다. 인간은 동물이 가지지 못한 <자의식>의 능력에 의하여 동물의 지능을 능가하는 것이다. 인간에 있어서 지식은 되풀이되는 학습을 통하여 어떤 습관으로 굳어버리는 지식이 아니다.

어떤 학습이 되풀이되는 동안 그 학습내용에 대하여 반성하면서 학습을 한다. 다시 말해서 동물에 있어서는 단순히 되풀이되는 학습을 통하여 습관으로 굳어질 때 하나의 지식이 성립된다면, 인간에 있어서는 되풀이되는 학습과정 속에서 반성을 한다. 즉 인간에 있어서는 <반성하면서 학습>한다면, 동물은 <반성 없는 학습>을 되풀이한다.

여기에서 인간과 동물이 어떤 같은 지식에 도달함에 있어서 결정적인 차이가 생긴다. 즉 인간은 동물이 어떤 지식에 도달하는 것보다 시간적으로 훨씬 빠를 뿐 아니라, 비교를 할 수 없을 만큼 차원 높은 지식을 갖는다. 따라서 엄밀히 말하면 인간과 동물에 있어서 지식의 차이는 단순히 지능의 차이가 아니라, 반성능력의 유무有無의 차이에서 일어난다. 그렇기 때문에 동물의 지식이 습관으로 고정되어 버린다면, 인간의 지식은 늘 발전하는 것이다.

동물은 되풀이되는 훈련이나 학습에 의하여 얻은 지식에서 자신의 힘으로 그 지식을 발전시켜 더 높은 지식으로 나아가지 못한다. 즉 그들의 지식은 고정되어 버린다. 그것은 동물들이 반복적인 학습에 의하여 얻은 지식에 대하여 반성할 수 없기 때문이다.

인간은 어떤 지식을 갖게 되면 그 지식에 고정되는 것이 아니라, 그 지식 자체를 다시 반성할 수 있다. 그래서 그 지식을 다시 발전시킬 수 있다. 이렇게 해서 인간의 지식은 언제나 반성에 의하여 발전을 거듭하고 고도의 지식을 갖게 되는 것이다.

따라서 유아와 영리한 개를 비교해 보면, 영리한 개가 유아보다 훨씬 지능이 높을 수 있으며 또한 더 높은 지식을 가질 수 있다. 그러나 그 유아가 차츰 성장해 가면, 그 영리한 개의 지식을 능가하게 되고 결국은 생각조차 할 수 없을 만큼 높은 지능과 지식의 차이를 갖게 된다.

개는 반복된 학습에 의하여 상당한 지식을 갖게 되어도 그 지식에 고정되고, 또한 그 지식에 대하여 반성하지 못하며 발전할 수 없다. 그러나 어린애는 자의식이 밝아짐에 따라 그 지식에 대하여 반성하며 그 지식을 발전시킬 수 있으며 개의 지식을 능가할 뿐 아니라 더 고차원적인 지식을 갖게 되는 것이다.

인간에게 있어서 지식이 반성에 의하여 언제나 발전과정에 있다면, 동물에 있어서 지식은 반성능력이 없으므로 고정된 지식에 머물고 만다. 즉 인간과 동물의 차이는 지식의 차이가 아니라, 반성능력의 유무의 차이라고 할 수 있다. 그리고 반성능력이란 인간의 자의식의 능력을 의미하는 것이다.

학습에 의하여 처음 얻은 지식을 반성한다는 것은 처음의 지식을 대상화하여 사유한다는 의미이다. 내가 지금 가지고 있는 지식도 하나의 의식이며, 그 지식(의식)을 다시 대상화하여 생각하는 것도 의식이다. 따라서 지식을 반성한다는 것은 나의 지식(의식)을 다시 사유(의식)하는 것이다. 반성은 <의식의 의식>, 즉 자의식이다. 그러므로 반성은 자의식을 가지고 있는 인간만 가능하며, 반성능력이 가능한 인간만 어떤 지식에 고정되지 않고 발전과정에 있는 지식을 소유할 수 있다.

교육에 있어서 중요시되는 창의력이란 <지금까지 없었던 것을 새로 생각해 내는 능력>이다. 이 창의력이라는 것도 발전개념과 깊은 관계가 있다. 발전은 지금까지 있었던 지식에 <지금까지 없었던 것>의 가미에서 일어난다. 없었던 것이 가미됨으로써 더 나은 것으로 발전하는 것이다. 그러면 지금까지 없었던 것이 어디서 나올 수 있을까?

만일 인간의 의식이 동물의 의식처럼 고정된 지식만을 가질 수 있다면, 처음부터 고정된 지식에 지금까지 없었던 것을 가미할 수 없을 것이며 발전은 일어나지 않을 것이다. 동물이 어떤 두 가지 지식을 가지고 있을 때, 처음의 반복적 학습에 의하여 얻은 <처음의 고정된 지식>과 다음의 학습에 의하여 얻는 <다음의 고정된 지식>, 두 가지 지식만 있을 뿐이다. 그리고 그 두 지식은 각각 별개의 고정된 지식일 뿐이다. 그것은 없었던 것을 새로 생각해 낸 것도 아니며, 또한 두 지식을 합할 수도 없다. 따라서 동물에 있어서는 언제나 지금까지 없었던 것을 새로 생각해 낼 수 있는 능력은 있을 수 없다.

그것은 인간의 반성능력, 즉 자의식의 능력에서만 나올 수 있다. 그것은 처음 얻은 지식에 대하여 다시 스스로 반성함으로써 생기는 것이다. 반성에 의하여 얻은 것은 단순히 <지식+지식>이 아니다. <지식+지금까지 없었던 것>이다. 즉 그것은 지금까지 없었던 새로운 것이 가미된 발전이다. 따라서 발전은 인간에게서만 일어나고 인간의 창의력, 인간의 반성능력에 의하여 일어난다. 만일 인간이 반성 없는 지능만 가지고 있다면 동물에 있어서와 마찬가지로 하나하나 개별적 지식들만 가질 수 있을 것이다. 따라서 창의력은 인간의 반성능력, 즉 자의식에서 나오는 것이다.

그러면 발전개념과 관련시키지 않고 창의력을 이해할 수 없을까? 창의력은 지금까지 없었던 것을 생각해 내는 능력이다. 그런데 새로운 것을 생각해 내는 것은 결국 사유 혹은 의식이다. 또한 의식 자체는 언제나 무엇인가로 향하고 무엇인가를 의식한다. 만일 인간의 의식이 <무엇>인가를 한번 의식하는 것으로 그친다면, 그 의식은 거울과 같이 대상을 있는 그대로 반사하는 것에 불과할 것이다. 이와 같이 단 한 번의 의식으로는 지금까지 없었던 것이 생겨 날 수가 없다.

그 <무엇>을 한번 의식하고 그것을 그대로 반사하는 것에 그치지 않고, 그 <무엇>을 의식한 것을 다시 객관화하여 의식할 때, 처음의 <무엇>과 다른 것이 나올 수 있다. 창의력은 지금까지 없었던 것을 생각해내는 것이지만 처음부터 전혀 의식의 대상조차 없을 때, 다시 말해서 의식이 공허하다면, <없었던 것을 생각해 낼 수> 없다.

따라서 창의력은 우리의 의식이 무엇인가를 의식하고 그 의식된 것을 다시 의식(사유)함으로써, 혹은 몇 번이고 다시 생각(의식)함으로써 처음에 의식된 것과 다른 것을, 지금까지 없었던 것을 생각(의식)해 내는 능력으로 이해할 수 있다. 그러므로 인간의 창의력은 인간의 반성의 능력, 혹은 자의식의 능력에 의하여 가능한 것이다.

따라서 인간을 창의적 존재라고 하는 것과 인간을 자의식적 존재라고 이해하는 것은 같은 의미가 된다. 그러므로 교육에 있어서 창의력의 개발이라는 것은 인간의 자의식의 능력을, 즉 되돌아보는 반성능력을 길러 준다는 의미로 이해할 수 있다.

자주 반성을 해보도록 하는 교육은 매우 중요한 의미를 갖는 것이며 바로 그것이 창의력 개발의 방법이 되지 않을까 생각한다. 독일에서 좋은 초등학교는 좋은 상급학교에 많이 진학하는 진학률로 결정되는 것이 아니다. 장난감이 많고 놀이시설이 좋은 학교가 좋은 초등학교의 기준이라는 사실과 우리의 기준을 생각해 볼 때 다시 한 번 우리네 교육을 돌이켜 보지 않을 수 없다.

우리네 교육자들이 교육의 기본원칙조차 모를 정도로 어리석단 말인가? 결코 그렇지는 않을 것이다.

III부 존재와 시간

1. 인간만 시간의식이 있다
2. 나의 의식과 시간의식은 같다
3. 인간은 유일한 종교적 존재
4. 죽음 후의 존재가 영원하다
5. 존재는 소유에 우선한다
6. 순수한 존재의 세계는 자유
7. 기독교 신의 형상은 자유와 사랑
8. 사랑과 허무는 쌍둥이 자매
9. 덕보다 합리가 우선이다
10. 감격시대
11. 변증법적으로는 「신은 있다」도 「신은 없다」도 맞다.
12. 신의 존재를 믿는 것이 유리한가?

1. 인간만 시간의식이 있다

　도대체 허무감은 왜 생길까? 어렸을 때 여름날 오후 해가 질 때까지 늘어지게 낮잠을 자고 일어나서 괜한 투정을 부린 일들이 생각난다. 그러한 나쁜 버릇은 나에게만 있었는지도 모른다. 다른 아이들도 그런 경우에 투정을 부리지는 않았더라도 그만 낮잠 때문에 친구들과 놀지 못한 아쉬움은 있을 것이다. 해가 지기 전에 아이들과 놀지도 못하고 밤을 맞게 된 때문일 것이다. 어린이들에게는 노는 것이 중요한 일과 중에 한가지다.

　어린이들은 놀지 못하고 보낸 시간, 즉 흘러간 과거의 시간을 되돌아 볼 수 있다. 이 과거를 되돌아보는 것은 단순히 어떤 사물을 보는 것과는 다르다. 과거를 되돌아본다는 것은 우선 시간을 의식할 수 있다는 것이다. 인간만 지나간 시간을 의식할 수 있다.

　그런데 인간이 시간을 의식할 때 동시에 <나>를 의식한다. 그러니까 나를 빼어버린 시간의 의식은 없다. 즉 나를 의식하지 않는 시간의식은 없다. 따라서 시간의식과 자의식은 같은 것이다. 또한 시간을 의식하지 못함과 무의식은 같은 것이다. 인간만 시간이라는 것이 있으며 자의식이 있다. 인간은 자의식이 있어 시간을 의식할 수 있다. 자의식은 언제나 현재의 의식이다. 그러므로 자의식과 현재 의식은 같은 것이다.

인간의 자의식과 시간의식은 같다. 나를 의식하지 않고 보낸 시간은 자의식이 없던 무의식과 같다. 그런데 내가 나를 의식하는 시간은 현재의 시간이다. 즉 현재의 의식이다. 현재라는 시간을 의식할 수 있는 능력이 곧 인간의 자의식이다.

그러면 지나간 시간의 의식은 어떨까? 지나간 시간은 의식을 했던 시간, 즉 자의식이 있던 시간과 의식하지 못한 자의식이 없던 시간으로 나눌 수 있다. 그리고 수면시간 같은 무의식의 시간도 있으며, 지난 시간 중에는 깨어 있으면서도 의식하지 못하고 지나버린 시간도 있다.

의식하고 보낸 시간이든 무의식중에 흘러가 버린 시간이든 간에 지난 과거의 시간을 현재에서 다시 의식하는 것이 과거의 의식일 것이다. 그런데 지난 시간을 의식할 때 나를 빼고 시간만 의식할 수 없다. 기억해 낼 수 있는 과거는 내가 뚜렷하게 나타나는 의식의 시간이며, 내가 나타나지 않는 무의식의 시간이 있다. 내가 뚜렷이 나타나는 과거의 의식은 과거의 나를 의식하는 자의식이다. 즉, 그 의식은 내가 나를 돌아보는 것이다. 그리고 이때의 나는 현재의 내가 아니다.

본래가 과거의 의식에서 <의식되는 나>는 언제나 과거의 나이다.

의식하는 현재의 나보다 더 앞의 나이다. 과거의 시간 중에 나의 의식의 시간을 다시 의식하는 것은 반성, 즉 자의식의 능력으로 가능하다. 과거의 나를 반성할 수 있는 것은 <반성되는 나>와 <반성하는 나>가 성립될 때 가능하기 때문이다. 즉 의식의 의식이 가능한 인간에게만 과거의 반성이 가능하다. 그러므로 과거의 시간 중에서 내가 뚜렷이 나타나는 시간의 의식은 자의식을 의미할 뿐이다.

그러면 과거의 시간 중에서 <나>가 뚜렷이 나타나지 않는 무의식의 시간은 어떻게 될까? 단적으로 말해서 무의식의 과거는 되돌아볼 수 없으며 의식할 수 없다.

그러니까 크게 과거를 의식한다는 것은, 내가 의식되었던 과거의 시간뿐이며 과거의 시간 전체를 생각해 볼 때 내가 뚜렷이 나타나는 시간은 어떤 순간순간 뿐이다. 대부분의 과거의 시간은 내가 빠진 무의식의 시간이다. 그리고 나이가 먹어갈 수록, 과거가 많아질 수록 현재에서 멀어진, 과거의 시간 속에는 내가 희미해지고 결국은 무의식의 시간 속으로 파묻혀 버린다. 그런 것을 망각이라고 할 것이다.

어쨌든 현재라는 시간과 과거라는 시간은 인간에게만 성립한다. 그래서 지난 시간을 아쉬워하는 것도 인간만 가능한 것이다. 그러므로 어린이가 긴 낮잠을 자고 난 뒤에 재미있게 놀지 못하고 보낸 지난 시간을 아쉬워하는 것도, 그가 자의식이 가능하여 지난 시간을 돌아볼 수 있기 때문이다. 그러나 이때 아쉬워하는 시간은 내가 빠져 있는 무의식의 시간이다.

그러므로 엄밀히 말하면 무의식의 시간은 되돌아볼 수 없다. 내가 의식되었던 시간(잠자기 전의 시간)과 무의식의 시간(잠을 잔 시간), 그리고 의식되는 시간 (잠이 깬 시간)에서 사실은 무의식의 시간을 뛰어넘어 잠자기 전의 시간, 즉 나를 의식 (과거)하고 현재를 의식하면서 그 사이에 끼어있는 <무의식의 시간>을 아쉬워하는 것이다.

그러나 그 무의식의 시간은 그 앞의 의식의 시간과 그 후의 의식의 시간이 똑똑히 의식되기 때문에 그 시간에 내가 없었음을 알고 아쉬워할 수 있는 것이다. 따라서 전체적으로 과거를 아쉬워한다는 것은 결국 <나>가 의식되는 시간을 의식할 수 있기 때문에 가능한 것이다. 그러니까 과거라는 것이 성립되는 것도 자의식적 존재인 인간에게만 가능하고 과거의 아쉬움이라는 것도 인간에게만 가능하다.

그러면 허무감이란 무엇일까? 허무감을 느낄 수 있기 위해서는 첫째로 시간을 의식할 수 있어야 한다. 즉 현재와 과거라는 시간이 성립되는 존재만 허무감을 느낄 수 있다. 왜냐하면 허무감을 느낀다는 것은 시간을 의식하여 현재에서 과거를 되돌아보고 그리고 내가 없어질 미래를 의식할 때 느끼는 것이다.

그러나 미래시간의 의식은 엄밀히 말하면 의식이 아니다. 인간은 현재와 과거만 의식할 수 있다. 과거 중에서도 내가 의식되는 과거만 의식할 수 있을 뿐이다. 그러면 미래시간의 의식은 어떨까? 그것은 하나의 경험에 의해서, 아니 그럴 것이라는 신념일 뿐이다. 모든 인간이 죽는 것을 보고 나도 없어지게 될 것이라는 신념뿐이다.

과거는 내가 의식되는 시간과 내가 의식되지 않는 시간이 있다. 그러나 내가 존재하고 있던 시간인 것만은 확실하다. 그러나 미래는 전혀 내가 있다는 확신이 아니라, 그저 언제까지 있게 될지 모르는 불확실한 것이다.

자의식이 있던, 즉 내가 있던 과거의 시간(의식), 자의식이 없던, 즉 내가 없던 과거의 시간(무의식), 자의식이 있는, 즉 내가 있는 현재의 시간(의식), 그리고 내가 언제 없게 될지도 모르는 시간 (무의식)을 의식할 수 있을 때 허무감을 느낄 수 있다.

그리고 과거, 현재, 미래라는 시간의식은 곧 자의식이기 때문에 허무를 느낄 수 있는 것은 자의식의 존재인 인간만 가능하며 인간만 갖는 느낌이다. 그런데 허무감의 내용은 <나>가 없는 시간의 의식에서 생긴다. 즉 <나>가 없는 시간의 아쉬움이 허무감이 아닐까? 낮잠을 잔 뒤에 <나>가 없던 시간을 아쉬워하듯이 인간은 <나>가 없어지는 것을 가장 싫어한다.

인간은 영원히 존재하기를 원한다. 자의식을 가지고 있는 인간만 시간을 의식하는 존재이기 때문에, 영원히 존재하기를 원한다. 만일 인간이 자의식이 없어서 시간을 의식할 수 없다면, 인간은 존재하기를 원할 수도 없다. 그러므로 인간이 자의식을 할 수 있는 자이기 때문에, 존재에 관심을 갖고 (있기를 원하고) 그리고 존재를 묻고 존재를 탐구하게 된다. 따라서 인간과 시간 그리고 존재 사이에는 불가분의 관계가 성립되어 있다.

그래서 하이데거의 「존재와 시간」에서 바로 현존재(人間)가 문제되는 것이다. 그리고 그 현존재는 많은 의미를 가지고 있지만 그 근본의미는 자의식을 가지고 있는 인간으로 이해할 수 있다. 현존재는 자의식의 능력으로 시간을 의식하고 존재를 묻고, 존재에 관심을 가지고 있으며 존재를 이해하고 있는 인간을 의미하는 것이다.

2. 나의 의식과 시간의식은 같다

일반적으로 사람을 기다릴 때의 기다림의 시간이나 괴로움이 지속되는 시간은 잘 지나가지 않는 것같이 느껴진다. 그리고 즐겁게 보내는 시간은 빨리 지나간다. 똑같은 시간이 때로는 짧게 혹은 길게 느껴진다. 사람을 기다릴 때는 그 시간을 짧게 잘라 순간순간을 의식하기 때문에 길게 느껴진다.

그러나 즐겁게 보내는 시간은 시간을 짧게 잘라서 의식하지 않는 것이다. 정확하게 말하면 시간을 의식하지 못하는 즐거운 시간은 지나가는 줄 모르게 흘러간다. 그러니까 의식된 시간은 길게 느껴지고, 의식되지 않는 시간은 짧게 느껴진다고 말할 수 있다.

시간을 의식할 때는 분명히 그 의식은 밝다. 그런데 시간을 의식하지 못할 때는 시간만 의식하지 못하는 것이 아니라, <나>를 의식하지 못한다. 다시 말해서 시간의식과 나의 의식은 같은 것이다. 시간을 의식할 때, 동시에 나를 의식하는 것이다. 또한 시간의 무의식은 나의 무의식이 된다. 따라서 시간을 어느 정도 의식하는가 하는 것은 나를 어느 정도 의식하고 있는가 하는 것과 같다.

즉 시간의 의식 정도는 나의 의식 정도와 같다. 시간을 의식하지 못하는 것은 전혀 의식이 없는 것을 의미하는 것은 아니지만 나의 의식이 없는 것, 무의식과 통한다. 모든 인간은 시간을 의식할 수 있다. 그러므로 모든 인간은 나의 의식을, 즉 자의식을 갖는다. 따라서 인간에게만 시간이 의식되고 시간이라는 개념이 성립한다. 그리고 인간만 자의식을 갖는다.

그런데 시간을 의식하지 못하는 의식은 나의 무의식을 의미하기 때문에 나의 사라짐을 의미한다. 그런데 이것은 시간을 의식하지 못하는 것과 동시에 나의 의식이 사라지는 나의 무의식이 된다. 이러한 시간을 의식하지 못하는 나의 무의식 이외에도 고차적 자의식에서의 나의 무의식도 있다. 즉 <의식의 의식의……>이라는 고차적 자의식에서 <나> 자체마저 사라지는 <나>의 무의식도 있다.

이 나의 무의식은 시간을 의식하지 못한다. 그러나 이때에는 시간을 의식하지 못하는 것이 아니라, 시간을 잘라서 의식하지 않고 시간 자체인 지속적 시간을 의식하는 것이다. 따라서 이때의 의식은 단 한번의 <의식의 의식>이라는 한정된 자의식이, 즉 일차적 자의식이 아니라, 그것은 지속적 의식인 <의식의 의식의……>이라는 고차적 자의식이다. 한정된 시간이 한정된 의식에, 즉 일차적 자의식에 의하여 의식된다면, 지속적 시간은 지속적 의식에, 즉 고차적 의식에 의하여 의식할 수 있다. 한정된 시간 의식과 일차적 자의식은 같은 것이며, 지속적 시간의식은 고차적 의식과 같은 것이다.

한정된 시간의식인 일차적 자의식이 인간의 유한성과 인간의 한정된 삶과 관계되는 의식이라면, 지속적 시간의식인 고차적 자의식은 인간의 무한성, 영원한 삶과 관계되는 의식으로 이해할 수 있다. 다시 말해서 인간에게는 일차적 자의식과 관계되는 유한적 삶이 있고 영원한 고차적 자의식과 관계되는 무한적 삶이 있다.

즉 인간은 유한한 시간적 존재이면서 동시에 무한한 영원적 존재이다. 인간의 의식 자체가 영원성과 관계되는 존재이다. 인간의 일차적 자의식이 인간의 육체와 관계되는 의식이라면 고차적 자의식은 인간의 영혼과 관계되는 것이 아닐까? 어쨌든 인간의 의식의 본질은 <의식의 의식>이라는 일차적 자의식으로만 규정할 수 없다. 일차적 자의식은 고차적 자의식의 한 단계만을 고정시켜 놓고 말하는 것에 불과하다. 인간의 의식은 <의식의 의식의……>와 같이 지속할 뿐이다. 결코 그 지속적 의식에서 일차적 의식만을 분리 독립시킬 수도 없는 것이다. 그러므로 일차적 자의식은 편의적 개념에 불과하다. 인간의 본래적 의식은 고차적 자의식이다. 즉 인간은 본래 지속적 무한적 의식을 갖는 존재이다.

지속성의 의식인 고차적 자의식은 <의식의 의식의……> 속에서 나를 상실하게 된다. 나는 무의식에 빠진다. 그러나 진정한 나는 이 고차적 자의식이며 고차적 자의식 전체가 <나>인 것이다. 이 인간의 고차적 자의식은 무한한 시간, 영원성과 통한다.

인간은 이 고차적 자의식에 의하여 영원성과 만나는 유일한 존재이다. 고차적 자의식이 인간의 본래적 의식이기 때문에 인간은 영원적 존재이다. 그러나 인간은 한편 인간의 본래의 의식인 <의식의 의식의……>이라는 고차적 자의식으로부터 벗어나서 시간을 의식하는 유한적 존재가 된다.

　시간을 의식하는 일차적 자의식에 의하여 인간은 인격과 인격의 만남이 가능한 존재이며, 인간의 본래적 의식인 고차적 자의식의 능력에 의하여 인간은 영원과 만날 수 있는 존재가 된다.

3. 인간은 유일한 종교적 존재

　종교의 발생설은 여러 가지로 주장된다. 그리고 세계적인 종교들은 어떤 교주가 계시로 받은 것을 전파하여 발생한 것으로 되어 있다. 그러나 가장 일반적인 종교 발생설은 인간의 힘으로 어찌할 수 없는 천재지변과 같은 자연의 위력에 인간 자신의 나약함을 깨닫고 인간의 운명을 좌우하는 절대자를 생각하게 되었다는 주장이다.
　인간이 자연의 위력에 굴복할 수밖에 없다는 종교의 자연적 발생설은 꽤나 설득력 있는 주장이다. 그런데 자연의 보호 없이는 인간은 한시도 살 수 없다는 것을 깨닫고 자연을 숭배하게 되었다는 것은 결국 인간의 죽음에 대한 공포 때문에 종교가 발생했다는 뜻으로 해석된다.
　그런데 아무리 자연의 위력이 크다 해도 그래서 인간을 죽일 수 있다 해도 인간이 먼저 자신의 죽음을 이해하고 있지 않다면 죽음에 대한 공포도 있을 수 없을 뿐 아니라, 죽음에 대한 공포가 없었다면 종교도 발생치 않았을 것이다. 따라서 종교의 발생의 원인은 자연에 대한 공포보다 인간의 죽음에 대한 이해가 전제된다고 보아야 한다.

그런데 인간이 자신의 죽음을 이해한다는 것은 「나는 죽는다」라는 것을 생각하는 것이다. 그리고 「나는 죽는다」라는 것은 하나의 의식이며 「나는 죽는다」는 것을 <생각>하는 것도 의식이다. 따라서 죽음을 이해한다는 것은 「나는 죽는다」와 그것을 다시 생각하는 의식의 의식이다. 즉 죽음의 이해는 자의식에서 가능하다.

동물은 기껏 「나는 죽는다」라는 한 번의 의식에 그친다. 그러나 인간은 나는 죽는다는 것을 다시 생각하는 존재이다. 동물은 자신의 죽음을 생각하는 것이 아니라 죽음을 느끼는 것이다. 그러니까 동물들이 죽음을 직감하는 것은 죽음을 이해하는 것이 아니다.

어떤 동물이 죽음을 직감하여 죽음에 대처하는 행동도 평상시에 죽음을 이해하고 하는 행동이 아니다. 그것은 동물의 선천적 본능에 의하여 죽음을 직감하는 본능에 근거한 행동이다. 본능적으로 죽음을 느끼는 것이지 죽음을 이해하고 있는 것은 아니다.

죽음을 이해할 수 있을 때만 죽음에 대하여 생각할 수 있다. 또한 그 죽음의 이해는 자신의 죽음을 의식하는 자의식에 의하여 가능하므로 결국 종교가 인간의 자연에 대한 공포에서 발생했다면, 그 공포는 자신의 죽음에 대한 공포이기에 종교의 발생은 인간의 자의식의 능력에서 비롯된 것이다.

일반적으로 종교가 인간의 죽음의 문제와 관계된다고 본다면, 결국 종교의 가능근거는 인간의 자의식이라는 것을 알 수 있다. 그리고 종교의 공통성 가운데 한 가지를 죄의식이라고 할 수 있는데, 그 죄의식 역시 자의식에 근거한다. 죄의식이란 <자신의 잘못>을 뉘우치는 것이다. 즉 자신의 잘못했음을 생각하는 것이다. 죄의식은 자신을 생각하는 것, 자신을 돌이켜 생각하는 것을 의미한다. 그러므로 죄의식이란 「자신을 생각한다」는 자의식에 의하여 성립된다. 따라서 죄의식은 자의식의 능력을 가지고 있는 인간에게만 성립된다.

그런데 인간이 자의식적 존재였던 까닭에 종교가 발생되었고, 또한 죄의식도 가능하지만, 종교의 공통적인 것 중에서 또 한 가지 중요한 구원문제를 인간의 자의식과 관계시켜서 설명한다는 것은 그리 쉽지 않은 것 같다. 여기에서 <나>와 <자신>을 분리시키고 <자신>을 영혼이라고 이해할 경우와 <나와 자신>을 같은 하나의 나로 보고 <나와 영혼>이 같은 것이라고 할 경우 또는 나와 자신을 같은 하나의 나로 보고 <나와 영혼을 다른 것>으로 생각할 경우가 있게 된다.

첫째 경우, 즉 자신과 영혼이 같은 것으로 생각해 보자. 이때에는 나와 자신, 즉 <나>와 영혼은 별개의 것이 된다. <나>와 영혼이 별개의 것이라면 구원의 의미는 없어진다. 왜냐하면 <나>는 자신이라는 영혼을 구원하기 위하여 내가 있는 동안, 즉 살아 있는 동안 <자신>의 영혼의 구원을 위하여 노력하고 죽은 뒤에는 그 <나>라는 것이 없어지는 것이 된다면, 나와 상관없는 <자신>의 영혼의 구원을 위하여 나는 무엇 때문에 노력을 하는 것인가라는 문제가 생기기 때문이다.

다시 말해서 살아 있을 때의 나와 죽은 후의 자신=(영혼)이 다른 존재라면, 즉 살아 있을 때의 나와 죽은 뒤의 나=(영혼)의 동일성이 유지될 수 없다면, 나는 구원을 위하여 노력할 필요가 없을 것이다. 따라서 자신과 나와 영혼이 같은 것으로 보아야 한다. 그래서 두 번째 경우를 생각하게 된다.

<나>와 <자신>은 같은 나이며 그 내가 같은 영혼이라고 생각할 때에는 나와 영혼은 똑같이 의식적 존재이어야 한다. 왜냐하면 살아있을 때의 나와 죽은 후의 영혼으로서의 내가 동일한 <나>이어야 하기 때문이다. 이렇게 이해하면 문제가 생기지 않을까? 즉 자의식을 갖는 나와 자신이, 전체로서의 <나>이면서 영혼이라고 한다면 즉, 나의 의식과 영혼이 둘 다 같은 의식이라면, 태어날 때부터 정신박약으로 태어나서 의식이 밝지 못한 사람의 영혼은 밝지 못한 영혼이어야 할 것이다.

　만일 내가 정신박약으로 태어났다면 <나>라는 주체적 의식마저 흐린 의식일 것이며, 그 영혼 역시 <나>라는 주체적 의식이 밝지 못한 영혼이 될 것이다. 그러한 영혼은 개체성, 주체성을 갖지 못하는 영혼이 될 것이며, 그러한 영혼의 구원은 정체성도 없는 나의 구원이 될 것이다.

　더구나 그렇게 <나>라는 주체성마저도 밝지 못한 의식을 가지고 있는 사람에 있어서는 <나 자신의 구원>이라는 것조차 성립되지 못할 것이다. 의식이 밝지 못하기 때문에 죄의식도 밝지 못할 것이다.

　마지막으로 나와 자신은 같은 하나의 나이며 그 나와 영혼은 같은 것이 아니라고 이해하는 세 번째 경우를 생각해 볼 수 있다. 이때에는 나와 영혼이라는 두 존재가 있게 되고, 영혼이 의식을 가지고 있다 해도 나의 의식과는 다른 의식이어야 한다.

　혹은 의식이 없는 것이어야 한다. 만일 영혼이 나의 의식과 다른 의식을 가지고 있다면, 나와 영혼은 다른 존재일 것이며, 또한 영혼이 의식을 가지고 있지 않을 때에도 나와는 상관없는 존재가 될 것이다. 만일, 살아 있는 동안의 나와 죽은 뒤의 영혼이 별개의 존재가 된다면 죽을 때까지의 나는 다른 존재인 영혼의 구원을 위해서 노력하는 것으로 끝난다.

그렇다면 살아 있는 동안에 구원을 노력하는 나는 헛된 수고로 끝나게 될 것이다. 인간으로서 인간적인 많은 욕구를 억제하는 영혼의 구원을 위한 나의 모든 종교적·금욕적 생활은 헛된 수고가 되지 않을까? 또한 영혼에 의식이 없다고 한다면, 즉 나의 의식이 죽은 후에까지 계속되지 않는다면 나의 의식 없는 영혼의 구원은 무슨 의미가 있겠는가? 이때에도 살아 있는 동안의 나의 영혼을 위한 모든 수고는 전혀 의미가 없게 된다.

죄의식의 문제를 생각해도 마찬가지이다. 나와 영혼이 다른 존재이고 나의 의식이 영혼의 의식과 같은 것이 아니라면, 또는 영혼이 의식이 없다면 죄는 내가 짓고 책임은 영혼이 져야 한다는 모순이 생긴다. 마땅히 내가 지은 죄에 대한 대가는 내가 받아야한다. 왜 죄와 상관없는 영혼이 책임을 져야 한단 말인가?

한 마디로 말해서 나와 영혼이 별개의 존재라면 죄의식도 아무런 의미가 없을 뿐 아니라, 죄와 영혼의 구원과는 아무런 상관이 없는 것이 될 것이다. 따라서 죄라는 것은 종교와는 아무런 상관이 없는 개념이 된다.

따라서 <나 자신의 구원>이라는 문제에서 <자신>을 영혼으로 이해했을 때는 세 번째 경우인 나와 자신 전체를 하나의 나로 보고 그 나는 영혼과는 다른 존재로 보는 것과 같은 것이 된다. 이때에는 다 같이 나의 죄의식이나 나의 구원이라는 것이 성립되지 못한다. 나와 자신을 전체적인 나로 이해하고 그 나와 영혼이 같은 존재라고 이해했을 때는 살아 있을 때와 죽었을 때 나의 동일성이 유지된다는 장점을 가지고 있지만, 의식이 밝지 못한 사람에 있어서 의식과 영혼의 관계를 설명할 수 없다는 난점을 가지게 된다.

그러면 고차적 자의식과 구원의 문제는 어떻게 될까? 우선 <의식의 의식의 의식……>전체를 나로 이해하고, 그 전체의식인 나를 영혼과 같은 존재라고 생각해 보자. 그런데 <의식의 의식의 의식……>가 계속되면, 즉 고차적 자의식에서는 <나>라는 것이 확립되지 않는다. 인간의 의식은 분열하는 본질을 가지고 있어서 앞의 나는 뒤의 나에 의하여, 그리고 뒤의 나 역시 다음 순간의 나에 의하여 사라진다. 결국은 나는 점점 희미해지며 드디어 <나>는 없어지고 만다. 즉 나는 무아無我처럼 되고 만다. 이렇게 되면 죄의식도 성립되지 않는다. 왜냐하면 죄의식은 내가 나 자신을 돌이켜 뉘우치는 것인데 내가 확립되지 않고 또한 그 나에 대한 자신도 고정시킬 수 없기 때문에 죄의식을 가질 수 없게 된다.

다시 말해서 <의식의 의식의……>라는 고차적 자의식에서는, 단 한 번의 자의식처럼 <나>와 <자신>이 고정되어 주관과 객관의 관계가 성립되지 않고, 늘 새로운 의식에 의하여 주관이 객관이 되는 끝없는 의식의 흐름만 있기에, 내가 성립되지 않고 동시에 나의 죄의식도 성립될 수 없게 된다.

또한 내가 <무아>와 같은 것이 되어버리기 때문에 결국 나 없는 영혼만 남게 된다. 즉 나의 의식이 없는 영혼만 남게 된다. 이때의 영혼은 나의 영혼이 아닐 것이다. 그렇다면 그 영혼의 구원은 나의 구원과는 상관없는 것이 아닐까? 여기에서 나 없는 구원이라는, 무아의 구원이라는 개념이 나올 것 같다. 이 무아의 구원은 기독교와 같이 개개인의 영혼의 존재를 믿고 개인 영혼의 구원을 말하는 종교에서는 무의미한 것이 된다. 내가 없는 구원이나 나의 영혼의 구원이 없는 구원은 무의미하기 때문이다.

그러나 불교의 구원은 무아의 구원이 아닐까? 본래가 불교적 사유는 주체와 객체를 분리시켜 놓는 사유가 아니다. 그러면 영혼구원 문제는 어떻게 이해할 수 있을까?

우선 기독교적 구원은 생전의 나와 사후의 나의 동일성이 유지되어야 한다. 따라서 생전의 나와 사후의 영혼은 같은 존재이어야 한다. 그리고 영혼도 나의 의식과 똑같은 의식이어야 한다.

나, 자신, 그리고 영혼이 모두 의식을 가지고 있는 존재로 각각은 독립성을 유지하고 있으면서 또한 같은 하나의 존재라고 이해하면 어떨까? 즉 삼위일체와 같이 하나이면서 셋이라고 생각하면 어떨까? 나는 나 자신을 돌이켜 보고 죄를 의식하고 또한 나와 자신 그리고 영혼이 같은 것이기에 영혼의 구원은 곧 나와 동일한 자신의 구원이 된다고 이해하면 어떨까?

그러나 앞에서 본대로 의식이 밝지 못한 어두운 의식을 가지고 있는 사람은 주체가 없어지기 때문에 주체가 없는, 즉 내가 없는 구원이 된다는 것이 문제이다. 그렇다고 일상적인 나의 의식과 영혼의 의식이 다르다고 생각한다면 그것은 나의 동일성이 유지되지 않기 때문에 나의 구원이라는 의미가 무의미하게 된다.

따라서 영혼구원의 문제는 정상적인, 즉 자의식이 있고 그 의식이 밝은 자에 있어서만 설명이 가능하다고 본다. 그리고 고차적 자의식에서의 구원은 무아의 구원이 된다. 그러니까 일차적 자의식에서 영혼의 구원개념이 성립하고 고차적 자의식에서 무아의 구원개념이 성립되는 것 같다. 여기에서 기독교와 불교의 구원개념의 차이가 생기는 것이 아닐까?

4. 죽음 후의 존재가 영원하다

　무無를 처음부터 주장하게 되면 모든 것이 부정되고 모든 의미와 가치도 무의미·무가치로 떨어진다. 그리고 우주만물의 존재(있음)를 부정하게 되고, 우주만물의 근거도 부정되어 신도 부정하기에 이른다. 그러나 이 주장은 모든 만물의 <있음>이 부정되는 까닭에 이는 현실적으로 인정하기 어려운 일이다. 엄연한 사실은 모든 만물은 존재하고 있다는 사실이다.
　우리의 상식으로는 모든 만물이 <있으며>, 그것이 아무리 우연히 있다해도 분명히 있다. <있다는 사실>은 부정할 수 없을 것이다. 그 있다는 사실을 부정한다는 것은 자기모순인 것이다. 왜냐하면 그 무를 주장하는 사람마저도 이미 있기 때문에 주장할 수 있는 것이다. 그 있는 것이 무로부터 왔다해도 무로 돌아갈 수 없다. 있는 것은 언제나 변화만 있을 뿐이지 무로 돌아가지 않는다.

우주의 발생 이전에 무엇인가가 있었던 것이 우주의 모양으로 변한 것이라고 보아야 한다. 즉 있는 것에서 있는 것으로의 변화만 가능할 뿐이다. 없는 것에서 있는 것으로나 있는 것에서 없는 것으로의 변화는 불가능하다, 존재만 영원할 뿐이다.

무라는 것은 존재의 반대 개념에 불과하다. 존재는 확실하고 무는 존재의 의미를 드러나게 하는 개념이며 존재를 밝게 드러내주는 개념으로만 의미를 갖는다고 볼 수 있다, 무라는 개념을 생각하지 않고 존재를 생각할 수는 없다.

늘 존재는 무를 배경으로 해서 나타난다. 그러나 그 배경은 없는 것이다. 없는 것이 있는 것의 배경이 된다. 그러니까 존재는 무를 통해서 그만큼 밝게 나타난다. 존재를 밝게 나타나게 하려면 그만큼 무가 철저하게 나타나야 한다. 그러나 그 무는 언제나 무요, 사실은 없는 것이다. 그러면서도 존재가 확실하기 위해서 그 없는 무를 마치 있는 것처럼 말하지 않을 수 없게 된다.

만물이 <있다>는 것은 확실하다. 무는 그 <있다>의 의미를 밝히는 배경에 불과하다. 존재는 영원하고 무는 존재의 배경으로서만, 없는 것으로서만 의미를 가질 뿐이다. 처음부터 무가 영원한 것이라면 존재는 처음부터 불가능하다.

다시 말해서 아무리 존재와 무가 외연이 같을 만큼 완전한 모순개념으로 논리학에서 취급되지만 존재가 먼저요 다음에 무이다. 만일 이것이 거꾸로 되어 무가 먼저라면 존재는 있을 수도 없는 것이다.

그 선후의 문제에 있어서 존재가 먼저일 때 무가 가능하다. 무가 먼저라면 존재는 처음부터 불가능하다. 그러므로 존재는 무에 우선한다. 엄밀히 말하자면 동시적이라고 말해야 할 것이다. 즉 편의상 존재의 우선을 말하는 것이다. 그러나 일단 존재가 우선한 다음에 바로 뒤따라 온 무는 일단 그것이 나온 뒤에는 그 세력이 존재에 버금간다. 그 세력은 존재에 대등하고 조금도 존재에 뒤떨어지지 않는다.

이 세계는 존재의 세력과 무의 세력이 팽팽한 긴장과 충돌로 이루어진 세계이다. 존재가 긍정하는 세력으로 모든 것을 긍정하려 할 때, 무는 부정의 힘으로 모든 것을 부정하려 한다. 무는 부단히 존재를 따라다니면서 존재를 괴롭힌다. 그 존재의 긍정하는 세력에 대항하여 무의 부정하는 세력이 맞서서 긍정을 지속하지 못하게 한다. 즉 존재가 있게 하는 힘이라면 무는 없게 하는 힘이다. 그리고 존재는 언제나 쫓길 수밖에 없다.

존재가 있게 하면 무는 그것을 없게 한다. 즉 존재가 긍정하면 무는 그것을 부정한다. 이와 같이 존재와 무의 팽팽한 대립이 현실세계이다. 돌을 있게 하는 힘이 존재라면, 그 돌을 부단히 침식하여 돌을 부수어 돌을 없게 하는 힘이 무이다.

무가 무화無化하면 다시 존재는 있게 한다. 그 싸움은 끝나지 않는다. 존재가 가치와 의미를 있게 하는 것이기 때문에 존재는 가치와 존재에 근거한다. 그리고 무는 그 의미와 가치를 무의미·무가치로 떨어뜨린다.

있는 것을 좀먹고 없애는 무는 악마에 비유된다. 존재와 무의 싸움은 선과 악의 싸움이다. 신과 악마의 싸움이다. 존재는 있게 하기 때문에 건설적이라면, 무는 없게 하는 파괴적이다. 무는 모든 것을 무화하여 이 세계존재를 없애려고 한다. 인간의 삶을 좀 먹고 늙어가게 하고 죽어가게 하는 것은 있게 하는 존재의 힘에 대항하여 무가 존재를 침식하는 것이다.

따라서 존재는 모든 것을 있게 하는 것이라면 무는 없게 하는 것이며, 따라서 존재는 현실을 창조하는 것이라면 무는 모든 현실을 부정하고 파괴하는 것이다. 그러나 현실을 부정하는 무의 힘은 바로 발전의 원동력이다. 일단 존재의 힘에 의하여 있게 된 다음에 그것을 변화 발전시키는 것은 무이다. 만일 무의 작용이 없다면, 일체의 것은 정지상태가 될 것이며 발전은 정지하고 말 것이다. 인간의 모순된 점은 누구나 현실이 오래 연장되기를 바란다는 것이다. 행복한 순간이 계속되기를 바라고 인생이 영원하기를 바란다. 젊음이 계속되기를 바란다.

이와 같이 지속되기를 바란다는 것은 엄밀히 말하면 젊음에 머물러 있기를 바라는 것이며, 삶에 머물러 있기를 바라는 것이다. 즉 정지되어 있기를 바라는 것이다. 그러나 그것은 얼마나 어리석은 바람일까? 왜냐하면 삶이 머문다는 것은, 젊음이 머문다는 것은 삶의 정지와 젊음의 정지, 그것은 죽음을 의미하기 때문이다.

삶은 정지가 아니라 부단한 활동이다. 그런데 어떻게 삶이나 젊음이 정지해 있기를 바랄 수 있겠는가? 살아 있으면서 그 삶이 정지되기를 바라는 것은 모순이다.

삶이 영원하기를 바라는 것은 삶 자체가 부단한 활동이기 때문에, 결국 부단한 활동을 바란다는 뜻이 된다. 그리고 그 삶의 부단한 활동은 변화와 늙어 감을 의미하는 것이다. 따라서 젊음이 계속되기를 바라는 것, 삶이 지속되기를 바라는 것은 한편으로는 그것이 정지하기를 바라는 것이며, 모든 변화와 활동이 없는 죽음을 바라는 것이고, 그 삶의 활동이 살아 있기를 바라는 것은 결국 계속적인 변화를 바라는 것, 즉 늙어지기를 바라는 것이 된다.

따라서 그러한 바람은 헛된 것이다. 그러한 바람은 늙지도 죽지도 않는 것을 바라는 것일 텐데 늙지도 죽지도 않는 것은 변화와 정지를 동시에 원하는 모순된 바램이다. 그 바람은 결국 죽음의 바람일 뿐이다. 왜냐하면 영원히 살고 싶다는 바람은 현실의 삶의 정지를 바라는 것이든가 현실의 삶의 전개를 바라는 것일 텐데, 전자는 죽음이며 후자는 무한한 변화를 바라는 것이며, 그 무한한 변화는 결국 늙어 죽는 것을 의미할 수밖에 없기 때문이다.

그러면 <살아 있으면서 무한한 변화>라면 어떨까? 이것 역시 불가능하다. 살아 있다는 것 자체가 활동과 변화를 의미하는 까닭에 결국 그것 역시 끊임없이 변하여 늙어 죽는 것을 의미한다. 죽음은 삶의 활동과 변화의 끝이며 삶은 변화의 과정에 있음을 의미하기 때문이다.

삶(存在)은 죽음(無)의 힘에 의하여, 부정의 힘에 의하여 변화 유지된다. 삶은 활동이며 그 변화는 무의 작용에 의한 것이다. 만일 무화無化가 없다면, 즉 부정이 없다면 이 세계는 아무런 변화 발전이 없는 정지상태일 것이다. 그것은 생동이 없는 침묵 그것뿐이며 영원한 정지만 있는 세계일 것이다.

존재는 아무런 활동의 힘을 갖고 있지 못하다. 그것은 그저 현실을 긍정하는 것이다. 무의 힘에 의하여 존재가 드러나고 존재의 힘을 나타낼 수 있다. 즉 무는 존재를 존재로서 가능케 한다. 무가 없을 때 존재는 그 자신이 존재임도 나타낼 수 없다.

그러므로 삶은 죽음에 의하여 가능하다. 즉 살아 있다는 것은 활동변화이며 그것은 무의 힘에 의한 것이다. 삶의 활동이 끝났을 때 그것이 곧 죽음이다. 그러면서도 삶이 유지되는 동안은 또한 죽음(無)의 힘에 힘입어 활동하는 것이다.

  그리고 일체의 죽음(무)의 활동이 없다면 그 삶은 이미 죽음 자체이다. 그러므로 삶은 홀로 삶일 수 없다. 삶은 죽음, 즉 무의 활동에 의하여 가능하고 죽음의 작용이 끝날 때 그 삶은 죽음이 된다. 따라서 살아 있음도 죽음의 활동에 의하여 가능하고 죽음의 활동이 끝난 것이 죽음이기 때문에, 진짜 죽음은 무의 활동이 끝난 오히려 순수한 <존재>이다. 정지한 존재라면 삶은 무가 활동하고 있을 때이기에 오히려 무의 활동이 가장 활발한 것, 무와 친근한 상태가 삶이다.

  젊음이 가장 활력 있는 삶이라면 그 젊은 시절은 가장 활동력이 강한 것을 의미하며, 결국 그것은 가장 무의 활동이 활발한 것을 의미한다. 그러므로 가장 활력 있는 젊음은 가장 무(죽음)의 활동이 강한 때이다. 따라서 삶은 죽음 없이 불가능하다. 삶은 죽음의 활동이다. 삶과 죽음은 영원한 모순대립이다. 무(죽음)는 죽음의 원리가 아니라 삶의 원리이다.

  존재가 있게 하는 것이라면 무는 없게 하는 것이다. 오히려 존재가 존재이려면 그 존재를 있게 하는 것은 무이다. 무가 존재를 없게 하는 것이지만, 그 없게 하는 작용을 통해서 존재는 자신을 확인할 수 있는 것이다. 즉 자신의 존재를 드러낼 수 있다. 존재가 우선하지만 그 우선하는 것을 확증하는 것은 무이다. 무가 없다면 존재의 우위마저도 확증할 수 없게 된다. 따라서 무는 존재의 보증자로서 언제나 존재를 없게 하는 방법을 통하여 존재를 드러내고 존재일 수 있게 한다. 삶과 죽음도 같은 관계이다.

  진짜 죽음은 무(죽음)의 활동이 끝남을 의미하기 때문에, 그것을 정지, 즉 순수한 존재를 의미하기 때문에 결국 우리가 진짜 죽음에 도달했다는 것은 진짜 존재에 들어간 것이 된다. 즉 진짜 있음이 곧 죽음이다. 죽음은 존재에로 들어가는 것이며, 삶은 죽음의 활동 안에 있는 것이다. 즉 무안에 있는 존재가 삶이며 존재 안에 있는 무가 죽음이다. 그렇다면 삶은 없음(無)안에, 죽음은 있음(存在)안에 있는 것이 된다.

따라서 삶은 <없는> 것이며 죽음만 <있을>뿐이다. 삶은 무이며 죽음은 존재이다. 그러므로 영원히 있는 것은 죽음뿐이다. 영원한 것은 존재이다. 무의 활동은 짧다. 언젠가 무의 활동이 끝날 때 삶은 끝나고 죽음이 계속된다. 죽음이 계속됨은 곧 존재의 지속이다. 무의 활동이 끝나서 나의 삶이 끝날 때 나는 무의 활동이 없는 순수한 존재에 속하게 된다.

그리고 나는 이제부터 무가 없이 진짜로 존재하게 된다. 따라서 삶은 무에 의하여 부단히 나의 존재가 침식당하는 과정이라면, 죽음은 무의 침식이 없는 완전한 나의 존재에 이르름이 된다.

따라서 삶은 무이며 죽음이 존재이다. 나는 죽음과 동시에 존재에 이른다. 진정으로 내가 있게 된다. 삶은 내가 완전히 존재하는 것이 아니라, 무에 의하여 나의 존재가 부단히 침식당하는 과정이다. 따라서 참으로 내가 있게 되는 것은 죽음에 의해서이다. 이때에 비로소 무 없는 존재에 이른다. 이때가 진정한 나의 삶이 될 수 있는 것이다. 진정한 삶은 죽음에 의하여 획득된다.

따라서 일반적으로 말하는 죽음이 곧 무가 아니라, 오히려 나의 죽음이 진정한 나의 존재가 된다는 것은 인간의 죽음으로 무로 돌아가는 것이 아니라 존재에로 돌아감을 의미하는 것이다. 따라서 그것은 죽음 뒤의 무가 아니다. 진정한 나의 존재를 의미하기에 나의 죽음 뒤의 가치는 인생의 삶의 과정보다 엄청난 가치를 갖게 된다는 것을 의미한다. 삶은 잠깐이다.

영원한 것은 죽음, 즉 존재이다. 따라서 죽음 뒤의 나의 존재에 더 비중을 두어야 한다는 결론이 나온다. 나는 죽어 무로 돌아가는 것이 아니라 참으로 존재하게 되는 것이다. 이것은 죽음 뒤의 참된 삶, 참된 존재를 믿는 신앙이다.

순간에 지나지 않는 짧은 삶에 집착하고 그 삶 너머에 참된 나의 존재와 삶을 보지 못하는 어리석음에서 깨어나야 한다. 그 참된 존재를 볼 수 있는 사람은 기꺼이 현실의 삶을 버릴 수도 있다. 그는 오히려 영원한 삶을 위해 사는 것이다. 그는 삶을 위해 사는 것이 아니라 오히려 죽음을 위해 산다. 그는 죽음 뒤의 참 된 삶을 위해 산다. 그것이 종교이다. 만일 이 죽음 뒤의 삶이 존재가 아니라면 모든 종교는 사기가 될 것이다. 그러나 분명히 삶이 무의 활동이며 죽음은 그 무의 활동의 끝이라면, 확실히 거기에는 무가 끝난 영원한 존재만 가능하게 되기에, 참으로 존재코자 하는 사람은 그 죽음 뒤를 위해 산다.

즉 죽음 뒤가 완전한 있음(存在)이라는 것을 확신하는 자는, 영혼의 존재를 갈망하는 자는 영원히 존재하는 영혼의 삶을 누릴 자격이 있을 것이다. 그것은 「믿음은 바라는 것들의 실상」인 까닭이다. 영원한 삶을 바라지도 않는 인간이하의 생물들에게는 영혼을 줄 필요도 없는 것이 아닐까? 영원한 삶을 바라지도 않는 자들에게는 삶이 존재(있음)이며 죽음은 무(없음)로 끝난다.

이렇게 이해하였을 때 영원히 존재하고 영혼의 삶을 갈망하는 인간에 있어서 삶은 순간이요 죽음은 영원하며, 그 죽음은 참된 존재에 이르는 것이기에 무는 순간이며 존재는 영원하다. 삶은 무요 죽음은 존재이다. 삶은 <없는 것>이며 죽음은 <있는 것>이다. 그렇기에 현실적 삶은 헛된 것이며 죽음 후의 삶이 영원한 것이 아닐까?

5. 존재는 소유에 우선한다

　세계지도를 펼치고 우리나라를 찾아보면 누구나 너무 작다는 생각이 들 것이다. 그런데 고속버스나 열차로 여행할 때 창밖으로 넓게 펼쳐진 산과 들을 보거나, 높은 산 정상에 올라 수많은 계곡과 능선들로 펼쳐지는 산봉우리들의 지평을 바라보면, 우리의 국토가 꽤나 넓다고 느껴질 때도 있다. 그 넓은 평야와 산지들은 모두 소유자가 있을 것이며 빠짐없이 소유자의 등기가 되어 있을 것이다.
　초등학교를 오가면서 지나는 산과 들을 보고 다음과 같은 생각을 한 적이 있다.
　분명히 맨 처음에는 땅의 주인이 없었을 텐데 어떻게 해서 「이것은 나의 땅 저곳은 너의 산」이라는 소유권을 주장하게 되었을까? 더구나 자기가 손수 나무를 심거나 가꾸지도 않은, 자연히 생긴 산과 들을 어떻게 「이만큼은 내 것이다」라는 소유권을 당당하게 주장하게 되었을까? 사람들이 서로 「내가 먼저 맡았다」고 주장하면서 얼마나 많은 분쟁을 하였을까?

지금도 나는 그 정확한 해답을 얻지 못하고 있다. 분명히 오랜 옛날에는 들이나 산들은 소유주가 없었을 것이며 언제부터인가 「이 평야는 나의 것이다」 혹은 「저 평야는 너의 것이다」 혹은 「이 산은 나의 소유물이다」라고 맡기 전에, <소유(have)>하기 전에 오래 전부터 산야는 <있었다(be)>. 그러니까 자연 그대로의 산야는 누가 <소유>하기 전에 먼저 <존재>했었다.

소유와 존재 문제를 생각해 볼 때, 확실히 존재가 먼저이고 소유는 존재한 다음의 행위임이 확실하다. 산야가 먼저 존재한 뒤에 산야를 소유할 수 있듯이, 본래 존재가 소유에 선행하는 것이다, 존재하지 않는 것은 소유할 수도 없다.

존재하는 것만을 소유할 수 있다. 산야뿐 아니라 만물 전체가 존재한 뒤에 그것을 소유할 수 있다. 어느 누가 소유하기 전부터, 영원 전부터 우주는 존재했으며, 자연을 소유하는 자가 없어지는 때에도 우주는 영원히 존재할 것이다. 소유자가 영원히 없어진 후에도, 현재의 우주가 파괴된 뒤에도 어떤 다른 모습이라도 우주는 영원히 존재할 것이다. 따라서 소유는 순간이요 존재는 영원한 것이다.

철학은 존재가 소유에 선행한다는 이 평범한 진리를 믿는다. 그리고 이 영원한 존재를 탐구한다. 우선하는 것을 우선하는 것으로 보고, 그 우선하는 것을 탐구하는 것이 철학이라면, 철학은 분명히 현실이나 사실의 왜곡이 아니라, 오히려 진리에 대한 정직한 고백이다.

그런데 존재가 소유에 앞선다는 이 평범한 진리의 왜곡이나 오해로부터 현대의 비극은 시작한다. 소유가 존재의 왕위를 찬탈하고 소유자

상주의를 휘두르는 소유왕국에 현대의 비극이 있다. 소유의 왕국에서 존재에 대한 소유의 우위라는 가치의 혼돈이 일어난다.

한 포기의 풀은 살아 있기(生存) 위하여 수분과 양분을 소유하고, 한 마리의 들새도 살아 있으려는 본능(生存本能) 때문에 들풀의 열매를 소유한다. 그래서 소유는 존재를 위한 수단에 불과하다. 이것이 진정한 가치의 질서이다. 그러나 현대인은 존재하기 위하여 소유하는 것이 아니라, 소유하기 위하여 존재한다.

오늘날 고도의 과학기술의 발달은 현대인의 물량적 소유 욕구를 채워 주었다. 고도의 과학기술은 현대인에게 물질의 풍요라는 선물을 안겨 주었다. 우리가 그 선물을 받은 기쁨에 빠져 있을 때, 그것은 우리에게서 인간성을 빼앗아갔다.

보릿고개라는 말은 낯선 말이 되어 신화 속으로 사라져갔으며, 살빼기 운동이 더 절실한 문제가 되었다. 이제 우리는 영양실조가 아니라 영양과다로 인한 육체의 비만증을 앓고 있다. 이것은 곧 현대인간의 인간성의 상실과 연관된다.

언뜻 생각하면 물질의 풍요와 인간성상실은 별개의 문제처럼 보이지만, 본래가 물질과 정신은 반비례의 관계를 가지고 있다. 물질을 많이 소유하면 그만큼 정신은 상실된다. 영양과다로 비만증에 걸린 사람은 물질을 많이 소유해 정신력은 감퇴하고 정신은 우둔해진다.

단식할 때, 즉 물질을 적게 소유할 때 그 사람의 정신은 풍부해지고 맑아진다. 옛날에 도사는 수년 동안을 솔잎으로 연명하면서 도통할 수 있었으며 예수의 40일 단식이나 인도의 단식요가, 혹은 금식기도의 원리는 바로 물질을 적게 소유함으로써 정신이나 영혼을 맑고 밝게 하는 원리로 이해할 수 있다. 실로 육체의 건강이 물질을 소유함에 있다면 정신의 건강은 물질의 소유를 포기함에 성립한다.

　이러한 단식의 원리를 포함하여 모든 종교에 공통하는 고행의 원리도, 마찬가지로 육체적(物質的)인 모든 소유 욕구를 억제하고 육체를 학대함으로써 정신이 영원한 존재를 추구하는 원리인 것이다. 이것이 「마음이 가난한 자는 복이 있나니 천국이 저의 것이요」라는 의미이다. 육체적으로 볼 때 소유는 얻는 것이지만, 정신에 있어서 소유는 잃는 것이다.

　존재가 삶의 원리라면 소유는 죽음의 원리이다. 한 송이 들꽃이 개인의 소유가 되었을 때 그 꽃의 존재가치는 거의 죽는다. 모나리자가 박물관에 있지 않고 어떤 개인의 소유물이 될 때, 그 모나리자의 존재가치는 죽어간다. 소유자가 없이 존재할 때 그것들의 가치는 살아난다.

　더구나 「너는 나의 것」이라는 식으로 다른 사람의 소유물이 될 때 그는 노예로 전락되고 그의 삶은 죽은 삶이 된다. 실로 소유는 잔인한 것이다. 인간이 소유의 대상이 될 때 평등사회는 무너지고 불평등의 사회가 성립한다. 인간의 모든 투쟁, 개인과 개인, 국가와 국가 간의 싸움은 모두 소유의 문제에서 일어난다.

　물질적으로 더 많이 소유하려고 싸우고 인격적으로 소유물이 되지 않으려고 싸운다. 소유는 모든 전쟁의 원인이 되는 것이다. 소유는 마약의 원리와 같다. 그것은 자기살해의 원리이다. 하나의 소유는 다시 다른 소유를 부른다.

　이 <더 많이>라는 소유의 본질은 결국 마약처럼 자기의 존재마저 죽인다. 이와 같이 자기살해까지 모르는 것은 소유가 본래 물질의 원리요, 물질은 어리석기 때문이다. 그래서 소유는 자기의 살해조차 모를 만큼 어리석다.

　더 많이 소유하려는 소유의 본질은 정신을 죽일 뿐 아니라, 자신을 죽인다는 사실조차 모른다. 소유가 자기의 존재마저 위협할 때, 그 어리석음을 일깨우고 육체의 소유를 억제하고 자기의 존재를 보호하는 것은 바로 정신이다. 따라서 물질의, 소유의 원리가 죽음이라면 존재는 정신의, 삶의 원리이다.

　철학은 현대인이 물질의 풍요를 누리고 의약의 발달로 육체는 건강하나 정신은 영양실조로 빈사상태에 있다고 본다. 현대인은 육체가 튼튼한 정박아와 같다. 그런데 정신의 병은 육체의 병보다 치료가 어렵다는 데 현대의 고민이 있다.

　잘 산다는 것은 물질의 소유에서 오는 육체의 평안과 육체적 건강을 누리는 것은 아니다. 정신과 육체 모두가 건강한 삶이다. 이러한 의미에서는 <건강한 신체에 건강한 정신>이라는 말은 성립되지 않는다. 잘 산다는 것은 「잘 있다」(Well-being)는 뜻으로 이해되며 육체와 정신이 함께 잘 있을 때 잘 산다고 말할 수 있다. 오늘날 잘 산다는 말이 물질을 많이 소유하고 육체적으로 잘 산다는 뜻으로 오해되고 있다. 만족한 돼지의 삶이 인간이 잘 사는 삶이 아니다. 오히려 불만족한 소크라테스의 삶이 인간의 잘 사는 삶이다.

　「너는 나의 소유물이다」라는 소유하는 자와 소유되는 자가 없어지고 「너는 나와 함께 동등하게 <존재한다>」는 진리가 실현되는 사회가 될 때, 인격이 짓밟히는 인신매매의 비인간화의 현상이 사라질 것이다. 인간과 물질의 관계에서 소유의 지나침이 문제라면 본래 인간과 인간 사이에서는 소유라는 것은 성립할 수도 없는 것이다. 각자의 인격은 무한한 시간 속에서 무한한 공간 안에 단 한번 존재하는 유일한 존재이다. 동일한 인격이 두 번 존재할 수 없고 동일한 인격이 두 개 존재할 수 없기에, 각각의 인격은 상대적 가치가 아니라 절대적 가치를 갖는다.

그래서 모든 인격은 존엄한 것이다. 이러한 유일·절대적 가치를 갖는 인격이 소유물로 취급받는 것이 현대의 가장 비참한 비극이다. 사람이 소유물로 취급받는 것이 현대의 가장 비참한 비극이다. 사람이 사람을 물지 않고 개나 이리가 사람을 물듯이, 인격을 갖춘 자는 다른 사람의 인격을 짓밟지 않는다.

다른 사람의 인격을 소유물로 취급하지 않고 인격적으로 대우하는 사람이 된다는 것은 결국 사람다운 사람이 되는 것을 의미하므로, 인간성을 회복한다는 것은 우리 모두가 다른 사람의 인격을 소유물로 취급하지 않고 절대적 가치로 대우하는 사람이 되는 것이라고 말할 수 있다.

물질을 더 많이 소유하게 된 현대인은 살빼기 운동을 통하여 군살을 빼야 한다. 살빼기 운동 중에 간단한 방법이 한 가지 있다. 앞에서 말한 대로 육체와 정신의 원리는 반비례의 관계인 까닭에 밤을 새워 책을 읽으면 체중이 가장 잘 준다. 우리가 세계에서 가장 독서하지 않는 국민이라는 치욕스런 통계를 접할 때, 우리는 우리의 육체의 비만증을 더욱 실감하게 된다.

인간의 본질이 정신에 있다면 인간성의 회복은 정신의 고양高揚에서 찾아야 할 것이다. 살빼기 운동은 결국 물질의 원리인 소유를 줄이고, 모든 인간이 평등하게 대우받는 정신의 원리, 삶의 원리인 존재의 왕국을 건설하는 것이다. 결코 소유가 존재에 선행되어서는 안 된다. 「존재는 소유에 우선한다」는 진리를 직시해야 한다.

6. 순수한 존재의 세계는 자유

이 세계는 존재와 무無의 투쟁의 장소이다. 존재가 무에 의하여 부단히 추적당하는 세계이다. 그러면서도 이 세상에서는 존재는 무에 의하여 그 의미가 부각된다. 존재와 무의 상대적 세계가 우리가 살고 있는 세계이다.

온전한 존재는 없다. 언제나 무의 무화無化의 작용에 의하여 존재는 무화의 과정에 있다. 존재의 무화의 과정은 일체의 활동과 변화, 그리고 성장·발전의 과정으로, 그것이 이 세계의 실상이다. 어떤 것도 정지된 상태로 있는 것은 없다. 이것은 이미 헤라클레이토스의 세계관이며, 변증법의 세계이며, 음양의 상대적 세계로서 주역周易의 생성 소멸의 세계이다. 결국 그러한 철학은 모두가 존재와 무의 세계요 존재가 무에 의하여 추적당하는 세계이다. 존재와 무의 투쟁의 세계는 생성의 세계이다.

한 알의 씨앗이 존재한다. 그러나 그것이 현재를 긍정하고 그대로 온전하게 존재하는 한 그것은 생성의 과정에 들어서지 못한다. 그 씨앗이 현재의 존재가 무에 의하여 조금씩 부정됨으로써, 즉 차츰차츰 썩어가면서 새로운 싹이 나온다. 조금씩 존재를 부정하고 죽어가면서 새 생명인 새싹이 탄생한다. 존재가 온전한 존재로서는 정지이다.

그것이 무의 작용에 의하여 그 존재의 부정, 즉 무화작용에 의하여 생성이 시작한다. 무생물에 있어서도 새로운 것의 생성은 언제나 일정한 것으로서 존재하고 있는 한 일어나지 않는다. 그것이 그 일정한 것으로서의 존재를 부정하고, 즉 무의 무화작용에 의하여 부정될 때 다른 새로운 어떤 것이 되는 과정에, 즉 생성의 과정에 있게 된다.

우리의 세계가 고정된 존재의 세계가 아니라 늘 변화 발전하는 세계로 이해할 때, 그 변화발전 그리고 생성의 과정에 있는 우리의 세계의 실상은 바로 존재가 무에 의하여 추적당하는 세계로 이해할 수 있다. 적어도 우리가 살고 있는 세계는 존재만의 세계는 아니다. 늘 무의 추적을 받고 있는 과정으로서의 세계이다.

존재가 충만이라면 무는 그 존재를 결여로 만드는 활동이다. 그래서 우리의 세계는 충만, 즉 완전한 세계가 아니다. 무에 의하여 그 존재가 결함을 갖게 되는 세계이다. 충만이 선이라면 결함은 악이다. 그러나 우리의 세계는 완전한 선도 완전한 악도 아닌 무엇인가 <결함이 있는 존재>가 바로 우리의 세계이다. 즉 온전한 존재도 무도 아닌 존재와 무의 투쟁의 세계이다.

그런데 언제나 존재가 무에 의하여 추적당하는 세계인 까닭에 결함이 있는 존재이다. 그리고 언제나 그 결함이 있는 존재는 존재가 완전히 무에 의하여 압도당하여 완전한 무에 이르는 것은 아니다.

언제나 부단히 침식당하고 있는 과정이다. 어떤 것도 완전히 침식당하여 순수한 무로 돌아가는 것은 없다. 언제나 다른 것으로의 변화, 다른 것의 생성이 있을 뿐이다. 이 세상이 생긴 이후 티끌 하나도 완전히 무로 돌아간 것은 없다. 한번 있던 것은 영원히 있을 뿐이다.

따라서 무의 무화작용은 엄밀히 말하면 없어지게 하는 작용이 아니라, 다른 것으로 변화 발전시키는 작용에 불과하다. 그러므로 존재하는 것은 영원하고, 없어졌다고 하는 것은 없어진 것처럼 보일 뿐이다. 무화작용은 기껏 변화의 작용뿐이기에 존재는 영원하고 무는 존재 자체를 완전히 무화할 수 없기 때문에 존재와 대등한 것이 아니다. 완전히 대립되는 것은 아니다.

무는 변화의 상相을 만들어 내는 마술사와 같다. 아무리 변화를 많이 시켜도 존재 자체를 무화시키지는 못한다. 따라서 존재는 영원하고, 무는 가상의 세계를 만들어 내는 마술사이다. 그러므로 존재만 있고 무는 없는 것이다. 무가 현상세계에서 대단한 역할을 한다. 그러나 조금도 존재 자체에 손상을 주지는 못하며 조금도 손상 받거나 변하지 않는다. 우리의 현상세계는 변한다. 부단한 변화의 과정에 있다. 그것은 무의 무화작용에 의한 것이다.

인간은 그 무의 작용에 의하여 변화하는 세계에 속한다. 이 세계가 현상現象의 세계에서 볼 때는 존재와 무의 투쟁의 세계로 보인다. 이때는 존재와 무는 대등한 것같이 보인다. 그리고 무는 존재에 조금도 양보하지 않는 대립적 입장이 되어 있다. 그래서 이 세계는 상대적으로 파악된다. 즉 선악의 상대적 세계, 음양의 상대적 세계로 보인다.

그러나 한번 <있음> 다음에 이 세계는 영원히 있다. 절대로 무로 돌아갈 수는 없다. 존재는 영원하다. 결코 이 존재와 무는 대립의 지위에 있을 수 없다. 무는 한번 있는 이 존재를 완전히 무화시켜서 무로 만들 수 없다. 무가 활동하는 가상의 세계, 현상의 세계에서는 무의 힘은 대단한 것처럼 보인다. 그러나 끝내 존재를 정복하지 못한다.

우리는 무가 활동하는 현상의 세계만을 보고 또한 그 변화를 보고, 그 무의 위력을 보고 무상無常을 한탄한다. 그러나 무상은 가상이다. 무상은 실상이 아니다. 실상은 영원히 변화하지 않는 존재이다. 상대적 세계 너머에 절대적 영원한 세계도 있다.

나에 있어서 무의 작용이 끝나면, 변화의 세계가 끝나면 나는 죽는다. 나의 죽음은 나의 현상세계의 끝을 의미할 뿐이다. 나의 현상세계가 끝나도 전체 현상의 세계자체는 그대로 존재한다. 나를 이루고 있는 육체는 흩어져서 다른 존재자를 구성하게 되고 나는 분산되고 나는 없어진다. 인격적 내가 있다면 육체적 내가 흩어진 다음에 그것은 이제 다른 원자들로 돌아갈 수 있는 까닭에, 물질을 벗어나 자유롭게 존재한다. 없어질 수 없기에 그것은 영원한 존재로 돌아간다. 육체를 이루고 있던 원자들은 다시 다른 원자들과 결합하여 다른 사물들을 구성하고 다시 변화의 상을 가지면서 존재할 것이다.

무가 전혀 활동하지 않는 영역이 바로 순수한 존재의 영역이다. 이 순수한 존재의 영역은 절대적 자유의 영역으로 이해할 수 있다. 상대적 세계에 상대적 자유가 성립하는 것은 무의 무화작용 때문인데, 순수한 존재의 영역은 무도 무의 무화작용도 없는 절대적 영역이기 때문이다. 무의 무화의 작용이 계속되는 상대적 세계요, 우리가 육체와 영혼의 존재로 살고 있는 현실세계이다. 존재와 무가 대립하는 세계이다. 무화의 작용이 끝나면 순수한 존재의 절대적 세계가 된다.

순수한 무의 영역이 하나의 가상의 영역으로 자유를 생각할 수 없다면, 순수한 존재의 영역은 전혀 그 상대적인 것(無)이 없으므로 절대적 자유가 성립한다. 즉 무의 추적을 받지 않는 절대적 영역으로서 절대적 자유의 영역이다. 그것은 무의 추적을 받지 않는 영역으로서, 자유와 부자유라는 상대적 자유가 아니라 부자유마저 포함하는 자유의 영역이다. 그것은 무로부터 자유로운 절대적 자유이다,

　따라서 순수한 존재의 영역은 순수한 자유의 영역이며 인간은 무의 추적이 끝날 때, 죽음에 의하여 순수한 자유에 이른다. 인간 영혼은 죽음에 의하여 순수한 존재에, 순수한 자유에 이른다.

　이때 그는 참으로 존재하게 된다. 다시 말해서 순수한 존재의 영역은 무를 상정할 수 없고 또한 무의 무화작용을 생각할 필요 없는 영역이므로 이 존재의 영역은 상대적인 것이 없다. 그 자체적으로 순수한 존재의 영역으로 이해된다. 철학은 존재와 무를 탐구하는 존재론이다.

7. 기독교 신의 형상은 자유와 사랑

구약성서의 창세기에 보면 하느님은 엿새 동안에 우주만물을 창조하시고 마지막 날에 인간을 창조할 때 하느님의 형상대로 창조하였다고 기록되어 있다.

그래서 만물 가운데서 인간은 유일하게 하느님과 닮은 피조물이 된다. 그러면 인간이 닮은 하느님의 형상은 어떻게 생겼을까? 하느님은 인간처럼 머리와 몸뚱이 그리고 사지를 가지고 인간과 똑같은 눈, 코, 입을 가지고 있는 인간의 모습을 하고 있을까? 하느님의 형상은 미녀처럼 아름다운 형상일까? 아니면 씩씩한 남자의 모습일까?

하느님은 형상이 없다. 하느님은 미녀의 형상도, 용맹스런 남자의 형상도 아니다. 만일 하느님이 어떤 형상이 있다면 그는 공간의 제약을 받는 유한자有限者일 수밖에 없을 것이다. 하느님은 시간과 공간의 제약을 받지 않는, 형상이 없는 무한한 존재여야 한다. 그러므로 인간이 유일하게 하느님을 닮았다고 할 때, 그 하느님의 형상은 없다. 인간은 하느님의 무형상無形像을 닮은 것이다.

형상이 없음은 시간과 공간의 제약을 받지 않을 뿐 아니라, 어떤 일정한 형상으로 규정할 수 없음을 의미한다. 따라서 하느님과 인간은 <무엇>이라고 규정할 수 없는 존재가 된다. 그런데 무엇이라고 규정할 수 있는 것은 언제나 무엇일 수밖에 없는 존재이며 그 무엇에 의하여 규정되고 제한된다. 그러나 규정할 수 없는 것은 규정하거나 제한할 그 무엇이라는 것이 없으므로 결국 자유를 의미하게 된다.

자유의 반대말은 구속이다. 구속은 무엇인가가 구속하는 것이며 그 무엇이라는 것이 없어지면 자유롭게 된다. 따라서 자유란 구속할 수 있는 그 무엇이 <없음>을 의미하며, 부자유는 구속할 수 있는 그 무엇이 <있음>을 의미한다. 따라서 하느님의 본질이 무엇에 해당하는 형상이 없는, 즉 무엇에 의해서도 구속받지 않는 자유라면, 인간의 본질 또한 그 형상이 없는 하느님을 닮아 자유이다. 그러므로 기독교에서 볼 때 만물 가운데서 하느님의 형상대로 창조된 인간만 유일하게 자유로운 존재가 된다.

인간이 자유로운 존재이기 때문에 인간만 타락의 가능성이 있었다. 자유의 악용으로 이해되는 아담의 타락행위마저도 어떻게 보면 인간의 자유의 행사일 뿐 아니라, 그 자유의 행사가 바로 인간다운 것이다. 아니 그 타락행위는, 다시 말해서 그 자유의 행사는 인간만 가능한 것이다. 그 행위가 최초의 자유의 행사일지도 모른다. 그래서 키엘케골은 타락행위가 바로 인간이 되는 행위라고 이해한다. 즉 타락함으로써, 자유를 행사함으로써 인간이 된다.

물론 타락 전에도 인간이었다. 그러나 그것은 우리가 말하는 현재의 인간 모습은 아니다. 적어도 우리가 아는 바로 현재의 인간의 모습은 그 타락행위에 의한 자유의 행사 이후의 인간이다.

따라서 인간은 하느님의 본질인 자유에 따라, 무無형상대로 창조된 까닭에 타락 이전에 인간의 본질은 자유요, 또한 그 자유의 행사로 타락한 이후의 인간의 본질 또한 자유이다.

자유라는 것은 앞에서 말한 대로 구속할 무엇이 없는 것을 의미한다. 쉽게 말해서 구속할 것이 없는 것이 자유이다. 구속하지 않는다는 것은 <그대로 두는 것>이다. 따라서 자유는 그대로 둠으로 이해할 수 있다. 다른 사람이 나를 그대로 두지 않을 때 나는 자유롭지 못하게 된다. 「너를 그대로 두지 않겠다」라는 것은 결국 상대방을 해친다는 뜻으로 이해되거나, 상대방을 마음대로 행동하도록 그대로 두지 않겠다는, 즉 상대방의 자유를 구속한다는 뜻으로 이해된다.

앞에서 말한 대로 자유는 <존재자를 존재케 함(Seinlassen des Seienden)>이나 <그것을 존재케 함(Let It Be)>이다. 존재자나 그것이 <그대>로 대치되어 <그대를 존재케 함(Let Thee Be)>이 되면 그것은 사물로부터 인격으로의 높임이 된다. 이때 그대는 나의 인격과 대등한 인격이므로 높여진다. 이때에는 그것(it)이 아니라 그대이기 때문에 그대를 내버려두거나 무관심할 수 없다. 적극적으로 그대에게 관심을 가지고 돌보지 않을 수 없다. 그리고 본래가 <그것을 존재케 한다>는 것은 그것을 긍정하는 의미가 들어있다.

따라서 <그것>이 <그대>로 변하여 <그대를 존재케 한다>는 것은 결국 그대를 긍정한다는 의미가 된다. 그리고 그대를 적극적으로 긍정하는 것이 바로 <사랑>이다. 그러므로 진정한 사랑은 자유에서 나오는 것이다. 그래서 「사랑은 자유의 자식(子息)이다. (Love is child of liberty)」(E. Fromm)

자유는 나와 타인과의 관계에서 성립된다. 따라서 자유는 상호적으로 성립된다. 그대로 두는 자(존재케 하는 자)와 그대로 두어지는 자(존재하게 되는 자)가 있게 된다. 자유를 베푸는 자, 즉 존재케 하는 자에 있어서 자유의 행사는 사랑과 기쁨이요, 자유롭게 되는 자, 즉 존재하게 되는 자에 있어서는 행복과 감사가 된다.

기독교에서 하느님의 만물의 창조는 그의 사랑의 표현이며 만물에게는 축복이었다. 하느님의 창조의 행위는 하느님의 자유의 행사이다. 그렇기 때문에 창조는 창조주의 사랑의 표시이며 피조물에게는 축복이다. 자유를 베푸는 행위는 언제나 사랑의 행위이다.

잘될 가능성도 있지만 잘못될 수도 있는 가능성도 있다고 하여 자식을 그대로 두지 않고 가두어 기르는 부모가 있다면, 즉 자식의 자유를 박탈하는 부모가 있다면, 그 부모의 행위는 절대로 사랑이라고 볼 수 없다.

잘못될 가능성이 있어도 자식을 그대로 두어, 즉 자유를 주어 가두어 기르지 않고 자유롭게 선택할 수 있도록 하는 부모의 사랑이 진정한 사랑일 것이다. 자식의 인격을 인격으로 대우하고 그 인격을 존재케 하는 것이 부모의 진정한 사랑이리라. 그리고 자식에게 자유를 베푼 기쁨을 가질 것이다. 그리고 자유케 된 자식은 행복할 것이며 자유를 베풀어 준 부모에게 감사의 마음을 가질 것이다.

앞에서 지적한 대로, <Let It Be>가 <Let Thee Be>로 변할 때, <그대>는 나와 대등한 인격으로 높여짐을 의미한다. 그래서 나와 그대가 <서로서로> 대등 관계이며 결국 자유라는 것은 <서로서로

그대로 둠>의 관계를 성립시킨다.

그러므로 자유의 본질은 나와 타인과의 관계에서 보면 내가 그대를, 그대가 나를 서로서로 그대로 둠이 된다. 이 서로의 관계가 파괴되자마자 그 어느 편인가는 인격의 대우를 받지 못하고 부자유하게 된다. 즉 서로의 관계의 파괴는 곧 본래직인 인격의 파괴가 된다.

상대방을 그것(it)에서 <그대>로 높임이요, 동시에 나와 그대가 서로서로 대등한 인격으로 되는 것이 자유의 본질이며 참된 자유의 실현이다. 즉 자유의 본질은 <서로서로 그대로 둠>이다. 자유라는 것은 존재케 하는 자와 존재케 되는 자 사이에서 성립한다. 자유는 하나의 인간에 있어서 성립하지 않고 언제나 두 인간 사이에 성립한다. 따라서 두 인간은 자유가 성립되기 위한 전제조건이 된다. 이때 두 인간은 두 인격을 의미한다.

두 인격이 서로서로 그대로 두는 것이 본래의 자유이다. 이것은 인격이라는 개념을 음미해 보아도 같은 결론이 나온다. 인격이라는 것이 이 세상에 단 하나만 있다면 그것은 인격일 수 없고 아무런 가치도 없는 것이다. 인격은 다른 인격의 존재를 전제하고서만 그 다른 인격에 맞서는 동일한 인격으로서의 동일한 가치를 갖게 된다. 따라서 타 인격을 그대로 두지 않는 것, 타 인격을 존재케 하지 못하게 하는 것, 다른 사람을 구속하는 것은 자유가 아니다. 자유는 두 인격을 존재케 하는 것이므로 언제나 상호적으로만 존재한다. 참 다운 자유는 <서로서로 그대로 둠>이라고 이해된다.

<서로서로 그대로 둠>의 사회는 자유로운 사회요, 그러한 자유사회에서는 나의 인격과 똑같이 다른 사람의 인격이 독립적 존재로 높여진다. 이러한 자유사회 속에서만 나의 인격과 너의 인격이 동등한 대우를

받는다. 이때 비로소 나의 인격과 너의 인격의 사회 안에서만 나의 인격과 너의 인격의 진정한 만남이 이루어진다.

그러므로 서로가 자유로울 때 참다운 만남이 성립되므로 자유는 참다운 만남의 전제이다. 참다운 사회(만남)는 자유로운 사회이다. 그리고 인간의 본질이 자유이기에 인간다운 삶은 자유가 실현되는 사회이다.

결론적으로 인간의 본질은 자유이며, 인간의 본질(자유)이 실현되는 사회는 자유사회이며, 자유로운 사회 속에는 사랑과 기쁨, 행복과 감사가 넘치는 잘사는 사회가 된다. 그러므로 자유는 잘사는 삶의 척도가 된다. 인간의 본질은 자유이다, 자유의 본질은 존재케 함이다. 존재케 함은 상대방을 긍정하는 것이다. 상대방을 열렬히 긍정하는 것은 사랑이다. 사랑은 자유의 자식子息이다. 자유는 만남에서 실현된다.

8. 사랑과 허무는 쌍둥이 자매

　인간은 자의식이 차츰차츰 성숙되면서 이성적 사랑을 느끼고 동시에 허무를 느낀다. 자의식에 의하여 시간이 의식되고 <나>가 없어질 시간을 의식하게 되어 허무를 느낀다. 「내가 없는 시간이 있다」는 것을 자의식이 인식하고 이 인식에 의하여 「허무하다」를 느낀다. 이렇게 보면 인식능력이 느끼는 감정의 능력에 선행한다. 그런데 사랑은 어떤 인식을 기초로 해서 생기는 것은 아니다. 우연인지도 모르지만 자의식이 강하게 성장했을 때와 사랑을 느끼는 시기 <사춘기>는 거의 일치한다고 볼 수 있다. 그러나 사랑의 느낌도 자의식에 근거한다. 즉 성숙된 자의식이란 본래 <나>의 철저한 발견, 혹은 <나>의 확립이며 그것은 결국 <나>의 강한 느낌이 된다. 내가 이때 가장 뚜렷하게 위치를 잡게 된다.
　그런데 이 <나>가 확립된다는 것은 그 나를 확립하는 나와는 다른 나이기 때문에, 나의 확립이 가능한 자의식의 능력은 동시에 <나와 다른 너>를 확립하는 능력도 된다. 다시 말해서 자의식의 나를 확립시키는 능력이 동시에 나와 다른 너를 확립시키는 능력이다. 그리고 내가 뚜렷하게 확립되기 때문에 나와 다른 <너>가 뚜렷하게 나타난다는 말이 된다. 그리고 나와 다른 너 가운데서, 즉 나 이외의 다른 모든 너들, 모든 만물 가운데서 <나>와 상대적인 <너>가 더 뚜렷하게 나타난다.

다시 말해서 나 이외의 만물은 모두 너이지만 너인 만물 중에서 나와 상대적인 너는, 인격 대 인격으로서의 상대적 너는 바로 인간이 되고, 또 인간들 가운데서 나와 가장 상대적인 너는 이성의 너가 된다. 그리고 이때의 너는 내가 이성으로서 사랑하는 <너>가 된다. 동성으로서 <너> 보다는 이성으로서 <너>가 더 상대적이기 때문에 <나>와 맞서는 <너>는 이성으로서의 <너>, 즉 사랑의 대상으로서 <너>가 된다.

그래서 나와 가장 대립적인 것은 바로 이성으로서의 너가 된다. 내가 이성으로서의 너 없이 존립할 수 없는 것은 아니지만, 내가 이성적으로 완전한 <나>이려면 나와 상대적인 <이성적 너>가 필연적으로 동시에 성립되어야 한다.

왜냐하면 남성만의 동성만 있는 세계나 여성만의 동성만 있는 세계는 성립할 수 없기 때문이다. 따라서 자의식의 능력에 의한 나의 의식은, 내가 중성이 아니라, 이성적異性的 존재이려면 동시에 이성적 너의 의식이 필연적이다.

그러니까 자의식이 성숙한 이성으로서 정상적인 나의 강한 의식은 동시에 이성적인 너의 강한 의식이 되고, 오히려 그 둘은 동시적 의식이기 때문에 엄밀히 말하면 이성적 <너>가 없는 이성적 <나>는 있을 수 없다. 따라서 자의식의 성숙의 시기에 이성적 너는 필수불가결한 존재이다. 즉 자의식의 원숙 시기에 <나>가 확립될 뿐 아니라, 이성적 너는 가장 강하고 뚜렷하게 나타나는 나의 의식의 필수적 존재이기에, 자의식의 원숙은 필연적으로 이성적 너의 확립을 의미하고 따라서 이성적 너는 자의식의 원숙 시기에 필수적인 존재이며, 자의식을 갖는 인간은 반드시 이성적 너를 전제한다. 한 마디로 말해서 자의식의 완성은 나와 이성적 너의 강한 의식이다.

따라서 이때에 나는 너를 그리워하고 반드시 너를 찾는 것이다. 자의식의 원숙 이전의 시기에 나는 아직 희미한 나이며 또한 그만큼 이성적 너도 희미한 너이다. 그러니까 자의식의 원숙의 시기는 이성적 너를 사랑하지 않을 수 없으며, 그러므로 그러한 사랑은 필연적이며 자연적인 것이다. 이성적 너는 없어서 안 되는, 이성적 내가 존재할 수 있는 필수적 존재가 된다. 즉 자의식의 원숙의 시기에는 이성적 너는 그것 없이는 내가 존재할 수 없는 나와 동일한 존재가치를 가지며, 그것이 사랑의 감정으로 나타나는 것이다.

그러므로 여기에서 사랑의 필연성을 볼 수 있다. 따라서 사랑은 원숙한 자의식에 필수적으로 부수되는 감정이다. 원숙한 자의식의 감정이 곧 사랑이다. 즉 어린애로부터 점차적으로 자의식의 강도가 점점 발전하는 과정에 있듯이 그때그때의 자의식에 해당하는 이성에 대한 점차적 감정의 발전과정이 성립한다.

그래서 자의식의 원숙의 정도에 따라 이성에 대한 사랑의 감정이 원숙되어 간다. 즉 자의식과 감정발전의 절정에 달했을 때 자의식은 가장 밝기 때문에 가장 밝은 나에 도달하고, 가장 밝은 나에 따른 가장 밝은 이성으로서의 너에 도달하고 너에 대한 사랑의 절정에 도달한다.

자의식은 가장 뚜렷한 시간의식을 통하여 가장 강한 허무를 느끼게 된다. 즉 가장 강한 자의식에서 가장 강한 사랑의 감정이 나타나고, 다시 가장 강한 자의식에서 가장 강한 시간의식이 나타나고 가장 강한 시간의식은 허무의 감정을 일으킨다.

그러니까 강한 사랑의 감정과 가장 강한 허무의 감정은 동시에 나타난다. 따라서 원숙한 자의식에서 나타나는 사랑의 감정이 필연적이듯이, 허무의 감정 또한 필연적 감정이다. 사랑의 감정이 원숙한 자의식과 동시에 일어난다면, 허무의 감정 역시 원숙한 자의식에서 동시에 일어난다. 그러니까 사랑의 감정과 허무의 감정은 자의식의 딸들이다.

그러므로 엄밀히 말하면 허무를 가르쳐 주는 것은 자의식이며, 사랑의 감정과 허무의 감정은 자의식의 쌍둥이 딸들이라고 말할 수 있다. 그러나 사랑과 허무는 자의식의 두 쌍둥이 딸들이지만 사랑은 허무의 감정을 더 자극하고 적극적으로 허무주의를 가르쳐 준다. 그러니까 처음에 허무주의를 가르쳐 주는 것이 자의식이라면 사랑은 철저한 허무를 가르쳐 주는 교사이다.

그래서 사랑에는 언제나 허무가 따라다닌다. 같이 살도록 운명지워진 쌍둥이 딸들이기 때문에 홀로 존재할 수 없는 운명이다. 둘은 언제나 함께 놀고 함께 운다. 허무는 나와 사랑하는 사람이 없어질 것을 의식하는 데서 생기는 것이며, 그리고 그 허무감을 떨쳐버리고 싶은 욕구는 나와 사랑하는 사람이 영원히 존재하기를 바라는 욕구이다. 그러나 언젠가는 나와 너의 존재와 우리의 사랑이 끝난다.

나와 너의 존재가 영원하기를 바라는 현실을 긍정하려는 욕구는 바로 사랑의 본질이다. 왜냐하면 내가 영원히 존재하기를 바라는 욕구는 바로 나와 동시에 존립된 이성적 사랑의 상대자인 너의 영원한 존재를 바라는 욕구이기 때문이다. 사랑의 감정과 허무의 감정은 완전히 모순된 것이다. 그렇게 같이 놀기도 하는 자매이지만 원수지간이기도 하다. 그러나 떨어질 수 없는 사랑하는 운명의 두 자매이다.

그러나 허무는 운명적인 것이지 허무 자체를 욕구하는 것이 아니기에 허무의 참된 바람은 허무하지 않기를 바라는 것이다. 이렇게 운명을 거슬러 이해해 볼 때 허무는 나와 너가 영원히 존재하기를 바라고, 나와 너의 사랑이 영원하기를 바라는 소망이다. 운명을 따돌릴 수 있다면 가장 우애 있는 자매이다. 그리고 둘 다 현실의 나와 너의 존재를 영원히 긍정하려는 감정인 까닭에 운명의 희롱이 있을 때까지 운명을 잊고 웃으면서 놀려고 하는 자매이다.

허무는 강한 자의식과 깊은 관계에서 생기는 것으로 더욱 이지적이고 이론적이라면, 사랑은 내가 이성적 사랑의 대상인 너를 무조건 필요로 하는 감정이기 때문에 이론적이 아니라 더욱 감정적이다. 즉 허무는 조건적 감정이라면 사랑은 무조건적 감정이라고 말할 수 있다. 허무는 언제나 이지적이어서 내가 영원히 존재할 수 없다는 것을 잘 알고 있다.

그러나 사랑은 나와 네가 영원히 존재할 수 없다는 것을 알지 못한다. 무조건 너를 긍정하려는 감정이다. 즉 허무는 아는데서 나온다면, 사랑은 알지 못하고 무조건 사랑의 대상인 너를 요구한다. 그래서 처음의 사랑은 일정한 대상 없이 막연한 너를 사랑하게 된다.

그러나 사랑이 무조건적으로 너를 긍정하려는 강한 감정이므로 그 욕구가 너무나 절실하면 허무는 더욱더 강해진다. 즉 사랑과 허무는 비례한다. 허무는 아는 감정이기 때문에 사랑의 헛됨과 사랑의 종말, 사랑의 슬픔을 너무나 잘 알고 있다. 그 사랑이 무조건적으로 강하면 강할수록 허무는 한층 더 강하게 나타나게 되는 것이다.

따라서 사랑의 감정과 허무의 감정은 의식이 낳은 쌍둥이 자매요 또한 같은 힘으로 대항한다. 그리고 <나>와 <너>의 존재를 영원히 긍정하려는 욕구를 가지고 있다. 그리고 허무는 동반하지 않는 사랑은 존재하지 않는다. 사랑의 노래는 언제나 허무와의 이중창이다. 이것이 사랑의 운명이다.

9. 덕보다 합리가 우선이다

　동양의 도덕이나 서양 도덕의 궁극적 목적은 정의사회의 실현일 것이다. 그러한 이상적인 도덕적 사회를 달성하기 위해서 그 사회의 구성원, 즉 인간의 도덕적 교육이나 수양이 필요하게 된다.
　그런데 고대로부터 동서양이 똑같이 덕을 인간이 갖추어야 할 이상적 인간상의 중심개념으로 보았다. 그러니까 동양의 덕인德人은 서양의 이성인간과 거의 비슷한 의미를 가지고 있다고 이해할 수 있을 것이다. 그리고 특히 동양철학에 있어서 덕이라는 개념도 여러 가지로 해석되었지만, 특히 <德>자의 자원字源인 직심直心으로, 즉 곧은 마음으로 해석할 때는 더욱 합리성을 내포하게 된다. 덕의 의미에서 그 직심이라는 의미가 많이 퇴색되어 버렸으며, 일반적으로는 관용지도寬容之道의 의미만을 강조하는 뜻으로 잘못 해석되었다.
　우리는 덕스러운 사람을 관용적 인간으로, 모든 것을 포용하는 넓은 마음을 가진 사람으로 이해한다. 이렇게 왜곡된 덕 개념의 이해는 참으로 한심한 결과를 초래하게 되었다. 즉 덕이 관용으로만 이해되고 해석된 결과로 합리성이 배제되거나 소홀히 여기는 결과를 초래하게 되었다.

이렇게 될 때 덕스러운 사람, 또는 덕의 사회는 비합리성까지도 용납하게 되어 비합리와 무질서가 판을 치는 사회가 된다. 그러한 덕스런 사회는 결국 정의실현, 즉 도덕의 궁극목적에 위배된다.

그러한 덕인德人을 기대하는 풍토는 오늘날에도 여전히 통하고 있다. 이 잘못된 덕의 오해를 밑바탕으로 하고 있는 덕인이나 덕의 사회는 결국 이성인간이나 합리적 사회와는 완전히 상반된 사회를 지향하게 된다.

오늘날 우리는 그러한 덕의 잘못된 이해로 비합리와 무질서한 사회를 만든 것이 아닐까?

현재 동방예의지국이라는 한국보다 오히려 서양사회에서 도덕적 악이 훨씬 적게 일어난다. 그들은 삼강오륜을 모른다. 그저 합리적으로 생각하고 합리적 행동을 하면 정의사회가 실현된다고 믿고 있다. 그들은 실제로 합리성을 바탕으로 하는 도덕적 사회를 이룩하였다.

그래서 그런지 가장 합리적으로 생각하고 행동한다는 독일은 그 주위의 나라들보다도 가장 도덕적으로 정의가 실현되는 사회를 만들어 놓았다. 모든 사람들이 합리적으로만 생각하고 행동하면서 산다면 넓은 도량이나 덕을 갖춘 사람이 필요할까? 라는 생각이 든다. 다른 모든 사람들이 합리적으로 서로서로 피해를 주지 않고 살면서, 자기보다 못한 사람을 도우며 산다면 무슨 또 다른 덕이 필요할까? 자기보다 못한 사람을 돕는다는 것도 바로 합리적 생각이다.

모든 사람들이 합리적으로 생각하기 때문에 쓸데없는 과욕도 부리지 않고, 다른 사람에게 피해를 주지 않을 뿐 아니라, 다른 사람을 도와야 한다고 생각하며 산다고 할 때에도 또 다른 덕이 필요할까? 모든 사람이 합리적으로 산다면 덕인德人의 가치는 별 의미가 없어지는 것이 아닐까? 그래서 동양에서 덕을 강조하지만 서양에서는 합리를 강조하는 것으로 족하다고 생각하는 것이 아닐까? 덕인이 우리나라에서 추앙 받는 것은 결국 동양 사람들의 합리적인 생활의 결핍이라고 이해할 수도 있지 않을까? 왜냐하면 덕이 본래 직심이라는 합리성을 생명으로 하는 의미를 상실하고 관용으로만 해석되고 일반화되어 버렸기 때문이다.

서양에서는, 특히 독일에 있어서는 비합리적 덕은 용납되지 않는다. 만일 덕을 인정한다면 그것은 언제나 합리적으로 이해될 수 있는 덕만이 인정된다. 다시 말해서 합리와 잘못 이해된 덕은 오히려 모순될 수 있는 개념이다.

언젠가 택시를 타려고 줄을 서서 기다리던 중 어떤 나이 많고 허약한 노인에게 자리를 양보한 적이 있다.(비엔나에서 일어난 일) 나의 뒤에 서 있던 뚱뚱한 40대 여인이 말하기를 「당신은 그 사람에게 당신의 권리를 양보해주었으니 맨 뒤에 가서 서시오」하는 것이었다. 당황했지만 그 후에 생각해보니 참으로 합리적 사고라고 생각되었다. 마땅히 나는 그 줄의 맨 뒤에 서야 한다. 이것이 그들의 합리적 사고이다. 그런데 한국에서는 어떨까 그러한 노인에게 양보해 주는 것이 덕스러운 일이라고 생각할 뿐 아니라, 내 뒤에 서 있는 사람들이 나에게 덕을 베풀어서 그 자리에서 다음의 택시를 타도록 배려해 줄 것이며 또한 덕스런 사람이라고 칭찬까지 받는다.

여기에서도 합리와 덕 사이의 어떤 모순이 있음을 깨닫게 된다. 사회를 유지하는 데는 무엇보다도 우선하는 것은 질서이다. 그리고 그 질서는 합리성에서 나오는 것이다. 그렇다면 도덕은 합리성이 우선적이고, 관용으로만 해석된 덕은 합리성을 조절하는 원리가 아닐까?

만일 관용으로만 이해된 덕을 합리성보다 앞세운다면 인간사회 자체가 혼란과 무질서한 것이 되지 않을까? 물론 덕이 곧 무질서를 의미하는 것은 아니지만 특히 오늘날처럼 잘못 이해된 덕은 합리와 어떤 점에서는 모순된다고 이해할 수 있다면, 역시 인간사회를 이끌어 가는 것은 질서이며 합리라고 생각한다.

지나치게 덕을 강조하는 사회일수록 합리성이 더욱 요구된다고 본다. 덕 자체가 그런 것은 아니겠지만, 잘못된 덕의 강조는 언제나 무질서의 옹호가 될 수 있는 위험성이 있음을 유의해야 한다.

우선 우리의 사회는 합리성에 바탕을 두어 건립되어야 하고, 그것이 어느 정도의 수준에 이르렀을 때 덕이 가미된 사회가 되는 것이 좋을 듯한 생각이 든다. 왜냐하면 아직도 우리의 사회에는 합리성의 결여 때문에 생기는 비도덕적 사건들이 비일비재하기 때문이다.

깨끗한 정의의 사회는 덕으로만 이룰 수 없다. 오히려 덕의 강조는 비합리와, 불의를 용납하는 원흉이 되고 있다. 냉철한 합리성만이 정의사회를 산출해 낼 수 있다. 모든 사람들이 합리성에 굴복할 수 있을 때, 합리적 도덕사회가 이루어지고 나서 정의사회가 이루어질 수 있다. 합리적 사회를 건축하기도 전에 덕을 요구하는 것은 마치 사리를 분별하지 못하는 어린애에게 선을 가르치고 요구하는 것과 같다. 합리성이 부족한 우리 사회이기에 더욱 합리성은 요구된다.

우리 사회의 썩은 부분들은 대부분 덕의 결여가 그 원인이 아니라 합리성의 결여라는 사실에서도 하루 빨리 합리적 사고방식을 조장시키고, 합리적 도덕사회를 건설하는 것이 제일의 과제라는 것은 부인할 수 없다. 합리성을 절대시하는 사회에서는 결코 부조리, 부패, 부정은 생육할 수 없다.

합리성을 생명으로 여기는 자는 무조건 억압할 수 없고, 합리성을 진리로 생각하는 자는 타인의 의견을 존중한다. 합리성의 기준은 객관성과 보편성이기 때문에 그는 합리적인 말에 따르지 않을 수 없다. 합리성을 추구하는 사회에서는 간신배의 아부나 비겁자가 용납되지 못할 것이다. 왜냐하면 아부나 비겁은 곧 합리적 양심에서 나올 수 없는 것들이기 때문이다. 덕으로 가장한 비합리성이 바로 온갖 부조리, 부정, 부패의 산실임을 알아야 한다.

가장 이상적인 사회는 관용과 사랑이 넘치는 덕의 사회겠지만, 우선 먼저 우리는 합리적 사회의 건립을 위해 전력을 기울일 때이다. 이 합리적 사회를 건설하는 노력을 덕으로 가장한 비합리가 혼란케 한다면, 우선은 그러한 덕은 우리의 사회에서 제일 먼저 추방해야 할 것이다.

10. 감격시대

　<감격시대>라는 흘러간 대중가요가 있다. 그 <감격시대>라는 노래가 어떤 배경에서 나왔는지, 또 그 가사 내용이 무엇인지는 잘 모른다. 분명한 것은 그 노래가 오래 전의 유행가라는 것, 그리고 오늘날은 감격시대가 아니라는 것이다. 오늘날은 감격할 줄 모르는 무감격의 시대이다. 현대인은 무쇠덩이 만큼이나 감정이 무디다.
　감격시대는 낭만주의 시대에 어울릴 것 같다. 근대 말을 낭만주의 시대라면 현대는 제 2기의 낭만주의 시대인지도 모른다. 왜냐하면 두 시대가 똑같이 이성이 아니라 <감성>에 비중을 두기 때문이다. 그런데 18세기 말, 19세기 초의 낭만주의가 인간의 깊은 감정에 호소했다면 현재의 낭만주의는 말초신경을 자극하는 감각주의일 것이다.
　전에 낭만주의 시대는 괴테, 슈베르트 등 수 많은 위대한 인물과 예술적 걸작들을 산출해 냈다. 현재의 말초감각을 자극하는 낭만주의는 엘비스 프레슬리와 마이클 잭슨 등 무수한 팝송가수들을 낳았다. 전체적으로 볼 때 현대의 말초감각에 호소하는 예술은 인간의 깊은 정서에 호소하는 예술을 압도한 것 같다.

그런데 그러한 말초신경을 자극하는 예술이 성행하는 것은 그만큼 현대인의 감정이 둔화되었음을 의미한다. 은근한 자극은 이제 통하지 않는다. 직접적이고 충동적인 자극에만 반응을 일으킨다. 신경조직으로 말하면 중추신경은 이미 죽고 말초신경만 살아 있는 것이다. 중추신경까지 전달되기 전에 말초신경의 자극과 반응에서 끝난다. 말초신경만 살아 파닥인다.

오늘날은 인간의 감정이 완전히 무딘, 감격할 줄 모르는 시대이다. 죽어 가는 시체처럼 우리의 심장은 멎고 말초신경만 살아있는 꼴이라고 할까. 감동이나 감격은 심장<마음>으로 느끼는 것이다. 오늘날 예술이라는 미명 아래 행하여지는 대부분의 활동은 둔화된 현대인의 말초신경을 자극하는 것으로 일괄하고 있다. 그것은 현대인의 마음이 감격할 줄 모를 만큼 죽은 듯 식어 있기 때문일 것이다.

그러면 왜 현대인의 가슴이 그렇게 차갑게 식어버렸을까? 그렇게 마음을 싸늘하게 식힌 장본인은 오늘날의 말초만 자극하는 대중예술이라는 것들에게 책임이 있다고 본다. 말초신경을 자극하는 것들에 의하여 반복적으로 자극을 받게 되면 그 짜릿한 맛 때문에, 은근하고 깊은 맛은 잃어버리고 마는 것이다.

한 마디로 말해서 입맛을 버려 놓게 된다. 너무 자극적인 음식만 먹게 되면 그 자극적인 음식에 의해서 본래의 미각은 둔화되고 점점 상실된다. 그래서 점점 더 자극적인 음식만을 요구하게 되는 것이다.

마찬가지로 예술이 인간의 말초적인 것만을 자극할 때 인간의 깊은 감정은 둔화된다. 현대의 예술이라는 미명아래 감각만 자극하는 대중예술이 인간의 참다운 예술에 대한 정서를 둔화시키고 예술의 깊은 맛을 잃게 한 장본인이 아닐까? 오늘날 깊은 정서에 호소하는 참 예술은 뒷전으로 물러났으며 대중예술이 판을 치는 시대가 되었다. 말초신경의 자극에 의한 반응인 비명은 감격이 아니다. 인기 있는 팝송연주 현장은 분명히 감격의 장소는 아니다. 비명의 장소이다. 말초신경의 흥분에 의한 비명이다. 그리고 그 자리를 떠나면 수십 배의 허탈감에 빠져들고 만다.

그러나 우리의 깊은 정서에 호소하는 클래식 연주 장소에서 떠날 때는 그 감회와 감격이 몇 날 몇 년까지도 살아남아 있게 된다. 그 마음의 감격은 오랫동안 가슴에 남아 더욱 인간의 정서를 순화하고 나아가서는 인격을 순화시킬 수 있다.

오늘날 인간의 가슴은 차갑고 말초신경은 뜨겁다. 가슴은 점점 싸늘하게 식어가고 말초신경은 날카롭게 곤두서 있다. 그러나 그 말초신경도 계속적인 자극에 의하여 점점 둔화되어 간다는 사실을 알아야 한다. 어제의 자극물이 반드시 오늘의 자극물이 될 수 없다. 그 말초신경이 거의 둔화되어 어떠한 자극에도 반응할 수 없게 되는 날까지 자극물은 점점 단위를 높여가야 한다. 그것은 마치 마약의 단위를 높여 가는 것과 같다. 언젠가는 완전히 신경 자체가 죽는다. 그리고 비명소리도 끝난다.

오늘날은 오히려 쉽게 감격하는 사람을 의아하게 본다. 팝송 연주장에서 비명을 지르는 것은 정상이고 가슴으로 느껴서 감격하는 사람을 이상하게 생각한다. 그래서 현대인은 놀라지도 않는다. 그들에게는 신비도 없다. 그들은 어떤 일을 당해도 놀라거나 경탄할 줄 모른다.

왜 그럴까? 현대인은 세상을 꿰뚫어보는 달관자들이기 때문이다. 그들은 모르는 것이 없다. 현대인은 너무 성숙했다. 그러나 무엇이든지 모두 안다는 사람은 가장 어리석은 사람이다. 한 가정의 어린애와 아빠의 대화를 들어보자.

「아빠! 이 우주는 처음에 어떻게 생겨났어?」

「처음부터 그냥 있는 거란다.」

「그럼 처음이 언제인데?」

「처음은 처음이지 뭐야.」

「맨 처음이 언제냐고?」

「쓸데없는 소리 그만해라.」

그러면서도 아빠는 모든 것을 다 알고 있다고 생각한다. 어른들은 그런 것을 모르는 것이 오히려 유식한 사람이라고 확신하고 있다. 어처구니없는 얘기가 아닌가? 알지 못하는 것은 모르는 것이지 어째서 알지 못하는 것이 유식이란 말인가? 그리고는 모든 진리를 달관한 사람처럼 행동한다.

그래서 그에게는 이 세상이 이상할 것도 무서울 것도 없게 된다. 그러나 그가 달관한 진리는 「그저 그런 거야」이다. 「그저 그런 거야」라는 요술방망이로 안 되는 것이, 통하지 않는 것이 없다. 그런 방망이들은 「그저 그런 거야」라는 방망이로 소크라테스나 칸트도, 예수나 석가여래도 마구 내려친다. 「그저 그런 거야」라는 진리 앞에서는 석가의 해탈이나 예수의 40일간의 광야의 금식에서 깨달은 진리 같은 것은 하나의 비웃음거리밖에 안 된다.

「그저 그런 거야」로 달관한 사람은 감격이 있을 수 없다. 그러나 잘 생각해 보면 그는 자기 착각에 빠져있는 진짜 무지한 사람이다. 확실히 그는 세상의 모든 진리와 비밀을 다 알고 있는 사람은 아니다. 그는 감격이 없는 자요 마음을 잃어버린 자이며, 마음이 죽은 자이다. 마음이 죽은 자는 돌덩어리와 같다. 그는 심장이 없는 로봇과 같은 인간이다. 그런 인간은 이 세상에서 가장 무서운 사람이다. 따뜻한 가슴이 없는 사람, 감격할 줄 모르는 사람들의 사회는 쇠로 만든 로봇의 사회다. 그 쇳덩어리들이 부딪치면 무딘 쇳소리밖에 나지 않는다.

그러나 따뜻한 가슴을 가지고 있는 인간들의 만남은 따뜻한 정이 통한다. 그러한 사회에서는 따뜻한 마음의 만남이 있기 때문에 무딘 쇳소리가 나는 것이 아니라, 그 따뜻한 가슴들의 만남은 사랑을 창조해 낸다.

어떤 일을 당해도 어떤 말을 들어도 꿈쩍하지 않는 감격할 줄 모르는 사람은 참으로 무서운 사람이다. 그런 꿈쩍하지 않는 사람을 볼 때, 감격을 잘하는 사람은 우스운 꼴불견처럼 보인다. 그렇기 때문에 잘 감격하는 사람은 꿈쩍하지 않는 사람의 밥이다. 그런 사람을 속여 넘기는 것은 앉아서 떡 먹기이다. 조그마한 친절에도 어쩔 줄 몰라 하면서 감격한다. 좀 더 큰 친절에는 감동해서 어쩔 줄 모른다. 그런 사람을 속이는 것은 나도 할 수 있을 것 같다. 나는 꿈쩍 않는 사람을 제일 무서워한다. 그런 사람을 강심장이라고 하던가? 그는 의젓한 사람으로 어디를 가도 멋있고 남자다운 사람으로 통한다. 그는 어디를 가도 당황하지 않는다. 그래서 모든 일을 척척 잘도 처리하는 유능한 사람으로 통한다.

잘 감격하는 사람들이 그에게는 덜 된 것으로 보인다. 그렇다.

덜 된 것이 감격을 잘한다. 어른보다 덜 된 어린아이가 더 잘 감격한다. 어린아이는 자신에 대해 모든 것을 알고 있다고 생각하지 않는다. 어린이는 아직 「그저 그런거야」를 달관하지 못했기 때문에 감격을 잘한다. 감격을 잘하지 않는 꿈쩍하지 않는 침착한 사람이 가장 의젓한 사람이리면, 감격을 잘하는 사람은 덜 된 어린애 같은 사람이다. 나는 그 모든 것을 통달한, 감격할 것이 없는 사람을 무서워한다. 왜냐하면 나는 아직 세상에 모르는 것도 많고 만사에 꿈쩍하지 않을 만큼 강한 심장을 갖지 못했기 때문이다.

 모든 사람이 잘 감격하는 감격시대는 돌아오지 않을 것이다. 그렇다면 감격을 잘하는 사람들은 언제나 그 꿈쩍하지 않는 사람들의 밥이 되는 것을 운명으로 돌리고 살 수 밖에 없는 것일까?

 감격시대는 따뜻한 마음과 마음의 만남이 있는 시대요, 감격사회는 따뜻한 마음과 마음의 만남의 사회일 것이다. 따뜻한 가슴을 가진 사람은 차가운 가슴을 가진 자와는 달리 인간의 맛을 안다. 인간의 맛을 말초신경은 모른다. 가슴이 따뜻한 사람과 마주 앉아 한 잔의 소주를 기울일 때 서로의 사람의 마음을 느낀다. 본래가 술맛은 술맛이 아니라 사람 맛이 아닌가?

11. 변증법적으로는 「신은 있다」도 「신은 없다」도 맞다

철학은 <무엇>에 대하여 사유하고 말한다. 그 무엇이 <존재>일 수도 있고 <무>일 수도 있다, 그러나 우리가 생각하고 말을 할 때 처음부터 무를 사유하고 무에 대하여 말할 수 있을까? 어떻게 처음부터 <없는 것>에 대하여 사유하고 말할 수 있을까? 무신론적 철학 역시 처음에 사유하고 말하는 것이 <없는 것>은 아닐 것이다.

인간의 사유와 언어의 대상도 처음에는 <없는 것>이 아닐 것이다. 그리고 사유와 언어가 어떤 대상을 지향한다고 할 때 그 대상이 무라면 대상이 없다는 말이 되고, 그와 같이 사유와 언어가 지향할 것이 무라면 대상지향이라는 본질을 가지고 있는 사유나 언어가 성립할 수 없게 된다. 이때에는 그것은 이미 사유와 언어의 구실마저도 상실하게 될 것이다.

즉 무를 전제한다면 사유와 언어는 <본질적으로> 성립이 불가능하고, 대상 없는 사유는 공허한 사유가 될 것이다. 사유와 언어는 언제나 <있는 것>, 즉 대상을 지향하고 그 대상을 사유하고 그 대상에 대하여 말을 할 수 있는 것이다. 그러고 나서 <있는 것>에 대한 반대인 무를 사유하고 말할 수 있을 것이다. 즉 <있는 것>으로부터 사유가 성립하고 사유가 시작하는 것이다.

사유는 <무엇>을 사유하는 것이다. 그 무엇은 분명히 대상, 즉 사유에 대하여(gegen)서 있는 것(stand), 대상(Gegenstand)을 사유할 수 있다. 만일 대상이 없다면 사유는 공허한 것이다. 즉 사유의 출발은 무가 아니다. 인간이 처음에는 사물을 사유하고, 다음에 개념들을 만들고, 다음에 개념들을 사유하는 것이 순서일 것이다.

그리고 인간의 의식, 즉 자의식은 대상의식과는 다른 것이다. 대상의식이 아닌 의식의 의식마저도 분명히 무의 의식은 아니다. 앞의 의식이 무라면 뒤의 의식이라는 것조차 성립될 수 없을 것이다. 그러므로 자의식마저도 무의식이 아니므로 인간 사유의 출발은 무의식이 아니다. 인간 사유의 출발은 무의 의식에서 출발하는 것이 아니라, 존재의 의식에서 출발한다.

따라서 인간 사유의 본질에서 보아도 사유의 단초는 존재의 사유요, 무의 사유는 아니다. 즉 사유의 출발은 존재이기 때문에, 철학은 존재로부터 출발한다고 보아야 한다.

철학은 <있는 것>을 먼저 사유하고 다음에 <없는 것>을 사유할 수 있는 것이다. 존재와 무의 선후의 문제는 말할 수도 없는 것이지만, 사유의 순서에서 본다면 사유는 <있는 것>을 사유하면서 시작한다고 보아야 할 것이다. 즉 철학의 출발은 존재로부터의 시작이며 무로부터 시작은 아니다. 서양의 최초의 철학물음인 「자연의 아르케는 무엇인가?」라는 물음 이전에 반드시 선행하는 물음이 있어야 한다. 「무엇이냐?」라는 물음은 「있느냐? 없느냐?」라는 물음이 해답된 후에 물을 수 있는 물음이다. 만일 자연이 하나의 환상이요, 없는 것이 확실하다면 「무엇이냐?」라는 물음은 물을 수 없을 것이다. 자연이 <있다>는 확실한 해답 다음에 무엇을 물을 수 있는 것이다.

그러므로 무엇 이전에 존재와 무의 가능성의 물음이 먼저 물어져야 하고, 무엇의 물음은 존재와 무의 가능성의 물음이 해답된 후의 물음이다. 그리고 존재와 무의 가능성의 물음 중에서 특히 존재한다는 해답 뒤에 무엇을 물을 수 있는 것이다. 그러므로 무엇에 대한 물음 이전에 「어찌하여 존재자는 있고 오히려 무가 아닌가?」라는 물음이 선행하는 것이다. 따라서 철학의 출발은 존재의 가능성으로부터 시작하는 것이다.

존재와 무가 동시에 문제된다고 해도 인간의 사유와의 관계에서 본다면 먼저 존재를 사유할 수밖에 없다. 그리고 다음에 무를 사유할 수 있는 것이다.

처음부터 모든 것이 없다면 인간은 <있는 것>을 알 수도 없으며, 또한 <있는 것>을 모르기 때문에 <없는 것>을 생각할 수도 없다. 즉 있는 것에서 무의 가능성을 사유할 수 있는 것이지, 처음부터 무라면 존재의 가능성도 불가능한 것이다. 존재에서 무의 가능성을 생각할 수 있는 것이다.

풀어 말하면 있을 때 없는 것을 생각할 수 있는 것이며, 처음부터 없을 때는 처음부터 생각조차 할 수 없다. 그리고 엄밀히 말하면 있는 것이 완전히 없는 것이 될 수는 없다. 언제나 있는 것이 변화하여 다른 있는 것이 될 뿐이다. 따라서 인간의 사유의 출발은 존재요, 철학의 근거도 존재이다. 철학은 존재로부터 시작하는 것이다.

그런데 존재와 무는 같다는 사유도 가능하다. 그것은 변증법적 입장도 무신론적 입장도 아니다. 그것은 신을 문제로 삼지 않는 사상이라고 말할 수 있다. 그러한 사상은 언제나 존재를 말할 때 무를 제외시켜 놓고 말할 수 없다는 것이다. 즉 존재의 가능성은 무요, 무의 가능성은 존재라는 것이다.

이것은 인간사유의 단초를 말한다기보다 인간의 원숙한 사유에서 볼 때 존재만을 사유할 수 없다는 것이다. 인간의 사유작용 자체가 무의 활동이기 때문에(Sartre) 무의 작용 없이, 즉 무 없이는 존재의 사유조차 불가능하다는 것이다. 우리가 존재를 사유한다는 것은 이미 무의 힘을 빌어 가능하다고 본다. 왜냐하면 사유작용 자체가 무화無化의 작용이다. 즉 <어떤 것>을 사유할 때 이미 그것은 나와 <다른 것>으로 볼 수 있어야 하고, 이때 나와 다른 것으로서 대상이 성립하려면 나와 다른 것을 구별하는 능력, 즉 <그것>은 <나>와 <다르다>는 <부정>의 능력이 나에게 있을 때 나와 다른 것으로서 대상이 성립할 수 있다.

다시 말해서 사유의 부정의 능력에 의하여 대상을 인식할 수 있다는 것이다. 그리고 <아니다>라는 부정의 능력은 곧 무에서 나온다. 왜냐하면 「이 장미는 붉은 색이 아니다」는 「이 장미는 붉은 색이 없다」에서 나오기 때문이다. 즉 <아니다>라는 부정은 <없다>라는 <무>에서 나오는 것이다. 그러므로 사유작용의 시작은 나는 대상이 <아니다>라는 부정의 능력이며, <아니다>는 <없다>에서 나오는 것이기 때문에 결국 의식의 시작은 무화無化작용으로 이해할 수 있다.

사유의 가능성은 무인 까닭에 존재를 사유하려면 무의 무화작용이 전제되고 결국 먼저 무를 말하지 않을 수 없고, 무가 없다면 나에게 마주 대하여 서있는 대상이 있을 수 없는 것이다. 나에 대하여 어떤 것이 존재하려면 사유 없이 불가능하고 그 사유는 무화작용이므로 무 없이는 존재가 성립할 수 없는 것이다. 이때에는 존재를 말할 수도 사유할 수도 없게 된다. 결국 존재와 무는 어떻게 보면 대등한 비중을 갖게 된다. 그러나 사르트르는 무에 역점을 두는 철학으로 이해할 수 있다.

앞에서 언급한대로 모든 만물이 <있다>할 때 그 <있다>를 존재라고 이해할 경우, 그 <있다>는 모든 대상세계를 초월한 것이며 적어도 대상세계가 있다는 의미요 존재자가 있다는 의미의 근거이다. 그것은 존재자(beings)로서의 존재(Being)가 아니다. 그 존재는 존재자처럼 있는 것이 아니다. 존재가 존재자처럼 존재하지 않는다고 이해할 때, 그 존재는 없는 것과 같다고 이해할 수 있다. 이러한 의미에서 「신은 죽었다」, 「신은 없다」의 신학神學이 성립하는 것이다. 즉 존재는 존재자처럼 존재하는 것이 아니기에 없는 것과 같다는 뜻이다. 여기에서는 신을 존재로 이해한 신학이다. 존재자의 현존과 같은 의미에서는 신은 없는 것과 같다고 할 수 있다.

신을 말할 때에는 인간이 말할 수 있는 신, 개념화할 수 있는 신, 또는 철학적 신은 없다고 말할 수 있다. 즉 존재자처럼 취급되는 신학적·철학적 신은 없다고 말할 수 있다. 왜냐하면 그렇게 말할 수 있는 신은 절대자로서의 참다운 신을 격하시키는 결과가 되기 때문이다. 차라리 그러한 신은 없다고 말하는 것이 더 타당하다.

오히려 무와 같이 아무런 말이나 개념도 적합하지 않은 존재가 신일 수 있는 것이다. 이때의 신은 오히려 무와 통한다. 그에 대하여 일체의 판단 중지(epoche)가 되는 신은 무와 같은 신이다.

존재(Being)도 마찬가지이다. 어떤 술어로도 다 말할 수 없는 것이며, 모든 술어들이 그를 왜곡시킬 가능성이 있다. 그렇다면 존재에 대하여 우리는 일체의 판단을 중지해야 한다. 이때 존재는 무와 같은 지평에서 이해된다. 그래서 다음과 같은 등식이 성립하게 된다.

즉, 신=존재=무.

이러한 입장에서의 신이나 존재, 그리고 무는 인간사유에 공(空)을 남길 뿐이다. 침묵만 있을 뿐이다. 인간의 사유는 침묵하고 신은 계속 발전하여 무 속으로 사라져 간다. 이때에는 일체의 대립이 사라진다. 긍정과 부정은 같은 것이 된다.

존재와 무를 대립시킬 수 있는 세계는 변증법적 사유가 아니다. 영원한 존재(긍정)도 영원한 무(부정)도 없다. 늘 발전의 상(相)만 있을 뿐이다. 그러므로 존재는 무요 무는 존재이다. 고정된 신은 없다. 발전의 상 그것이 바로 신(神)이다. 변증법적 과정 자체가 신이다. 변증법이 끝났을 때 신도 고정된 존재가 된다. 무한한 변증법 속에서 신은 존재와 무와 같다.

인간의 사유가 정지하고 일체의 판단중지를 하고 침묵한다는 것은 고정시키는 사유의 중지를 의미하며 신을 고정시켜버리는 어떤 것으로 규정하는 일의 중지이다. 이때 신은 변증법적 발전을 하고 그에 있어서 고정된 긍정도 부정도 없게 된다. 그 신은 긍정과 부정을 함께 포괄하고 있는 것이다. 인간으로부터 무한히 달아난다. 인간이 고정시키거나 규정할 수 없다. 그는 잡을 수 없을 만큼 멀리 사라져 버린다.

변증법적으로 발전하는 신은 존재도 무도 아니면서 존재일 수도 무일 수도 있다. 따라서 변증법적 사유에서는 존재와 무는 같은 것이다. 그 신은 존재이면서 무이다. 변증법적 사유는 부정의 연속이다. 즉 계속적인 앞의 사유의 부정이다. 그렇다고 무가 공무空無가 되는 부정은 아니다. 이와 마찬가지로 고차적 자의식은 <의식의 의식의 의식……>이며, 무한히 전진하지만 앞의 의식은 다시 뒤의 의식의 대상으로 되기 때문에, 앞의 의식은 의식의 성격을 상실하고 뒤의 의식의 대상으로 전락된다.

그러나 그렇다고 앞의 의식이 전혀 없는 것은 아니다. 아직도 무엇을 의식하고 있는 의식이다. 그러나 또한 뒤의 의식의 대상이다. 그러므로 하나의 의식은 언제나 앞의 의식에 대해서는 의식이면서 동시에 뒤의 의식에 대해서는 대상이 된다. 즉 <의식이면서 대상>이 의식의 본질이다. 또한 변증법의 한 계기를 고정시켰을 때 그것 역시 앞의 것에 대한 부정이면서 또한 긍정이다. 따라서 고차적 자의식과 변증법적 사유는 다 같이 부정의 연속이라고 이해할 수 있다.

따라서 변증법의 신이 무이면서 존재이듯이 고차적 자의식에 있어서의 신은 <무엇>으로 고정시킬 수 없는 신이다. 한번 의식된 신은 인간의 의식 속에서 여러 가지로 채색되고 해석된 신이 된다. 그러한 신은 어떤 것으로 해석된 신이기 때문에 나의 의식 안에서 고정된 신이 된다.

그래서 그렇게 인간의 의식 속에서 <해석된 신>, <의식된 신>으로 고정시키지 않고 다시 그 해석된 신(의식된 신)을 대상으로 삼아 다시 의식할 때, 그 신은 다시 의식된 신이 되고 또 다시 고정된 것을 다시 의식해야 한다. 즉 고차적 자의식에 있어서의 신은 늘 새롭게 의식되는 신이 된다. 그 신은 고정된 신이 아니다. 늘 앞의 의식된 신은 부정되고 늘 새롭게 의식되는 신으로만 있게 된다. 즉 부정되면서 긍정되는 과정에 있는 신이 된다.

 이것은 변증법의 신과 같다. 변증법의 신은 앞의 것을 늘 부정하는 것이기 때문에 늘 새롭게 의식되는 신이 된다. 따라서 고차적 의식에 있어서의 신, 즉 늘 새롭게 의식되는 신은 고정시킬 수 없는 신이며 존재자처럼 존재하지 않으며 그렇다고 무도 아니다. 그것은 존재이면서 무인 신이다. 왜냐하면 앞의 의식에서 보면 신은 고정된(긍정)것으로서의 신이지만, 뒤의 의식에서 보면 이미 새롭게 의식되었기 때문에 앞의 의식이 파악한 신은 아니다(부정), 그러므로 이미 앞의 의식에서 의식된 신은 없다. 뒤의 의식에서 의식된 신만 있다. 그러나 그 뒤의 의식도 다음의 의식에 의하여 부정되는(없는)신이 되기 때문에 결국 늘 새롭게 의식되는 신이 된다. 결국 변증법적으로는 「신은 있다」도 「신은 없다」도 성립한다.

12. 신의 존재를 믿는 것이 유리한가?

　신은 있을까? 그것은 아무도 모른다. 엄밀히 말해서 신앙을 가지고 있는 신자는 신이 있다는 것을 아는 것이 아니라 「신은 있다」고 믿는 것이다. 신의 존재를 부정하고 신앙을 갖지 않는 불신자는 「신은 없다」는 것을 아는 것이 아니라 「신은 없다」고 믿는 것이다. 그러니까 신은 없다고 주장하는 말도 잘 분석해보면 신은 없다고 믿는다는 뜻이다. 그러므로 단적으로 「신은 있다」 혹은 「신은 없다」라고 주장하는 것은 앎(知)와 믿음(信)을 구별하지 못한, 지식과 신앙의 구별조차 못한 무식의 폭로이다.
　인간은 신이 있는지 없는지를 확실히 알 수 있는 존재가 못 된다. 그러니까 엄밀히 말해서 신은 없다고 말할 수 있는 사람은 한 사람도 없다. 신은 없다고 믿는다고만 말할 수 있을 뿐이다.
　내가 가장 존경하는 학산鶴山 선생님의 말씀이 옳다는 생각을 하게 된다. 선생님은 이렇게 말씀하신다. 신은 없다고 생각하는 사람도 그가 고작 말할 수 있는 것은 「신은 있는지 없는지 모른다」이어야 한다는 것이다. 어떻게 유한한 인간의 두뇌를 가지고 무한자인 신이 없다는 것을 알 수 있으며, 더구나 신은 없다고 단정할 수 있는가 하는 말씀이다. 신은 없다고 단정하는 것은 인간이 인간 자신의 주제를 파악하지 못한 주제 넘는 소리에 불과하다는 것이다. 그러니까 신의 존재를 부정하는 말을 하려면 반드시 「나는 신은 없다고 믿는다」라고 말해야 한다. 그리고 인간 자신이 유한한 존재라는 사실을 깨달은 사람이라면, 기껏 할 수 있는 말은 「신은 있는지 없는지 모른다」이여야 한다.

신자도 불신자도 엄밀히 말하면 신은 있는지 없는지 모른다. 그저 신자는 있다고 믿는 것이며 불신자는 없다고 믿는 것이다. 신자도 불신자도 신의 존재와 부재를 알 수는 없다. 그래서 지식과 신앙, 학문과 종교가 구별되는 것이다.

신에 관해서 말하는 사람은 적어도 지식과 신앙을 구별할 수 있어야 한다. 이 구별조차도 못하고서 신이나 종교를 논하는 사람은 처음부터 오류를 범하고 있는 것이다.

학문의 영역이 지식을 추구하는 것이라면, 종교의 영역에서는 지식을 추구하는 것이 아니라 믿음이 요구되는 것이다. 지식과 신앙의 영역을 절대로 혼돈해서는 안 된다. 그러므로 종교는 「알아라!」가 아니라 「믿어라!」라고 말한다.

그렇다고 종교문제를 학문의 영역에서 전혀 다룰 수 없다는 말은 아니다. 종교문제를 학문의 영역에서 다루고 논하는 것은 그 종교의 논리적 부분, 지식의 영역만을 논할 수 있는 것이다. 논리적으로 말할 수 없는 부분 즉 지식의 영역을 넘어선 영역에 대해서는 말할 수 없는 것이다. 다시 말해서 학문에서 종교를 논할 때는 반드시 한계가 있게 된다. 그 한계 넘어가 바로 신앙의 영역이다.

그러한 신앙의 영역을 지식의 영역에서 논해보려는 오류를 범하는 경우가 많다. 그것은 바로 학문(지식)과 종교(신앙)도 구별하지 못하는 가장 기본적인 오류에서 출발하는 것이다. 그 정도의 오류로부터 출발하는 자는 종교를 논할 자격조차 없는 가장 무지한 사람이다. 만일 어떤 종교의 교리나 신의 존재에 대해서 논리적으로 모두 설명이 가능하게 된다면, 그 종교는 이미 믿음을 요구하는 종교가 아니라 지식만을 요구하는 학문에 불과하다. 그러한 종교는 이미 종교가 아니다.

「신은 있는지 없는지 모른다」가 적어도 유한한 인간의 입장에서는 올바른 태도이다. 그런데 신은 있다고 믿는 자와 신은 없다고 믿는 자 중에서 어느 편이 유리할까? 이들 두 사람 중에 누가 유리한가는 논리적으로 증명할 수 있다.

신은 있다고 믿는 자와 신은 없다고 믿는 자가 있다고 하자. 그런데 「신은 있다」고 믿는 사람은 영혼의 존재나 내세의 존재도 믿는 사람이다. 그리고 「신은 없다」고 믿는 자는 영혼의 존재나 내세의 존재도 믿지 않는 사람이다. 물론 처음부터 무신론의 입장에서 출발하는 불교는 여기에서 논의 대상이 아니다.

어쨌든 신의 존재를 믿는 사람을 <갑>이라 하고 신의 존재를 믿지 않는 사람을 <을>이라고 하자. 이 세상에서 사는 <갑>은 신의 존재를 확신하고 있기 때문에 <을>을 어리석게 혹은 더 나아가서 가엾게 생각한다. 반대로 신의 존재를 믿지 않는 <을>은 분명히 신은 없는데 죄를 짓지 않으려고 애쓰고 세상의 향락을 즐길 줄도 모르는 <갑>을 어리석게 혹은 가엾게 여긴다. 갑과 을은 서로 상대편을 어리석다고 생각한다.

앞에서 말한 대로 이 세상에 살아 있는 동안은 분명히 신은 있는지 없는지 모른다는 것이 확실하다. 그런데 인간은 유한한 존재이기 때문에 언젠가는 갑도 죽고 을도 죽을 것이다. 갑과 을이 죽었을 때 신도 없고 영혼이나 내세도 없을 경우를 생각할 수 있다. 이 경우에는 확실히 갑은 틀렸으며 어리석고 가엾은 인생을 살았다고 볼 수 있으며, 신은 없다고 확신했던 을이 맞았을 뿐 아니라, 인생을 현명하게 그리고 갑보다 인생을 즐겼다고 볼 때 을이 유리하다.

그런데 이번에는 갑과 을이 죽었을 때 신도 영혼과 내세도 있을 경우를 생각해야 한다. 왜냐하면 신은 있든지 없든지 두 경우 이외는 생각할 수 없기 때문이다. 신은 있지도 없지도 않다는 말은 성립할 수 없다. 그러면 신이 있을 경우를 생각해보자. 이 경우에는 분명히 을보다 갑이 유리하다. 그런데 언뜻 생각하면 신이 없을 경우에는 을이 유리하고, 신이 있을 경우에는 갑이 유리하니까 결국은 같은 것이라고 볼 수 있지만 그러나 그것은 결코 같을 수 없다. 왜냐하면 신이 없을 경우에는 을은 인생 100년이라는 시간 동안 인생을 맘껏 향유했다는 점에서 유리할 뿐이다. 그리고 갑은 인생 100년을 향유하지 못했다는 점에서 불리할 뿐이다. 그러나 신이 있을 경우 을은 영원히 불리하고 갑은 영원히 유리하게 된다. 왜냐하면 신의 존재를 믿는 것은 영혼의 존재와 내세를 믿는 것이며 또한 영생을 믿는 것이며 이들 개념들은 뗄레야 뗄 수 없는 불가분의 관계를 갖고 있기 때문이다. 인생 100년이라는 시간과 영생이라는 영원을 비교한다면 100년이라는 시간은 거의 영에 가까운, 즉 거의 없는 것과 같은 시간이다.

그러므로 신이 있는지 없는지 즉 신의 존재여부의 확률은 1/2이지만, 있다고 믿는 갑은 신이 없을 경우, 인생 100년이라는 영원에 비하면 거의 제로에 가까운 시간 동안만 불리하게 되지만, 신이 있을 경우에는 을은 영원히 불리하다는 결론이 나온다. 따라서 현세에서는 「신은 있는지 없는지 모른다」가 인간이 취할 수 있는 올바른 태도이며, 갑과 을은 대등하지만 신은 있다고 믿은 갑이 비교할 수 없을 정도로 절대적으로 유리하다.

또한 신이 없을 경우에 인생 100년을 향유하지 못한 갑의 불리함이라는 것은 을이 이 세상에서 생각하는 불리함에 불과하다. 왜냐하면 이 세상에서 갑 자신이 신의 존재를 믿고 내세의 영원한 행복을 생각하면서 자기의 인생 100년을 갑 나름대로 행복을 느끼며 살 수 있기 때문이다. 본래 행복이란 주관적인 것이며, 다른 사람들이 불행하다고 생각한다 해서 언제나 그 사람이 불행한 것은 아니다. 다시 말해서 죽은 후에 신, 내세, 영혼이 없을 경우에 있어서도 갑이 시간적으로 100년이 불리하였다고 생각할 수도 있지만, 그러나 갑 자신이 자신의 일생을 행복하다고 느끼면서 죽었다면 우리는 결코 갑의 인생을 불행하다고 말할 수 없다. 신이 존재할 경우 을은 그 짧은 인생기간동안 행복하고 유리할 뿐이며, 신이 존재할 경우에는 영원히 불리하기 때문에 신은 있다고 믿는 갑이 유리하고 현명하다는 결론이 나온다. 그러나 이 모든 논리를 떠나서 언제나 종교에 있어서 진리는 신앙이 지식에 우선한다.

IV부 실존철학

1. 실존철학에서 실존과 존재
2. 요청적 무신론자 – 니이체
3. 사르트르의 실존과 요청적 무신론
4. 앙드레 지드의 「좁은 문」의 요청적 무신론
5. 사르트르의 무신론
6. 키엘케고르의 실존
7. 하이데거의 존재(das Sein) 개념과 현존재(Dasein)
8. 하이데거의 실존과 존재
9. 가브리엘 마르셀의 추상성과 구체성
10. 가브리엘 마르셀의 존재와 소유
11. 가브리엘 마르셀의 일차적 반성과 이차적 반성
12. 가브리엘 마르셀의 나-그것(I-it)과 나-그대(I-Thou)
13. 가브리엘 마르셀의 여정인(homo viator)
14. 가브리엘 마르셀의 육체화(incarnation)

1. 실존철학에서 실존과 존재

　실존철학은 실존(existence)을 중요시하는 현대철학이다. 실존이라는 개념은 실존한다(exist)는 동사의 명사형이다. 「실존한다」는 동사에서 ex라는 접두어는 <밖으로>, <현실적으로>라는 의미를 가지고 있으며, 접두어 in의 반대의미를 가지고 있다.
　ist는 be동사의 is와 마찬가지로 「있다」는 의미이다(영어의 is와 독일어의 ist는 같은 「있다」는 의미이다). 그래서 실존하다(exist)는 「현실적으로 있다」는 의미이다. 「있다」는 말은 그저 「있다(be)」의 과거형으로 「있었다」, 미래형으로 「있을 것이다」로 변형할 수 있다. 또한 「있다」라는 현재형은 과거에서부터 현재까지 존재하고 미래에도 존재할 것이라는 의미도 포함하여 넓게 쓸 수 있다. 예컨대 「태양은 있다」, 「우주는 있다」 할 때 「과거에 있었고 현재에도 있으며 미래에도 있을 것이다」라는 넓은 의미로 사용할 수 있다. 그러나 「실존한다

(exist)」는 과거나 미래의 존재를 의미하지 않고 「현실적으로 존재한다」는 의미만 가지고 있다.

그리고 「실존한다」는 동사는 엄밀히 말하면 「인간에게는 이성이 있다」고 말할 때도 사용할 수 없다. 왜냐하면 그 이성이라는 것이 현실적으로 있는 것이 아니기 때문이다. 다시 말해서 이성이 인간의 본질이라고 할 때 그 이성은, 즉 인간의 본질로서 이성은 「있다」고 해도 「실존한다」고 말할 수는 없기 때문이다. 인간의 본질로서 인간의 이성은 현재 사물들이 현실적으로 있는 것처럼 밖으로 드러나 현실적으로 있는 것은 아니다. 인간의 본질인 이성은 아무리 해부학적으로 분석해도 화학적으로 분석해도 실존하는 것을 확인할 수 없다. 그래서 「인간에게 이성이 있다(is)」는 말은 성립해도 「인간에게 이성이 실존하다(exist)」고 말할 수는 없다는 뜻이다.

그러니까 실존철학에서는 현실적으로 있다는 「실존」을 문제삼는 것이지 넓게 「있다(be)」는 것을 문제삼는 것이 아니다.

즉, 과거의 철학은 인간을 문제 삼을 때 「인간의 본질은 무엇인가?」, 「신의 본질은 무엇인가?」 등 본질을 문제 삼았다. 그러나 실존철학은 본질보다 먼저 중요하고 우선 「현실적으로 있다」는 「실존」을 철학의 중심 문제로 다루는 것이다.

그래서 실존철학의 첫째 특징은 본질이 아니라 실존을 먼저 다룬다. 「실존이 본질보다 우선한다」고 보기 때문이다.

실제로 「인간의 본질은 무엇인가?」라는 문제는 「인간이 현실적으로 있을 때」, 즉 인간이 현실적으로 존재한 다음에 물을 수 있는 문제이다. 만일 인간이 「현실적으로 존재하지 않는다면」 인간의 본질은 물어 볼 수도 없다. 즉 「실존이 본질보다 우선한다」 우선적인 문제를 먼저 문제삼는 것을 당연한 것으로 이해하고 「실존」을 철학의 우선적 문제로 다루는 것이 실존철학이다.

그런데 「실존한다(exist)」는 현실적으로 「있다(be)」이며 그렇기 때문에, 「있다」의 명사형 <존재(Being)>를 문제 삼지 않을 수 없다. 다시 말해서 실존철학은 <현실적으로 있음>, 즉 실존을 다룬다. 그리고 <있음>, 즉 <존재>를 문제 삼게 되기 때문에 결국 실존철학은 존재론과 관계되고 존재론과 함께 다루어진다.

그리고 철학자들 간에 약간의 차이는 있어도 두 번째 특징은 <실존하는 것들> 중에서, 즉 현실적으로 존재하는 많은 것들 중에서 <실존>이라는 개념은 주로 인간에게만 한정해서 사용한다고 이해할 수 있다. 「우리집에 TV가 실존한다(exist)」는 일반적인 표현은 가능하지만 실존철학에서는 「나무도 실존할 수 없다」, 「독수리도 실존할 수 없다」, 「천사도 실존할 수 없다」, 「신도 실존할 수 없다」, 「인간만 실존할 수 있다」 즉 인간에게만 실존이라는 개념을 사용한다.

앞에서 언급했듯이 「현실적으로 있다」는 실존 개념이 <있다>라는 존재 개념과 불가분의 관계이기 때문에 결국 실존철학은 넓게는 <존재>를 다루는 <존재론>에 포함된다고 이해할 수 있다.

그런데 「존재한다」는 「존재하지 않는다」 즉 존재의 문제와 비존재의 문제는 언제나 함께 문제되기 때문에, 결국 존재론은 존재와 비존재(無)를 동시에 문제 삼는다. 언제나 존재와 무는 동시에 이해할 수밖에 없는 개념들이다.

그래서 실존철학은 여기에서 실존 개념을 존재 개념과 관계시켜서 이해하는 철학자와 실존 개념을 무 개념과 관계시켜서 이해하는 철학자로 나누어진다. 그리고 전자는 유신론적 실존철학자 후자는 무신론적 실존철학자들로 나누어진다.

더 엄밀하게 말하면 자신의 실존 개념을 직접 존재 개념과의 관계에서 이해하는 철학자가 하이데거이며, 실존개념을 무와의 관계에서 이해하는 철학자의 대표가 사르트르이다.

그리고 실존 개념을 기독교의 신개념과의 관계로 이해하는 철학자들이 키엘케골, 야스퍼스, 마르셀이다.

그래서 실존철학을 유신론적 실존철학과 무신론적 실존철학으로 나누어 이해할 수 있다. 하이데거의 입장은 자신의 실존 개념을 이해할 때 신 개념과 관계해서 이해하지 않고 존재 개념과 관계해서 이해한다.

그러나 하이데거에 있어서 실존개념은 신 개념과 직접적으로 연관해서 이해하지는 않지만 그의 존재 개념은 결국 신 개념으로 바꾸어 이해할 수 있는 개념이다. 실제로 신학자 틸리히, 불트만에 있어서 존재 개념은 신 개념으로 이해하고 있다. 특히 하이데거의 후기 철학에서 볼 때 존재 개념은 신 개념과 거의 같은 지평에서 이해할 수 있기 때문에 하이데거는 유신론적 실존철학자에 포함시켜도 별 무리가 없다. 그러나 하이데거를 무신론적 실존철학자로 이해하는 것은 잘못된 이해라고 볼 수 있다.

그의 실존은 결코 무 개념과 관계되어 규정되지 않기 때문이다.

2. 요청적 무신론자 — 니이체

신의 존재 문제를 말할 때 일반적으로 유신론과 무신론을 언급하게 된다. 그러면 신의 문제를 말할 때 철학자들을 두 그룹으로 나눌 수 있을까?

결론부터 말한다면 그렇게 쉽게 나눌 수 없다. 그 이유는 엄밀하게 말하면 유신론자는 신이 존재한다는 것을 논리적으로 주장할 수 있는 사람을 의미하는데, 실제로 신이 존재한다고 믿는 사람들은 많지만 신의 존재를 논리적으로 증명할 수 있는 사람은 드물다. 즉 대부분은 신이 존재한다고 믿는 것이지 신의 존재를 논리적으로 주장할 수 있는 유신론자는 아니다. 다시 말해서 대부분의 유신론자들은 신이 존재한다고 믿는 신앙인이지 신의 존재를 논리적으로 증명하거나 주장하는 유신론자는 아니다.

무신론자들도 마찬가지이다. 대부분의 무신론자라는 사람들은 신이 존재하지 않는다고 믿는 사람이지, 신이 존재하지 않는다는 것을 논리적으로 증명할 수 있는 사람은 아니다. 따라서 우리가 쉽게 유신론자나 무신론자라고 하는 사람들은 엄밀히 말하면 유신론자나 무신론자가 아니라, 신의 존재를 믿는 신앙인과 신의 존재를 믿지 않는 비신앙인들이라고 말해야 옳은 표현이다.

더 나아가면 위와 같이 사람들을 유신론자와 무신론자, 또는 신앙인과 비신앙인 두 그룹으로 나눌 수 있는 것도 아니다. 신의 존재여부에 관해서 전혀 논하지도 않고 신의 존재여부에 관해서 전혀 무관심한 사람들도 있다. 결국 신의 존재문제와 관련해서 인간은 신의 존재를 논리적으로 증명할 수 있는 유신론자, 신의 존재를 논리적으로 부정할 수 있는 무신론자, 신의 존재를 믿는 신앙인과 신의 존재를 믿지 않는 비신앙인 그리고 신의 존재에 관해서 전혀 무관심한 냉담자로 나누어 생각할 수 있다.

신의 문제를 논하는 사람들 중에는 다시 「신은 존재해야 한다」는 요청적 유신론자(칸트)와 「신은 존재해서는 안 된다」는 요청적 무신론자(니이체, 사르트르)로 나누어진다. 서양철학사에서 요청적 유신론자의 대표는 칸트이다. 그는 인간사회에서 도덕이 성립되기 위해서 그리고 정의가 실현되기 위해서 세 가지는 반드시 있어야 한다(요청)고 주장하였다.

즉 인간이 도덕법칙을 따를 수 있기 위하여 첫째로 인간에게 자유가 요청되고 그 자유의지에 의하여 도덕법칙을 따른 사람들이 현세에서 그 보답을 받을 수 없기 때문에, 내세에서라도 그 보상을 받을 수 있기 위해서 인간에게는 반드시 영혼의 존재가 요청되고, 끝으로 도덕법칙을 따라 산 선한 사람과 도덕법칙을 따르지 않고 산 악한 사람을 심판하고 상벌을 줄 수 있는 신은 반드시 있어야 한다(요청)고 주장하였다.

또한 서양 철학사에서 요청적 무신론자의 대표는 니이체라고 할 수 있다. 니이체는 서양의 문화를 기독교 문화로 규정하고 기독교의 핵심은 기독교의 신이라고 생각한다. 그리고 그는 「기독교의 신은 죽었다」는 말로 서양문화의 붕괴를 선언하였다. 「신은 죽었다」의 의미는 그동안 살아있던 기독교의 신이 죽었다는 뜻이 아니다. 니이체는 서양의 문화 즉 기독교의 문화는 붕괴해야 한다는 의미로 「신은 죽었다」고 선언한 것이다.

왜 기독교 문화는 붕괴되어야 하는가? 기독교는 「오른편 뺨을 치거든 왼뺨마저 돌려대라」, 「너의 원수를 사랑하라」, 「일흔 번씩 일곱 번이라도 용서하라」등 기독교의 도덕의 핵심은 양보, 용서, 희생, 사랑이다. 이와 같이 원수를 사랑하라고 가르치는 기독교인은 이 세상에서 강자로서 타인들과 싸워 승리하는 삶을 포기하고, 언제나 이 세상에서 용서와 희생을 강요당하는 약자나 비겁자로서의 삶을 살아야 한다.

그리고 이와 같이 용서와 희생, 사랑을 강요하는 이유는 이 세상의 삶이 잠시 있다가 없어지는 안개나 이슬과 같은 것이기 때문에 즉, 이 세상은 헛되고 헛된 것이기 때문에 이 허무한 현세가 아닌 영원한 내세를 바라보아야 한다는 것이다. 내세는 허무하고 유한한 현세에 비하면 무한한 가치를 가지고 있기 때문이다. 즉 내세의 영원한 영혼의 삶을 위하여 현세의 유한한 삶을 부정해야 하는 것이다. 따라서 니이체는 기독교인을 현세를 부정하는 나약한 약자나 비겁자로 규정한다.

그리고 그러한 용서와 사랑을 강요당하는 기독교의 도덕을 약자의 도덕, 노예도덕이라고 말한다. 그러면 이러한 용서나 사랑을 강조하는 기독교의 도덕은 어디에서 나온 것일까? 니이체는 그것을 이스라엘의 역사에서 찾는다. 즉 이스라엘 민족은 에집트, 바빌론, 로마제국에서 억압된 삶과 노예생활을 하면서, 강자에 대항하여 싸워 이길 수 있는 힘이 없는 나약한 처지였다. 그러한 노예의 처지에서 자신을 괴롭히는 강자를 기껏 용서할 수밖에 없어서 더 적극적으로「너의 원수를 사랑하라」는 약자의 도덕이 성립되었다는 것이다.

니이체는 그러한 현세도피적이고 노예도덕적인 기독교인은 비겁자로 규정한다. 그는 내세나 영혼의 존재는 불확실하고 현세와 현실의 삶만이 확실하고 가치의 전부이기 때문에 현세와 현실의 삶을 절대적으로 긍정해야 한다는 것이다. 이 가장 확실하고 가치의 전부인 현세와 현실의 삶을 절대적으로 긍정하기 위해서는 당연히「내세나 영혼이나 신은 없어야 한다」는 것이다.

기독교인처럼 내세나 영혼 그리고 신이 존재한다고 믿을 때 허무한 현세의 인생을 부정하고 내세나 영혼의 삶, 신에게로 도피한다는 것이다. 그러므로 인간을 나약하고 비겁하게 만드는 그러한「기독교의 신은 없어야 한다.」고 주장한다. 그러니까 니이체의「신은 죽었다」는 진실 된 의미는「신은 없어야 한다」는 주장이다. 현세와 현세의 인생을 절대적으로 긍정하기 위해서, 강자가 되기 위해서「신은 없어야 한다」는 것이 그의 요청적 무신론이다. 내세, 영혼, 신 이 모든 것들이 없어야 그러한 것들을 의지하는 현세를 부정하는 나약자가 되지 않는다는 것이다. 현세만 있다면 현세만 절대적으로 긍정할 수 밖에 없는 강자가 될 수 있다는 것이다.

다른 한편, 만일 신이 있어서 인간의 모든 행위를 빠짐없이 감시하고 더구나 우리의 마음까지 다 읽고 있는 신이 존재한다면, 인간은 현실적인 삶을 살아갈 수 없다. 모든 인간은 죄를 짓지 않고 더구나 마음으로 짓는 죄까지 샅샅이 보고 있는 신이 존재한다면, 인간은 한 순간도 살수 없다는 것이다.

「죄를 지을 수밖에 없이 창조한자는 신이 아닌가?」죄를 전혀 짓지 않고 산다는 것 은 불가능하다. 그래서 니이체는 그러한 신은 없어야 할 뿐 아니라, 도저히 그러한 신의 존재를 그대로 둘 수 없기 때문에, 살려고 하는 생명을 가지고 있는 삶을 살려면 그러한 신은 없어야 한다는 것이다. 그래서 니이체는「신은 죽었다」뿐 아니라 그러한 신을 그대로 둘 수가 없기 때문에 그러한「신을 죽였다」라고 하였다. 인간이 살기 위해서 그러한 신은 없어야 한다는 요청적 무신론을 주장한다.

그런데 니이체는 신 때문에 내세나 영혼의 존재를 믿게 되어 현세를 부정하는 약자가 되기 때문에 강자가 되기 위해서「신은 없어야 한다」는 요청적 무신론을 주장했지만, 강자가 되기 위하여 신의 존재를 부정했을 때 바로 직면한 것이 허무주의이다. 즉 신과 내세와 영혼이 없는 100년이라는 현세만 있는 삶은 너무나 짧은 삶이기 때문에, 더구나 고통마저 따르는 삶을 꼭 긍정하고 열심히 살아야 할 아무런 의미나 가치가 없다는 것이다.

한마디로 말해서 신없는 세계에서의 삶 또한 철저한 허무주의라는 것이다. 어디에도 살아야할 의미나 가치가 없다는 것이다. 그래서 허무한 세상을 살 가치가 없다고 생각하는 사람도 다시 현세와 삶을 허무하다하고 생각하는 기독교인과 똑같이 약자가 된다. 허무주의에 굴복한 자는 현실의 삶을 생동성 있고 활력에 찬 삶을 살 수 없는 승자가 아닌 나약한 자로서 소극적으로 생명을 유지하는 자가 될 수 밖에 없다. 그리고 허무주의에 진자는 자살할 수 밖에 없다.

그러니까 신 없는 세계에서의 삶에는 아무런 의미나 가치가 없지만 억지로 의미나 가치가 있다고 주장하면서 허무주의를 이기고 극복하는 사람이 니이체가 말하는 초인이다. 보통사람들은 허무하다고 생각하면서도 생명의 충동에 따라 그럭저럭 살아갈 뿐이다. 초인으로 살지 못한다.

3. 사르트르의 실존과 요청적 무신론

하이데거가 인간의 현존재(Dasein)를 분석하여 존재와의 관계에서 실존을 말한다면, 사르트르는 인간의 의식을 분석하여 무無개념과의 관계에서 실존을 말한다. 이 하이데거가 현존재를 분석하고 사르트르가 인간의 의식을 분석한 점은 서로 다른 두 철학의 출발점이다.

사르트르는 무無라는 개념이 단순히 존재(有)라는 개념의 모순개념으로 생각하지 않는다. 그는 무라는 개념을 인간의 의식을 분석하여 이끌어 낸다. 즉 인간의 의식은 언제나 무엇인가를 향한다. 즉 어떤 대상을 향한다. 의식이 언제나 대상을 향하는 성격은 의식 자체의 고유한 본질이다. 의식이 대상을 갖지 못한다면 그 의식은 죽은 의식이다. 혹은 잠든 의식이다. 그런 의식은 의식이 아니다. 살아있고 활동하는 의식은 언제나 어떤 대상을 향하고 대상을 갖는다. 의식이 대상을 향한다는 것은 의식이 대상 쪽으로 나를 떠나 대상으로 향하기 때문에 나는 대상과 거리가 생긴다.

　예를 들면 나의 의식이 저 앞에 있는 산을 의식하려면 나의 의식은 저산을 향하여 떠나야 한다. 그리고 나의 의식은 나와 저산이 다르다는 것을 제일 먼저 의식한다. 그러니까 의식의 처음 작용은 나와 저산이 다르다는 의식이다. 이(나와 산이 다르다)는 의식의 기본적인 의식활동 없이는 그 산은 의식되지 않는다.

　「나와 저 산(의식의 대상)은 다르다」는 의식의 첫 작용은 결국 나는 저 산이 「아니다」라는 작용이다. 나는 나의 의식의 대상이 「아니다」라는 부정을 할 수 없다면, 나와 의식의 대상이 같은 것인지 다른 것 인지를 모른다면, 결코 의식의 대상은 성립하지 못하고 의식활동은 처음부터 불가능하다. 따라서 의식의 첫 작용은 의식의 대상은 <나>가 <아니다>라는 부정의 작용이다.

　그런데 <아니다>라는 부정은 <없다> 즉 무無에서 나오는 것이다. 모든 부정은 무에서 나온다. 그리고 모든 긍정은 존재(있다)에서 나온다. 「이 장미는 붉은색이다」라는 판단은 「S는 ~ 이다」라는 긍정 판단이다. 그리고 「이 장미는 붉은색이다」는 「이 장미에는 붉은색이 있다」는 의미이다. 즉 「이다」라는 긍정판단은 「있다」라는 존재(있다)에서 나온다. 이에 반해서 「이 장미는 붉은 색이 아니다」라는 판단은 「이 장미에는 붉은 색이 없다」는 의미이며, 「S는 ~ 아니다」라는 부정은 「없다」라는 무無에서 나온다. 다시 말해서 모든 긍정 판단은 존재에 기초하고 있으며, 모든 부정 판단은 무에 기초되어 있다. 즉 「있다」에서 「이다」가 나오고 「없다」에서 「아니다」가 나온다.

　사르트르는 이와 같이 무 개념을 인간의 의식을 분석하여 이끌어낸다. 즉 인간의 의식의 가장 기초 활동은 나는 대상이 「아니다」라는 부정작용이며,「아니다」라는 부정은「없다」라는 무에 기초되어 있다. 즉 인간의 의식은 무라는 개념과 불가분의 관계이다. 인간의 의식은 무의 작용이다. 사르트르의 인간의 의식 분석은 여기에서 그치지 않는다.

즉 인간의 의식은 대상을 의식하는 단 한 번의 의식이 아니라, 내가 나 자신을 의식하는 자의식(반성) 뿐 아니라, 더 나아가서 다시「나가 나 자신을 의식하고 있다」를 다시 의식할 수 있으며 또 다시 두 번째의「나 자신을 의식하고 있다」를 계속 의식할 수 있어서「의식의 의식의 …의식」이라는 무한한 의식이 가능하다. 이 고차적 의식에서「나가 나 자신을 의식하고 있다」는 것을 다시 의식하고 계속 의식의 의식…이 계속되는데, 처음의「나 가 나 자신을 의식한다」는 자의식 다음부터는 계속해서 앞의 의식은 뒤의 의식의 대상이 된다. 그래서 앞의 의식은 계속 의식의 대상이 되어버리는 과정이 된다. 즉「의식의 의식의 …의식…」은 앞의 의식이 의식으로서 부정되는, 즉 의식의 대상이 되어버리는 부정의 과정이 된다.

이 계속되는 부정의 과정이 인간의식의 본질이기 때문에 결국 전체적으로 보아도 인간의 의식은 부정의 능력이며「아니다」라는 부정은 본래「없다」라는 무에서 나오는 것이기 때문에 인간의 의식은 바로 무의 활동으로 이해할 수 있다.

사르트르의 철학은 이 무 개념이 핵심 개념이다. 그리고 인간이 의식을 가지고 있는 한 무 개념과 불가분의 관계 일 뿐 아니라, 무는 인간의 의식 속에 침투되어 있어서 언젠가는 인간 자신을 무화해 버린다. 인간은 무를 피할 수 없다. 언제나 무와 직면해 있다. 나는 나의 의식의 본질인 이 무 때문에 무로 돌아간다. 즉 인간은 누구나

의식이 없는 상태로 죽음에로 돌아간다. 인간은 없어지고 만다. 죽음은 인간의 숙명이다. 무로 돌아간다.

사르트르에 있어서 인간이 무로 돌아간다는 것은 즉, 죽는다는 것은 침묵만 있는 영원한 무無 속으로 잠겨 버린다는 뜻이다. 죽은 후에 나의 영혼이 「있다」든가 내세가 「있다」든가, 아니면 神이 「있다」든가 하는 모든 존재를 부정하고 영원한 무의 개념만 남는다. 인간의 모든 삶은 그저 죽어가는 무속으로 빠져들어 가는 것에 불과하다. 인간은 출생하면서 죽음(무)에로 빠져들고 있을 뿐 이다.

이와 같이 피할 수 없는 죽음(무) 앞에서 인간은 모두 불안을 갖게 된다는 것 이다. 다소 간의 차이는 있지만 예외 없이 모든 인간은 불안을 가지고 있다는 것이다. 죽음에서 부터 나오는 이 <불안>을 도피해서 마치 죽지 않는 즉, 무로 돌아가지 않는 것처럼 존재방식을 취할 수도 있다. 그러나 그렇다고 죽음이나 불안으로부터 도피할 수는 없다.

그리고 다른 한편 자신의 죽음과 무를 직면하고 자신의 죽음과 자신의 무를 정직하고 솔직하게 인정하는 존재방식을 취할 수 있다. 이 존재방식을 받아드리는 것이 정직한 인간의 존재방식이다. 따라서 이 두 가지 존재방식 가운데서 전자는 자신의 진실을 직시하지 않고 기피하는 존재방식이기 때문에 비겁자이며, 인간이 참으로 존재해야 할 존재방식인 실존이 아니다.

후자의 존재방식인 자신의 죽음과 무를 솔직하게 인정하는 것이 실존이다. 자신의 죽음과 무를 도피하는 배신을 택할 것인가 아니면 자신의 죽음과 무를 솔직하게 받아드리는 실존을 택할 것인가?

그것은 각자가 결단해야할 문제이다. 죽음, 무, 불안을 도피하는 존재방식은 배신의 존재방식이기 때문에, 당연히 그러한 방식을 선택하는 것은 바람직스럽지 못하다. 그렇다면 자신의 죽음과 무를 솔직하게 인정하고 그것을 받아드려야 하는데, 즉 실존을 선택해야 하는데 실존한다고 해서 살만한 가치나 보람이 있는 것도 아니다. 실존을 선택하는 것은 당연하지만 나의 죽음을 인정하고 철저하게 나의 무를 받아드리는 것이기에 실존 역시 아무런 의미나 가치도 없는 쓰레기 같은 것이다.

사르트르에 있어서「실존은 무와 관계하는 존재 방식」이라고 할 수 있다. 사르트르에 있어서 실존은 인간의 삶의 어둡고 침울한 삶을 선택한 존재방식이기에, 그러면서도 받아드려야 하는 비극적이고 저주스런 삶이다. 인생은 시지프스의 신화에서처럼 큰 바위를 산꼭대기까지 죽을힘을 다해 밀고 올려 정상에 올라가면 그 바위가 다시 산 밑으로 굴러 떨어지고, 다시 그 바위를 죽을힘을 다해 산 정상까지 굴려 올라가면 또 다시 산 밑으로 굴러 떨어지는데 이 반복된 수고를 할 수 밖에 없는 운명으로 저주받는 것이 인생이라는 것이다.

이와 비슷한 예를 또 든다. 사르트르는 인생을 당나귀의 코앞에 일정한 거리를 갖도록 당근을 매달아 놓으면 그 당근을 따먹기 위해 앞으로 달리고 또 계속 달려도 끝내 그 당근을 따먹지 못하고 지쳐 쓰러져 죽는 당나귀 신세가 바로 인생이라고 어둡고 침울한 결론을 내린다. 사르트르의 실존철학에서 인간이 당연히 존재해야 할 존재방식인 실존을 선택한다 해도 꼭 살아야할 이유나 살아야할 가치가 있는 것이 아니다. 인간은 살수도 죽을 수도 없이 저주받았다. 왜냐하면 원하든 원치 않던 우리 자신의 의지와는 상관없이 모든 인간은 각각 살려 는 본질을 가지고 있는 생명을 가지고 태어났다. 그렇기 때문에 죽어버린다는 것은 나에게 부여 된 살려는 생명을 부정하는 것이다. 죽어버리는 것은 주어진 삶에 모순이다. 또한 인간이 존재해야할 존재 방식을 선택하여 실존한다 해도 살아야할 가치나 의미가 없는 쓰레기와 같은 것이 인생이기 때문에 살아야할 이유도 없다는 것이다. 살수도 죽을 수도 없이 저주된 인생이 전부이기 때문에 이렇게 저주된 삶을 준 신은 존재해서는 안 된다. 생명을 주었으면 살아야할 확실한 가치와 이유도 주었어야 한다는 것이다. 따라서 이와 같이 모순된 삶을 준 「신은 없어야 한다」는 요청적 무신론이 된다.

4. 앙드레 지드의 「좁은 문」의 요청적 무신론

앙드레 지드는 「좁은 문」이라는 소설로 기독교의 근본적인 가르침을 고발한다. 「좁은 문」이라는 소설의 제목은 기독교의 가르침, 정확하게 말해서 예수의 가르침인 성서 마태복음 7장 13절의 「좁은 문으로 들어가라. 멸망에 이르는 문은 크고 또 그 길이 넓어서 그리로 가는 사람이 많지만, 생명에 이르는 문은 좁고 또 그 길이 험해서 그리로 찾아드는 사람이 적다.」에서 나온 것이다.

「좁은문」의 내용은 아주 간단하다. 남자주인공 제롬과 여자주인공 아릿사 사이의 애절한 사랑이야기 이다. 제롬과 아릿사는 어떤 사람이야기 보다 더 절실하고 애틋한 사랑을 한다. 그런데 착실한 가톨릭 신자였던 아릿사는 위에서 말한 성서 「좁은 문으로 들어가라」는 계명을 떠올리면서 「나에게 있어서 좁은 문은 무엇인가?」를 묻게 된다. 이 세상에서 그녀에게 가장 중요하고 이 세계 전체를 주고도

바꿀 수 없는 가장 귀중한 것은 제롬과의 사랑이라고 결론짓는다. 따라서 좁은 문으로 들어가는 것은, 즉 하나님의 계명을 따르려면 제롬과의 사랑을 포기하는 것이라고 생각한다. 그녀에게 있어서 제롬에 대한 사랑을 포기한다는 것은 현세의 삶 자체를 버리는 것 보다 더 어려운 일이다.

차라리 죽는 것이 났다. 그러나 그녀는 자살을 택할 수도 없다. 왜냐하면 기독교에서는 자살은 절대로 용서받지 못하는 죄로 규정되어 있기 때문이다. 그러면 살아있으면서 좁은 문으로 들어가는 길은 무엇일까? 그것은 제롬에 대한 사랑을 포기하고 수녀가 되는 길 뿐이다. 그래서 아릿사는 자신의 생명보다 더 사랑하는 제롬에 대한 사랑을 포기하고 수녀가 된다. 그런데 제롬에 대한 사랑이 그녀에게는 자신의 생명보다 더 귀중한 것이었기에, 매순간 이겨내기 어려운 고통을 체험하면서도 하느님만을 사랑하는 좁은 문으로 들어갔으나 그 길은 더 이상 나아갈 수 없었다.

제롬에 대한 사랑을 포기하고 산다는 것은 자신의 생명조차 유지할 수 없는 고통이었다. 그것은 그의 사랑이 그의 생명보다 더 큰 것이었기 때문이다. 그래서 제롬에 대한 사랑보다 더 큰 하느님에 대한 사랑을 위하여 하느님의 계명을 따르면서 사는 수녀생활은 그의 생명을 유지할 수 없게 만든다. 현세의 생명과 하느님에 대한 사랑, 이 두 가지는 본래 모순되는 것이기 때문이다. 결국 아릿사는 신의 사랑과 신의 계명을 충실히 따르는 길에서 쓰러져 삶을 마감한다.

이 짧은 이야기에서 앙드레 지드는 기독교에게 묻는다. 기독교의 「좁은 문으로 들어가라」는 계명은 결국 「이 세상을 버려라」「죽어라!」 라는 명령이 아닌가? 기독교에 따르면 이 세상에 출생한 것은 내 자신이 원해서 온 것이 아니다. 하느님이 이 세상에 나를 출생케 한 것이다. 그래서 「하느님이 생명을 주어 나를 이 세상에 출생케 하고 왜 '다시 죽어라!'고 하느냐?」 하느님이 나에게 준 생명의 본성은 살려고 하는 것인데, 즉 「살려고 하는 본성을 가진 생명을 부여하여 이 세상에 출생케 해놓고 왜 생명의 본성에 어긋나는 죽음을 명령하느냐?」고 묻는다. 신은 그렇게 모순된 존재인가? 인간에게 그렇게 모순된 명령을 하는 자가 하느님이라면 그러한 하느님은 엉터리라는 것이다. 그러한 하느님은 신도 아니며 그러한 모순투성이의 하느님은 없어야 한다는 것이다.

이 세상에 살려는 생명을 가지고 출생한 인간이 살려는 강력한 의지를 가지고 있는 생명을 그대로 인정하고 생명에 충실하고 활력이 넘치는 삶을, 생명의 환희를 향유하면서 사는 것 이 생명의 원리에 충실한 것 아닌가? 즉 나의 현실적인 생명을 절대적으로 긍정하고 나의 생명에 충실하는 것이 나의 생명에 대한 첫 번째 의무가 아닌가? 나에게 주어진 나의 생명에 충실하기 위해서는 이 살려는 생명에 모순되는 명령을 하는, 즉 「좁은 문으로 들어가라!」고 명령하는 신은 없어야 한다는 것이다.

니이체에 있어서와 같이 앙드레 지드의 「좁은 문」에 있어서도 「신은 없다」는 것이 아니라 「신은 없어야 한다」는 요청적 무신론으로 이해할 수 있다. 앙드레 지드는 「전원 교향곡」에서도 거의 「좁은 문」에서와 같이 기독교와 현실의 삶의 모순을 지적하고 비판하는 입장이다. 그런데 1차 세계대전 중에 그는 다시 기독교에 깊은 관심을 갖는다. 즉 그의 후기에는 육체적 생명과 기독교의 계명의 조화에서 참된 삶의 모범을 찾는다. 앙드레 지드는 철저한 비기독교 반기독교의 입장은 아닌 것 같다.

「좁은 문」은 전체적으로는 기독교의 계명에 대한 모순을 지적하고 있지만, 특히 가톨릭의 성직제도의 모순을 지적했다고 볼 수 있다면 「전원 교향곡」은 개신교의 모순을 지적하고 있다고 볼 수 있다. 따라서 그는 다양한 변신을 하였지만 그를 단적으로 무신론자로 규정할 수 없다. 그의 「좁은 문」은 요청적 무신론으로 이해할 수 있다.

5. 사르트르의 무신론

그의 사상이 압축된 사르트르의 「실존은 본질에 우선한다」는 선언은 여러 가지 의미가 있다.

첫째로 종래의 철학이 본질을 우선시하고 본질만을 철학의 문제로 다루고 실존은 거의 문제시하지 못한 과거의 철학의 오류를 지적하는 것이다. 더 나가서 과거철학의 무의미 내지는 무가치를 선언하는 과거철학을 냉소하는 말이다. 한마디로 말해서 과거의 철학은 우선적으로 다루어야 할 문제를 다루지 않고, 즉 철학에서 가장 우선적인 문제를 내팽개쳐 버렸다는 것이다. 그리고 이차적인 문제를 어쩌면 문제가 될 수도 없는 것을 철학의 문제로 다루어 왔다는 과거철학에 대한 혹독한 비난이다.

하이데거도 같은 입장을 취한 점도 있지만 사르트르는 더욱 극단적 입장을 취한다. 예컨대 데카르트의 「나는 생각한다 그러므로 나는 존재한다」는 근대철학의 바탕이며 근대철학의 압축된 의미를 가지고 있는 것인데, 사르트르와 하이데거는 「나는 존재한다 그러므로 나는 생각한다」로 선후가 바뀌어야 한다는 것이다.

즉 내가 존재하지도 않는데 어떻게 먼저 내가 생각할 수 있는가 되묻고, 분명히 내가 존재한 다음에야 나는 생각할 수 있다는 것이다. 즉 존재가 사유(본질)에 우선한다는 평범한 사실을 알지 못했다고 본다.

더 나아가서 사르트르는 실존이 본질에 우선하는데 그치는 것이 아니라, 아예 본질은 이차적인 것이라기보다 처음부터 결정되어 있는 본질같은 것은 없다는 것이다. 있지도 않은 <본질>개념에 매달려온 철학사 전체가 치명적 오류를 범했다는 것이다.

실존, 즉 현실적으로 존재하는 것(existence)이 최우선적 문제이며 본질을 부정하는 주장은 결국 신을 부정하고 인간의 절대적 자유를 확보하는 철학이 되었다. 즉 전지전능, 영원성, 완전성 등의 본질을 가지고 있는 신은 실존하지 않는다. 그러한 모든 본질보다 실존이 우선해야 한다는 것이다. 즉 풀어 말하면 무엇이든 간에 먼저 존재(실존)하고난 다음에 그것의 본질을 말할 수 있으며, 현실적으로 존재하지도 않는 것에 관해서 본질을 말하는 것은 불가능하고 무의미 하다는 것이다.

예를 들면 인간의 본질이 무엇인가를 따지기 전에 먼저 인간이 실존한 다음에야 인간의 본질을 말할 수 있다는 것이다.(비판적인 언급을 한마디 한다면 존재나 실존이 본질보다 우선한다는 주장은 현실적 세계에서는 분명히 옳은 말이다. 그러나 신이라는 존재에게는 적합하지 않다. 왜냐하면 신이 존재한다면 현실의 세계에서 사물들이 존재하듯이 시간과 공간 안에, 시간과 공간의 지배를 받고 존재하는 것은 아니기 때문이다. 만일 신이 사물과 같이 존재한다면 존재하고 난 다음에 그 본질을 말할 수 있기에 실존은 본질에 우선한다고 말할 수 있다. 즉 현실적 세계 안에 존재하는 사물적 존재와 같은 존재방식이 아니라, 신은 현실적 시간과 공간을 초월한 존재방식으로 존재한다고 보아야 할 것이다. 이렇게 이해하면 신에 있어서는 실존이 반드시 본질에 우선하는 것이 아니라, 신의 존재와 본질은 선후가 아니라 동시적으로 이해하여야 한다. 왜냐하면 실존과 본질이 선후의 문제가 되는 존재. 즉 시간과 공간의 지배를 받는 현실세계의 사물적 존재는 신이 될 수 없기 때문이다. 그것은 신이라는 개념과 모순된다.)

그래서 사르트르는 신에 관한 모든 본질들 즉, 예컨대 영원성, 전지전능, 완전성 등의 본질들은 현실적으로 존재하지도 않는 신에 관한 본질에 불과하다고 본다.

「실존은 본질에 우선한다」는 말은 인간의 본질도 인간이 실존한 다음에 인간들에게서 이끌어낸 어떤 특성들을 보편화 한 것으로, 신의 현상대로 창조되었기 때문에 인간에게 공통적으로 가지고 있는 선천적인 본질이 아니라는 것이다. 그리고 인간에게 신의 형상에 닮은 선천적인 결정된 인간의 본질은 없으며, 또한 인간을 자신의 본질과 닮게 창조한 신도 없다는 것이다.

이러한 사르트르의 무신론은 존재보다 무를 강조하고 무에 기초를 두는 철학이 된다.

실존철학은 사르트르로 대표되는 무신론적 실존철학과 키엘케고르, 야스퍼스, 마르셀로 이어지는 유신론적 실존철학으로 나누어 이해하는 것이 보통이다.

하이데거의 철학은 자신의 실존 개념을 신개념과 연관시켜 말하지 않고 존재와 관계시켜 말한다. 그리고 무신론을 주장하는 사르트르는 실존을 무 개념과의 관계에서 말한다.

하이데거의 존재론의 영향을 받은 현대 신학자들의 입장은 한 마디로 하이데거의 존재 개념을 신 개념으로 바꾸어 놓은 것에 불과하다고 볼 때, 하이데거는 자신의 철학에 신개념을 끌어들이지 않고 존재 개념으로 존재론을 완성하려 하였다. 그의 후기 저서에서는 바로 신학적으로 이해할 수 있는 말들이 자주 나온다. 그는 결코 무신론자는 아니라고 말할 수 있다.

사르트르의 무신론의 전개를 살펴보면, 그는 모든 존재양태를 두 가지 양태, 즉 의식으로서의 존재(대자존재)와 의식의 대상으로서의 존재(즉자존재)로 나눈다. 그리고 만일 신이 의식으로서의 존재라면 무엇인가 부족한 불완전한 존재가 될 수 밖에 없다는 것이다. 왜냐하면 의식이라는 것은 언제나 어떤 대상을 가져야 의식의 활동을 할 수 있는데, 무엇인가 대상을 필요로 하는 존재는 아직 불충만한 존재이며 그러한 불완전하고 불충만한 존재는 신이 될 수 없다는 것이다. 다른 한편 신이 의식의 대상이라면 불충만 불완전하지는 않지만, 의식으로서의 존재가 아니기에 무엇인가를 필요로 하지 않는 충만한 존재지만, 그러한 신은 의식이 없는 돌멩이나 무생물과 같은 신이 되기 때문에 그러한 신은 또한 신답지 않은 신이다. 따라서 존재의 두 가지 양태 중에 신이 대자존재의 양태라면 불완전한 존재가 되고, 즉자존재의 양태라면 무의식적 존재가 되기 때문에, 신은 불완전한 존재일수도 없고 의식이 없는 존재일수도 없기 때문에 신은 존재하지 않는다는 것이 사르트르의 무신론의 증명이다.

6. 키엘케고르의 실존

　모든 철학은 어느 정도 연관성이 있다. 때로는 같은 차원에서 이해할 수 있는 부분들도 있다. 키엘케고르의 철학 역시 몇몇 철학자와 유사성도 있다.
　실존철학이 종래의 관념철학, 특히 헤겔의 관념 철학에 대한 발달에서 출발하는 특징을 가지고 있다는 점은 다른 현대철학과 유사하다. 즉 실존철학은 종래의 철학에 있어서 중심개념이었던 본질, 이성, 관념, 실체, 신 등의 개념처럼 현실에서 그 존재를 확인할 수 없는, 이 세상이 아니라, 이 세상을 초월한 세상의 것들을 문제삼는 것이 아니라, 현실 세상에 있어서 현실적으로 존재하는 것을 철학의 중심과제로 생각하게 되었다.
　현실적으로 존재하는 것을, 즉 실존(existence)을 가장 중요한 것으로 그리고 가장 먼저 깊이 사유한 자는 키엘케고르이라고 볼 수 있다. 그래서 키엘케고르는 실존철학의 창시자로 생각한다.

그 이후의 실존철학자들은 직·간접으로 키엘케고르의 영향을 받았다고 볼 수 있다. 키엘케고르의 철학은 처음부터 현실적으로 존재하지 않는 문제들을 다루는 관념철학이나 본질철학, 이성철학에 반기를 들고, 가장 현실적 문제이기 때문에 가장 절실 문제, 즉 현실적으로 존재하는 것, 실존을 철학의 중심, 사유의 중심으로 삼는다.

말하자면 철학을 저 세상, 피안의 세계로부터 현실세계로 끌어내렸다. 즉 그는 더 이상 피안의 세계의 것들에 집착하지 않고 현실적인 것을 중요시하여, 철학의 중심문제를 피안의 문제로부터 현실의 문제로 옮겨놓는 선구적 역할을 하였다.

그래서 그의 철학은 현재의 나 개인과 상관없는 어떤 보편적, 객관적 진리를 찾는 것이 아니다. 이성적으로(이론적으로) 훌륭한 철학체계를 세워, 모든 사람에게 보여 주려는 철학을 중지한다. 그의 철학이 찾는 진리는 시공을 초월하고 모든 사람에게 해당하는 보편적 진리나 객관적 진리가 아니라, 철두철미하게 「나와 관계가 있는 진리」, 즉 주관적 진리이다.

그는 자기의 철학하는 입장을 「나는 나를 연구한다」고 간단하게 표현한다. 세상 사람들이 깜짝 놀랄만한 진리를 찾기 위해서 철학하는 것이 아니라, 나 자신과 관계 있는 진리를 찾아본다는 것이다. 나와 직접 관계가 있어서 나에게 절실한 문제가 있다면 바로 그것이 내가 해결해야 할 내가 추구해야 할 나의 철학의 절실한 문제다.

이러한 나의 절실한 현재의 문제는 결코 소크라테스 철학, 플라톤 철학 혹은 칸트철학이나 헤겔철학 또는 그 밖의 어떤 철학도 해결해 줄 수 없다.

그래서 실존철학의 진리는 객관성이나 보편성이 생명이 아니다. 즉 진리의 기준은 객관성이 아니라, 「나」 즉 주관성으로 바뀐다.

왜냐하면 나의 현실적 문제는 객관적 보편적 진리가 해결해 줄 수 없는, 결국은 나만의 문제로 남을 수 밖에 없기 때문이다. 이러한 입장은 어쩌면 대부분의 사람들이 가지고 있는 기존의 철학들에 대한 견해일지도 모른다. 일반적으로 종전의 철학들은 너무나 현실과 동떨어진 상아탑의 철학으로 현실적인 삶과 거리가 먼, 더구나 이해하기 조차 어려운 철학자들의 전유물처럼 되어 있기 때문이다.

심오하고 그래서 보통 사람들이 이해할 수 없는, 그러면서도 상당한 이론으로 훌륭한 체계를 세운 과거의 철학자들의 진리는 현재의 나와는 상관이 없는 것이 되어버릴 수도 있다. 왜냐하면 현재 나에게 절박하고 중요한 현실적 문제가 있고 이러한 나의 문제들을 해결해 줄 수 있는 진리가 있다면, 나에게는 그것이 참된 진리일 수 밖에 없기 때문이다.

참으로 나에게는 나의 현실문제를 해결해 줄 수 있는 진리가 어떤 훌륭한 철학자의 진리보다 더 중요할 것이다.

나의 현실의 절실한 문제를 종래에 배척했던 비이성적인 것, 반이성적인 것이 해결해 준다면, 나는 그 비이성적이고 반이성적 진리를 기꺼이 따른다.

이성적인 것만이 진리이며 비이성적인 것, 반이성적인 것은 배척해 온 이천오백여년 동안의 진리의 기준이 변한 것이다. 이러한 입장은 철학사 전체의 진리관에 대한 배척이며 혁명적 변화이다. 그동안 서양철학사에서 철학적 진리의 영역에는 감성적인 것이 들어설 자리가 없었다. 감성적인 것은 철저하게 배제되었다.

예컨대 나의 절실한 현재의 문제가 감정적인 것일 때, 즉 비이성적인 것일 때, 나의 절실한 감정적인 것은 배척되고 비난받을 뿐 아니라, 진리와는 상관없는 것이었다.

그러나 이제는 나에게 현재 중요한 것이 설령 감성적인 것이라 해도, 그것이 나에게 절실한 것이라면 객관적, 보편적, 이성적 판단을 반드시 따를 필요는 없다. 나의 감성적인 것에 충실해야 한다. 그렇게 하는 것이 <나>, 즉 주관성의 진리를 따르는 것이다. 그것은 이 세상에서 내가 가장 중요한 존재이기 때문이다.

모든 사람들이 주관성의 진리를 따르게 되면, 이 세상의 윤리와 도덕은 파괴되고 사회의 질서는 혼란에 빠지고 말 것이다. 언뜻 보기에 이러한 파괴적인 철학은 다시 긍정적인 철학으로 전개된다.

그러면 어째서 감성까지 포함한 나의 주관성의 진리가 모든 진리보다 우선적이고 절대적 진리가 되는 것인가? 키엘케고르에 따르면 그것은 <나>라는 존재는 이 세상에서 유일한 존재이며, 이 세상하고도 바꿀 수 없는 존재이기 때문이다. 그리고 아무도 <나>를 대신해 줄 수 있는 존재는 없다.

이 세상에서 <나>라는 존재는 고독한 존재, 단독자, 열외자이다. 이 세상의 모든 각각의 인간은 철두철미하게 고독한 존재이다. 이 세상에서 겉으로 보이는 내가 아니라, 나의 진실한 속내, 나의 진실한 내면성, 외면적인 나의 모든 것을 송두리째 벗어버려도 좋은 나에게는 더 진실하고 절실하고 절대적인 <나>만의 것이 있다.

이런 것들은 이 세상에서 아무도 이해하지 못한다. 오직 나만이 이해할 수 있다. 옆에 있는 가장 친한 나의 친구도 나의 형제도, 나의 부모나 나의 아내도 나의 진실한 내면성은 이해하지 못한다.

사정이 이런데도 나는 고독한 존재가 아니란 말인가? 결국 인간은 고독한 존재이다. 그렇기에 이기주의적 비도덕적 의미에서가 아니라, 곰곰이 생각해 보면 인간은 홀로의 존재이다.

이렇게 고독한 존재인 나는 마치 대중의 대열에서 열외자가 된 것과 같다. 고독자가 되기를, 열외사가 되기를 바라는 사람은 없다. 대중의 대열에 끼어 고독을 망각하고 어울리며 살고 싶다. 그래서 우리는 대중에서 이탈하지 않으려 한다. 누구나 왕따 당하는 것을 싫어한다.

그러나 때로는 나의 현실을 직시하고 나 자신도 모르게 대중에서 이탈하여 나의 진실한 모습을 적나라한 나의 진실을 보고 나의 고독을 독백하지 않을 수 없다. 그것은 나 자신의 진실한 내면성을 외면하고, 언제나 나의 피상적인 것만을 보고 살 수는 없기 때문이다. 문득 문득 나는 나 자신의 진실을 들여다본다.

인간이 고독한 존재라는 것은 죽음을 음미해 보면 더 명백해진다. 죽음은 모든 인간에게 하나씩 평등하게 부여되어 있다. 죽음은 모든 인간이 평등하다는 진리를 가장 잘 가르쳐주는 스승이다. 돈, 권력, 남녀, 노소의 모든 불평등들을 단번에 잠재울 수 있는 것이 죽음이다.

모든 사람이 하나씩만 가지고 있는 이 평등한 죽음은 예외없이 모든 인간에게 주어진다.

친한 친구의 바램도, 자신의 생명보다 더 사랑하는 연인의 간절한 바램도, 간곡한 어머니의 바램마저도 아랑곳하지 않고 말없이 가버리는 것이 죽음이다. 이 세상의 가장 사랑하는 사람들의 바램들을 저버리고 자신에게 주어진 죽음을 받아드릴 수 밖에 없다. 그리고 인간은 홀로 죽는다. 죽음의 동행자는 없다. 동시에 죽어도 각각의 죽음을 죽을 뿐이다. 이런데도 인간이 고독한 존재가 아니라 할 수 있을까?

인간은 태어나는 순간부터, 아니 모태 안에서 생명체로서 생겨나면서부터 죽어간다. 그 때 이미 죽음의 과정에 들어선 것이다. 살아간다는 말과 죽어간다는 말은 같은 뜻이다. 삶은 죽음의 과정일 뿐이다. 예외없이 인간은 죽어가고 있다. 이 엄연한 그리고 엄숙한 사실을 우리 모두는 잘 이해하고 있다. 그런데 이 죽음을 이해하고 있는 모든 사람은 불안하다는 것이다. 내가 언젠가는 죽는다는 사실을 모르는 사람은 정상적인 사람이 아니다. 그저 죽음은 그렇게 좋은 기분이 생기는 개념이 아니기 때문에, 또한 죽는다는 사실을 인정한다 해도, 내가 죽음의 문제를 해결할 수 없다는 사실도 너무나 잘 알고 있기에 죽음을 될 수 있는대로 잊고 살려고 할 뿐이다.

나의 죽음을 솔직하게 인정하는 사람이나, 나의 죽음을 인정하지만 될 수 있는 한 잊고 살려는 사람이나, 죽음 때문에 생기는 기분이 불안이라는 것이다. 따라서 모든 사람이 자신의 죽음을 이해하고 있듯이 모든 사람에게는 예외 없이 불안이 있다. 그래서 죽음과 불안은 실존철학의 중요한 개념이 된다. 모든 사람에게 불안이 있지만 죽음을 가까이 느끼는 사람이 죽음을 멀리 느끼는 사람보다 불안이 많다.

그런데 정신이 위대할수록 불안이 많다. 인생 백년을 영원에 비교하여 죽음을 가까이 느끼는 사람과 나의 인생이 아직 백년이나 남아 있다고 생각하는 사람 중에 전자가 불안이 많다는 것이다.

그리고 일상생활에서 죽음을 잠시나마 잊고 죽음을 멀리 있다고 생각하는 사람에게는 그만큼 불안은 적다. 죽음을 직면한 중환자에게는 말할 것도 없겠지만 건강한 사람들도 위에서 말한대로 죽음을 가까이 느껴서 불안이 많은 사람과 죽음을 멀게 느껴서 불안이 적은 사람이 있다. 여기에서 누가 현명하게 판단하고 있는가의 문제와 누가 현명하게 사는가의 문제는 별개의 문제다. 즉 여기에서 죽음으로부터 오는 불안을 회피하는 존재방식을 키엘케고르는 향락이라고 한다. 그리고 자신의 죽음을 솔직하게 받아드리고 불안을 회피하지 않고 고독한 자로서 신 앞으로 나아가서는 존재방식을 실존이라고 한다.

다시 말해서 모든 인간은 죽음에서 오는 불안을 회피하는 존재방식인 향락을 선택할 것인가, 아니면 불안을 회피하지 않고 단독자로서 신 앞에 서는 실존의 존재방식을 선택할 것인가. 즉 이것이냐, 저것이냐 각자의 자유에서 선택해야 한다고 본다. 여기에서 죽음, 불안, 자유라는 서로 깊은 관계가 있는 실존철학의 공통의 세 개념이 나온다.

키엘케고르의 「실존은 신 앞에 있다」 즉 실존은 신 앞에서 존재하는 것으로, 유한하고 죄많은 단독자인 내가 신 앞에서 있는 것이 실존이다. 그러니까 신 앞에서 신과 관계자면서 존재하는 존재방식이 실존이다. 언제나 신 앞에서 존재하는 존재방식을 지속할 수는 없다. 어느 순간에 「신 앞에 있다」는 존재방식을 선택하고, 또 다음 순간에는 「신 앞에 존재한다」는 존재방식을 떠난 존재방식을 갖게 된다. 그러므로 키엘케고르에 있어서 「실존은 신 앞에 있다」는 존재방식은 어떤 순간 순간에 선택하는 존재방식이다.

엄밀히 말한다면 「나는 늘 실존하다」는 것은 성립할 수 없다. 어떤 순간에 「나는 실존한다」는, 즉 「나는 신 앞에 존재한다」는 존재방식을 선택할 수 있는 것이다. 왜냐하면 나는 언제나 신 앞에 있는 것처럼 존재할 수는 없기 때문이다. 그러한 실존이라는 존재방식을 선택한 그 순간이 참된 기독교인의 신앙이다. 그래서 키엘케고르에 있어서 신앙은 비신앙과의 끊임없는 투쟁이다.

7. 하이데거의 존재(das Sein) 개념과 현존재(Dasein)

하이데거 철학의 가장 뚜렷한 특징 가운데 한 가지가 그의 철학의 중심 개념이 <존재>개념이라는 점이며, 이 존재 개념을 가장 부각시킨 철학자라는 점이다. 그는 과거의 철학을 존재를 망각한 존재망각의 시대로 규정한다. 다시 말해서 서양의 고대철학의 파르메니데스 같은 철학자에서 잠깐 존재 개념에 관한 반성이 있었으나, 그 이후의 철학 전체를 존재와 존재자를 구별하지 못하는 존재망각의 시대로 규정도 한다. 예컨대 우선 존재자(beings)와 존재(Being)를 구별해보면, 「바위가 있다」, 「나무가 있다」, 「동물이 있다」, 「인간이 있다」, 「신이 있다」, ……고 할 때 바위, 나무, 동물, 인간, 신은 있는 것들(beings), 즉 <존재자>이며, 있는 것들(바위, 나무, 동물…)이 <있다>할 때, 이 <있다>를 명사화한 <있음>이 바로 존재(Being)이다.

그러니까 존재자는 무수히 많은 있는 것들(만물)이며, 존재는 그 많은 것들(존재자) 전체가 <있다> 할 때의 <있다>를 명사화 한 것으로 우리가 사용할 수 있는 가장 큰 개념이다. 그러므로 존재는 존재자들 전체와 같은 넓이를 가지고 있는 개념이다.

예컨대 신이라는 개념은 과거의 철학에서는 가장 궁극적인 존재로 철학의 중심개념이며 신보다 더 큰 개념은 없는 것으로 생각하였다. 그래서 신개념은 철학의 궁극적인 대상이었다.

그러나 위에서 보듯이 신은 바위, 나무, 동물, 인간과 같은 존재자들 가운데 하나의 존재자 일 뿐이다. 다시 말해서 신이라는 개념은 다른 존재자들과 동격인, 즉 바위, 나무, 동물과 같은 존재자에 불과하다. 그러므로 이렇게 존재자로 취급된 신 개념은 나무나 동물과 대등한 신이 되고 만다.

그래서 그러한 신은 신답지 않으며, 물론 모든 만물이 그로부터 나오는 궁극적 존재도 될 수 없다.

그래서 존재자와 존재 개념은 분명히 구별되어야 한다. 과거의 철학에서 존재자에 불과한 신을 궁극적 존재로 다룬 것은 존재자와 존재를 구별하지 못한 오류일 뿐 아니라, 그러한 철학은 존재망각으로 규정되었다. 하이데거는 철학은 오직 존재론 뿐이라고 생각한다. 편의상 인식론 윤리학, 형이상학 등으로 나누어 연구하는 것이라고 생각한다. 그는 이러한 존재론의 탐구에 집중한다.

그러면 존재론이란 어떤 학문인가? 존재론은 존재에 관한 이해나 사유이다. 그런데 여기에서 다시 존재자(beings)와 존재(Being)의 관계에 대하여 조금이나마 이해해보자.

앞에서 말한대로 존재자와 존재는 확실히 구별되며 존재론은 존재자에 관한 문제가 아니라, 존재에 관한 학문이다. 존재자와 존재와의 관계는 사과, 배, 밤 등과 같이 개별적 과실들과 그저 전체적으로 과실과의 관계와 비슷하다. 예를 들면 어떤 사람이 과실을 사려고 시장에 갔는데 사과, 배, 밤 등은 있지만 과실은 없었다고 한다. 실제로 시장에는 감, 사과, 배 등은 있지만 과실은 없다. 이 비유에서 감, 사과, 배 등이 존재자(beings)라면 과실이 존재(Being)에 해당된다. 그러니까 과실, 즉 존재는 이 세상에 있는 모든 개별적 과실들 전체가 「있다」고 할 때의 <있다>에 해당하는 개념이다. 그 전체 과실은 있기는 있지만 이 세상의 전체과실이 현실적으로 우리의 눈앞에 있지는 않다. 그렇다고 과실이 없는 것은 아니다. 그리고 개별적 과실들과 과실과의 관계에서 보듯이 개별적 존재자가 모두 <있지> 않다면 자연적으로 <있음(Being)>은 없는 것(無)이 된다. 개별적 존재자들(beings)이 <있을> 때 존재는 무가 아니라 <존재(Being)>가 될 수 있다.

따라서 존재자와 존재는 완전히 분리될 수 있는 것이 아니다. 엄밀히 말하면 존재자와 존재는 동시에 존립한다. 존재자가 모두 없어지면 존재는 무가 된다. 따라서 존재자와 존재의 관계는 따로 존립할 수 있는 것이 아니라, 존재자이면서 존재이며, 존재이면서 존재자, 즉 불가분적으로 존립하는 것이다. 결코 분리해서 존립하지 않는다.

하이데거가 과거의 철학을 존재망각이라고 규정할 때, 존재자를 존재로 또는 존재를 존재자로 혼동하여 이해하였다는 의미이다.

그러니까 존재론은 존재자를 문제삼는 다른 학문들과는 다르다. 다른 모든 학문들은 존재자들을 연구대상으로 삼는다. 살아 있는 생물들을 연구대상으로 삼는 생물학, 물질의 구조나 성질들을 연구하는 화학, 물질의 법칙들을 연구하는 물리학, 사회현상을 연구하

사회학 등과 같이 모든 개별학문들은 존재자들 중에서 일정한 대상들을 연구한다. 그런데 존재론은 존재하는 것들 전체, 존재자 일반, 존재를 탐구하는 학문이다.

예컨대 존재론은 「생물들은 무엇인가?」와 같이 존재자들의 일부를 대상으로 물음을 묻는 것이 아니다.

존재론의 물음을 집약적으로 묻는다면 「존재란 무엇인가?」이다. 이때의 물음은 존재의 무엇(본질)에 관한 물음이 아니다. 존재에 관한 물음은 「왜 존재자는 <있느냐>?」라는 물음이다. 이 때에도 유의해야 할 것은 이 묻게 되는 존재는 존재자들이 존재하기 때문에 성립하는 물음이라는 점이다.

그리고 존재론이 문제삼는 존재에 관한 물음은 또한 「없다」의 명사인 무無와 동시에 묻게 된다는 사실이다. <있다>, <없다>. 즉 존재와 무는 언제나 상호적으로 성립하기 때문이다. 존재는 무엇인가? 라는 물음은 사실은 「왜 존재자는 있느냐? 왜 존재자는 없어서는 안 되느냐?」라는 존재와 무를 동시에 묻는 물음인 것이다.

존재는 언제나 무와 함께 물어진다. 따라서 존재론은 존재와 무에 관한 철학이라고 이해할 수 있다.

하이데거의 존재론에서 사용되는 여러 가지 철학 개념들이 있다. 그 가운데서 꼭 이해해야 할 개념에 관하여 쉽게 설명해 보고자 한다. 현존재(Dasein)는 그의 존재론을 이해하기 위해서 반드시 이해해야 할 개념이다.

하이데거는 인간을 존재론적 의미로 사용할 때 인간(Mensch)이라는 개념 대신 현존재(Dasein)라는 개념을 사용한다. 즉 현존재는 그의 인간에 대한 존재론적 개념이다.

왜 인간이라는 개념 대신 현존재라는 개념을 사용할까? 하이데거는 인간은 존재와 특별한 관계를 갖는 유일한 존재자라고 생각한다. 즉 많은 존재자들이 존재하지만 그 존재자들은 자신의 <존재>에 관하여 무관심하다는 것이다. 많은 존재자들 가운데서 유일하게 자신의 <존재>에 관하여 이해하고 있고 관심을 가지며, 자신의 <존재>에 관하여 물음을 묻는 존재자가 인간이라는 것이다.

예컨대 앞에서 말한대로, 「바위는 있다」, 「나무는 있다」, 「인간은 존재한다」 …에서 바위나 나무 같은 존재자들은 자신이 <존재하고> 있으면서도 자신의 <존재>에 관하여 무관심하다. 즉 바위나 나무와 같은 존재자들은 자신들이 <존재하고> 있으면서도 「왜 나는 존재하는가?」라고 묻지 못한다. 유일하게 인간만 「왜 나는 존재하는가?」라고 자신의 <존재>에 대하여 묻는 존재자라는 것이다.

그러면 어떻게 해서 존재자들 중에서 인간만 유일하게 존재에 관하여 물을까? 그것은 인간만 유일하게 <있고> <없음>, 즉 존재와 무無에 관하여 이해하고 있기 때문에 존재에 대하여 물을 수 있다는 것이다. 인간은 누구나 「왜 나는 존재하는가?」라고 자신의 <존재>에 관하여 묻는다. 이러한 물음을 묻기 위해서는 먼저 「나의 있고 없음」, 즉 존재와 무에 관하여 먼저 이해하고 있을 때만 자신의 존재에 관하여 물을 수 있다. 「왜 나는 있는가?」라는 물음은 「왜 나는 없지 않고(無) 존재하는가?」라는 물음이며, 동시에 그것은 존재와 무가 무엇인지 이해하고 있을 때만 물을 수 있는 물음이다. 즉 나의 존재와 나의 죽음(無)에 관한 물음이다.

인간은 유일하게 자신의 <존재>에 관하여 묻기 전에 이미 「존재에 관하여 이해하고 있는 존재자이다」, 「존재에 관하여 이해하고 있는 존재자」, 즉 인간을 현존재라고 부른다. 그러므로 하이데거에 있어서 현존재는 존재에 관하여 이해하고 있고 그래서 존재에 관하여 물을 수 있는 존재자이다. 이와 같이 다른 존재자들은 존재에 관하여 이해하지 못하고 무관심하다면 인간은 유일하게 존재에 관하여 이해하고 있고 존재에 관하여 물음을 묻는 현존재이다. 그래서 존재와 특별한 관계를 갖고 있는 인간 현존재를 철학적으로 분석하면 존재에 관하여 무엇인가를 밝혀낼 수 있지 않을까? 생각하였다.

하이데거의 철학의 목적은 존재를 밝혀 보려는 것이다. 그런데 인간이 유일하게 존재에 대한 이해를 가지고 있는 현존재이기 때문에 현존재를 분석하여 존재를 밝혀 보려는 것이다.

즉 인간 현존재(Dasein)를 존재(Sein)를 밝혀낼 수 있는 장소(Da)로 생각하였다. 따라서 하이데거는 현존재, 즉 인간이 존재를 밝혀낼 수 있는 장소, 통로라고 생각하여 인간 현존재를 철학적으로 분석한다. 그는 현존재를 분석할 때 실존적으로 분석한다. 존재를 밝혀내기 위하여 현존재를 분석하는 자신의 철학을 기초존재론이라고 말한다. 현존재를 분석하는 것은 존재를 밝히기 위한 기초작업이라는 것이다. 현존재의 분석과정에서 <실존> 개념이 나오지만 자신의 궁극 목적은 존재를 밝히는 것이기 때문에 자신은 존재론자이며 실존철학자라고 부르는 것에 대해서는 불만족스럽게 생각한다. 그러나 실제로는 하이데거는 실존철학의 대표로 지명된다.

8. 하이데거의 실존과 존재

하이데거의 현존재(Dasein)는 세계 안에 존재하는 <세계내 존재>라고 말한다. 이 <세계내 존재>는 그의 인간에 대한 또 하나의 존재론적 개념이다. 현존재는 세계 안에서 사물들과 다른 사람들과 그리고 자신에 관해서 관심을 가지고 존재한다. 사물들을 도구로 사용하고, 도구로 제작하고 사물들을 먹고 마시고, 여러 가지 방법으로 사물들과 관계를 가지면서 존재한다. 또한 다른 사람을 만나고, 다른 사람을 사랑하고 미워하고 다른 사람들과 직·간접으로 교재도 하는 여러 가지 관계를 가지고 존재한다. 그리고 자신에 관해서도 여러 가지로 관심과 관계를 가지며 세계 안에 존재하고 있다.

그런데 현대인은 사물들과 타인들과의 관계가 너무나 복잡하다. 그래서 사물들과 다른 사람들에게 관심을 쏟다보면 자신에 관해서는 관심을 쏟지 못할 위험이 있다. 즉 현존재는 세계내 존재로서 세계

안에서 사물들과 다른 사람들에게 모든 관심을 빼앗기고 자신에 대해서는 무관심하게 존재할 수 있다. 자신에게는 관심을 갖지 못하고 존재하는 사람을 하이데거는 <세상사람(das Man)>이라고 한다. 세상 사람은 자신에 관해서 무관심한 존재방식으로 존재한다. 그래서 이 세상사람으로 존재하는 것은 실존이 아니다.

하이데거에 있어서 실존은 세상사람과는 달리 자신의 「존재에 깊은 관심을 가지고 존재하는 존재방식」이다. 다시 말해서 자신의 존재에 관해서 무관심한 존재방식은 실존이 아니다. 키엘케골에 있어서 「실존은 신 앞에 있다」와 같이 하이데거에 있어서 「실존은 존재와 깊은 관계에서 존재하는 존재방식이다.」

하이데거에 따르면 앞에서 말했듯이 인간은 존재에 관하여 이해하고 있고 존재에 관하여 묻는 존재자라고 한다. 과연 인간은 존재에 관하여 이해하고 존재에 관하여 물을까? 이것은 하이데거의 철학과 인간이해의 문제와 깊은 관계가 있는 말이다.

하이데거는 철학은 존재론이라고 본다. 철학의 모든 문제는 존재론 안에 포함되어 있다는 것이다. 「인간은 무엇을 알 수 있는가?」라는 인식론, 「인간은 마땅히 무엇을 해야 하는가?」라는 윤리학, 「인간은 무엇인가?」라는 인간학. 이러한 여러 가지 분과적 철학적 물음들은 궁극적으로는 모든 것이 먼저 존재하고 난 다음의 물음들이라고 본다. 즉 인간이 존재하지 않는다면, 세계가 존재하지 않는다면 위와 같은 모든 철학적 물음들은 물을 수 없다.

그러므로 「그것은 무엇이냐?」라는 본질에 관한 물음보다 주어에 해당하는 그것(존재자)의 <존재>가 우선하는 문제이다. 즉 모든 철학적 물음들에 앞서는 문제가 <존재>의 문제이다. 우리는 먼저 <존재>하는 것에 관해서만 물을 수 있기 때문이다.「존재는 모든 물음에 우선한다」,「실존은 본질에 우선한다」는「존재는 본질에 우선한다」와 통한다. 다시 존재의 물음으로 돌아가 보자. 그러면 하이데거의 말대로 인간은 존재에 관하여 이해하고 있고 존재에 관하여 묻고 있을까?

직접 우리는「존재란 무엇인가?」라고 묻거나 존재에 관하여 알고 있는 것은 없다. 그러나 인간만 유일하게 자신의 죽음에 관해서 이해하고 있다. 그런데 자신의 죽음에 관하여 이해하고 있다는 말은 죽음에 관하여 묻는다는 말과 같다. 우리 인간은 죽음에 관하여 정확하게 알고 있는 것은 아니지만 내가 나의 죽음에 관하여 묻는다는 것은 내가 더 이상「존재하지 않는다」는 것을 이해하고 있는 것이다. 삶이 내가「존재하는 것」이라면 죽음은 즉 내가「존재하지 않는 것」이다.

인간은 나의 <존재>와 나의 <무>를 이해하고 있는 유일한 존재자이다. 또한 일반적으로 우리는 직접 존재에 관하여「존재란 무엇인가?」라고 묻지는 않는다. 그러나「나는 왜 죽는가?」라는 물음은 마음속으로 누구나 묻는다. 그런데「나는 왜 죽는가?」라는 물음은「나는 왜 있다(존재)가 없어지는(無)가?」라는 물음이다. 즉, 죽음에 관한 물음은「존재」와「무」에 관한 물음이다. 즉, 우리 인간은 유일하게 예외 없이 죽음에 관하여 묻는, 다시 말해서 존재와 무에 관해서 묻는 존재자이다. 그러니까 인간은 철학적(존재론적) 물음을 묻는 철학하는 존재자이다.

그래서 하이데거에 따르면 모든 인간은 철학적 생각을 한다. 인간만 유일하게 죽음을 이해하고 있는 존재자이기 때문에, 하이데거는 인간을 죽음을 이해하고 존재와 무에 관하여 묻는 철학적 존재론적 죽음을 죽는 존재자로 규정한다.

그는 이러한 인간의 죽음을 다른 생물들의 죽음과 구별한다.

다른 생물들은 자신의 죽음에 관하여 이해하지 못하고 자신의 죽음에 관하여 묻지 못하기 때문에, 존재와 죽음(無)에 관하여 묻지 못하기 때문에 철학적 존재론적 죽음이 아니라, 모든 생물들은 한 번 태어나면 예외없이 그 생명의 종식을 맞는 생물학적 죽음을 죽을 뿐이다.

그래서 하이데거는 죽음을 이해하고 죽음을 묻는 인간의 철학적 존재론적 죽음과 이러한 물음을 묻지 못하고 생명의 종식만 있는 다른 생물의 생물학적 죽음을 구별한다.

인간만 유일하게 철학적 존재론적 죽음을 죽고 유일하게 철학하는 존재자이다.

이 철학적으로 존재론적으로 인간과 깊은 관계가 있는 죽음은 하이데거에 있어서의 실존 개념과 깊은 관계가 있다. 죽음은 내가 없어지는 것, 즉 무로 돌아가는 것이다. 그런데 인간은 죽기 전에 자신의 죽음을 이해하고 있으며 이 죽음으로부터 필연적으로 느껴지는 것이 <불안>이다(이 죽음으로부터 나오는 불안은 모든 실존철학자들의 고통 개념이다.) 인간이 이 불안을 직면하여 불안을 도피하여 자신의 존재에 관하여 무관심하게 존재하는 세상사람(das Man)으로 사는 존재방식은 실존이 아니다.

세상 사람의 존재방식이 아니라, 자신의 <존재>에 깊은 관심을 갖고 존재하는 존재방식이 실존이다.

키엘케골에 있어서와 마찬가지로 하이데거에 있어서도 죽음으로부터 나오는 <불안>을 맞아 세상 사람으로서의 존재방식을 택할 것인가, 아니면 자신의 <존재>와 깊은 관계를 갖는 존재방식, 즉 실존할 것인가는 각자가 결단해야 한다.

그런데 여기에서 죽음으로부터, 즉 무로부터 나오는 것이 불안이라고 하였는데, 죽음과 무와 똑같은 개념이 자유라는 개념임을 잊어서는 안 된다(죽음 = 無 = 自由의 등식은 모든 실존철학의 공통점이다.)

죽음은 거추장스러운 것이 없는 무와 같은 것이다. 내가 죽는다는 것은 내가 없어지는 것이므로 무가 되는 것이다. 아무런 거추장스러운 것이나 나를 구속하는 것이 아무것도 없는 상태가 죽음이다. 그러므로 죽음은 무이며 무는 자유가 된다.

사르트르의 「인간은 자유하도록 저주 받았다」는 말은 「인간은 죽도록 저주 받았다」는 의미와 같다. 실로 인간은 무로 돌아가기 때문에 자유한 존재자이다. 이 자유는 죽음과 무와 마찬가지로 인간에게 불안을 준다. 죽음이나 무와 같은 무한한 자유는 우리에게는 불안이 된다. 왜냐하면 이 죽음의 자유는 우리가 감당할 수 없는 자유이기 때문이다. 이 세상의 누구도 자신의 죽음을, 이 큰 자유를 극복하거나 감당할 수 없다. 이 감당할 수 없는 자유는 축복이 아니라 저주가 된다.(사르트르)

인간은 누구나 자유를 원한다. 인류는 자유를 위하여 많은 피를 흘렸으며, 지금도 세계 곳곳에서 자유를 쟁취하고 향유하기 위하여 피를 흘리고 있다. 그런 자유는 죽음이나 무와 동일한 무한한 자유가 아니다. 이 보다는 적은 자유이다.

인간이 감당할 수 없는 자유에서 불안이 생긴다는 실존철학에서 말하는 자유는 죽음과 동일한 감당할 수 없는 자유를 의미한다. 이러한 감당할 수 없는 죽음과 동일한 너무나 큰 자유는 인간에게 불안이 된다는 것이다. 예를 들면 나를 간섭하는 부모형제들과 주위 사람들이

<있을> 때 그들이 있어 나는 완전히 자유롭지는 못하다. 그러나 이들이 나의 자유를 구속하지만 한편 그들에게 의존하면서 살아가는 사람은 약간 불편은 하겠지만 불안은 적다. 그러나 나를 간섭하고 구속하는 모든 사람들이 <없을> 때 나는 그들의 간섭과 구속으로부터 완전히 벗어나 완전히 자유롭다. 그러나 나는 이 세상에서 의존할 사람이 아무도 없는 허허 벌판에 홀로 서있는 철저하게 고독한 불안에 처할 수 밖에 없다. 아무것도 없다는 것, 무는 곧 자유이며, 내가 감당할 수 없는 죽음 즉, 자유는 곧 불안을 낳는다.

인간의 이 자유는 쟁취하는 것이 아니다. 이 자유는 인간에게 지워져 있는 운명이다. 인간은 이 자유로부터 벗어나려 한다. 즉 나의 죽음으로부터 벗어나려 발버둥 친다. 그러나 그 누구도 나의 죽음, 나의 자유로부터 벗어날 수 없다.

나의 죽음, 나의 무, 나의 자유 그리고 이것들에서 나오는 불안을 피할 수 없다. 이 불안을 피해서 자신은 죽음과 무와 아무런 관계가 없는 것처럼, 자신의 자유로부터 도피하여 자신은 자유한 존재가 아닌 것처럼, 진실한 자신의 <존재>에 관해서 무관심하고 외면하고 자신의 진실한 모습을 직시하지 않고 사는 존재방식이 앞에서 말한 세상사람의 존재방식이다. 이것은 자신의 <존재>를 직시하지 않는 자신의 <존재>에 무관심한 존재방식으로 실존이 아니다.

현대의 대중예술, 대중문화, 스포츠, 노름, 경마, TV 등에 모든 관심을 빼앗기고, 수많은 인기 연예인, 스포츠맨, 정치인들, 도시의 많은 사람들에게 관심을 빼앗기고 자신의 <존재>에는 관심을 돌리지 못하고 존재하는 대중 속에 파묻혀 자신을 상실하고 존재하는 자기소외도 실존이 아니다.

모든 현대인은 점점 더 많은 사물들과 타인들에게 관심을 쏟고, 자신의 <존재>에 대해서는 무관심한 존재방식에 빠질 위험성이 더욱 커 가고 있다. 그런데 하이데거는 자신의 존재에 무관심한 존재방식은 인간이 존재해야 할 본래적 존재방식이 아니라, 비본래적 존재방식이라고 규정한다. 본래적인 존재방식은 자신의 <존재>에 깊은 관심을 갖는 자신의 존재와 깊은 관계는 갖는 존재방식이다. 즉 실존이다. 그런데 여기에서 자신의 <존재>에 관심을 갖고 자신의 <존재>와 관계를 갖는 것은 되풀이해서 말했듯이 자신의 비존재(무), 자신의 <죽음>과의 관계와 관심과 같은 것이다. 죽음과 불안을 떠나서는 실존을 말할 수 없는 것이 실존철학의 공통점이다.

그러니까 하이데거의 실존 개념에서도 인간은 아무렇게나 존재해서는 안 된다는 윤리적 의미를 내포하고 있다. 한 가지 더 부언할 것은 하이데거는 실존이라는 개념 이외에 다른 철학자들이 사용하지 않는 탈존(Ek-sistenz)라는 개념을 사용한다. 탈존은 탈아脫我라는 의미로 밖으로 나아가 선다는 의미가 있다. 이것은 인간의 사유가 나를 벗어나 존재의 영역에 나아가서는 것을 의미한다. 이때 나의 사유와 존재는 같은 영역에 있게 되고, 나의 사유와 존재가 함께 존재하며 존재의 부름에 응답하는 나와 존재와의 깊은 관계에 들어서 있음을 의미한다.

이때에 존재자 가운데서 유일하게 인간은 존재와 함께 존재하고 존재의 말 걸어옴을 듣고 응답하는 존재가 된다. 이것은 인간의 사유와 존재와의 관계 즉, 무아경지에 있음을 의미한다. 인간은 이러한 주관과 객관의 한계를 넘어서, 즉 분석적 사유능력을 초월하여 존재와 함께 존재하는 무아경지에 들어갈 수 있다고 본다. 인간의 사유가 존재의 영역에 들어섬은 하이데거의 후기 사상에서 많이 나타난다. 그는 휄더린이나 릴케같은 시인들의 존재사유와 그들의 시를 쓰는 경지를 높이 평가한다.

어쨌든 하이데거에 있어서 실존은「존재와 깊은 관계를 갖는 존재방식」으로 이해할 수 있다.

9. 가브리엘 마르셀의 추상성과 구체성

마르셀은 추상이라는 개념과 구체라는 개념을 대비시키면서 과거의 모든 철학은 추상을 추구하는 철학으로 규정하고, 현대에 절실한 철학은 구체적 철학이 되어야 한다고 주장한다.

마르셀은 일차대전 당시에 부상자나 전사자들의 명단을 그들의 가족에게 전해주는 일을 담당한 적이 있다. 가족의 주소를 확인하여 전사자의 명단을 전해주는 일을 처음에는 별다른 생각없이 그저 행정적 업무로만 생각하고 수행하였다. 그러나 그는 부상자들이나 전사자들의 명단을 전해주는 일이 자신과는 아무런 상관이 없는 그저 행정적인 업무이지만, 부상자와 전사자들과 그들 가족들에게는 단순한 행정적인 일이 아니라, 이 세상의 어떤 일보다 가장 심각한 문제라는 사실을 절감하게 되었다.

그리고 평상시에 쉽게 생각하고 처리하는 단순한 일들이 당사자에게는 너무나 심각하고 절실한 일이 된다는 사실을 깨달았다. 즉 우리에게는 그저 추상적인 일이 그 당사자에게는 가장 심각하고 절실한 구체적 사건이 될 수 있다는 사실이다. 그저 부상자, 사망자라는 관념적인 추상적 사건들이 당사자들에게는 너무나 구체적이고 절실한 진실이 가리워진 허구임을 깨닫게 되었다.

그래서 마르셀은 추상이나 관념적인 것은 진실이 아닐 뿐 아니라, 추방해야 할 허위라고 결론짓는다. 그리고 참된 것은 구체적인 것임을 깨닫게 되었다. 그래서 그는 관념적이고 추상적 진리를 거부하고 구체철학, 실존철학에로 관심을 돌린다.

보편, 관념, 추상은 진실이 가리워지고 그 개념들 속에서 구체적인 개인이나 구체적인 인격은 매몰되어 버린다고 생각한다. 보편성이나 객관성이 아니라, 구체성, 주체성을, 추상성이 아니라 구체성을, 대중이 아니라 개개인의 인격성을 더 중요시하는 철학을 추구한다. 진리는 추상적인 것이 아니라 구체적인 것이다.

마르셀의 실존 역시 추상적 관념적인 것이 아니라, 구체적 현실적인 것을 중요시하고, 언제나 존재와의 깊은 관계를 의미한다.

10. 가브리엘 마르셀의 존재와 소유

가브리엘 마르셀은 극작가, 음악가로서 활동하였으며, 사회운동가로서도 많은 활동을 하였다. 그는 철학에 관한 많은 글을 썼지만 대부분 철학잡지 등에 기고하였다. 특히 체계를 갖춘 철학저서는 몇 권에 지나지 않는다. 철학 저서 중에 「존재와 소유 Being and Having」, 「존재의 신비 Mystery of Being」, 「여정인간 Homo Viator」 등이 대표적인 저서이다.

그는 세계와 관계하는 기본적인 두 가지 양태를 존재와 소유로 구별하였다.

첫째로 소유한다는 것은 자신의 지배권 안에 어떤 사물이나 대상을 소유하는 것이다. 그것은 보유하고 보존하고 지키고 처분할 수 있는 능력을 뜻한다. 어떤 것이 나의 소유물일 때, 그것은 나의 사유물이기 때문에 내 맘대로 처리하고 처분할 수 있는 것이다. 소유를 물질세계

뿐 아니라, 정신과 인격의 세계에 적용하면, 정신과 인격은 그 자체로서의 고유한 의미나 가치를 인정받지 못하고, 사물과 같이 양적으로 평가되고 어떤 수단으로 취급당하게 된다. 정신과 인격이 단순한 물질적 척도로 평가되고, 따라서 언제나 다른 것으로 대치와 교환이 가능한 상대적 가치로 취급된다.

어떤 고유하고 절대적 의미를 갖는 고상한 정신이나 존엄한 인격은 인정되지 않는다. 이에 반해서 존재한다는 것은 나의 지배권과 관계없이 나의 것과 무관하게 나의 소유 이전에 이미 하나의 사실로서 존재한다. 내가 소유하기 전에 모든 것들은 이미 존재하고 있었다. 소유와 존재는 대등한 개념이 아니다.

내가 <존재>하고 그리고 어떤 것이 존재한 다음에 비로소 나는 그것을 소유할 수 있다. 소유는 이차적인 것이다.

이 세계는 나와 다른 사람들이 소유하기 전에 존재하고 있으며, <나>라는 의식을 갖게 된 때부터 지금까지의 나는 영원한 시간에 비하면 극히 짧은 시간 동안 존재하고, 그리고 아주 짧은 시간 후에는 존재하지 않게 된다. 내가 존재하지 않더라도 이 세계는 무한히 존재한다.

내가 소유하는 것은 내가 존재하는 동안뿐이다. 소유는 「내가 존재하는 동안」이라는 아주 짧은 시간 동안의 소유이다. 「소유는 유한하고 존재는 영원하다」, 「존재는 소유에 우선한다」 이 엄연한 진실을 이해하지 못할 때, 이 진실을 외면할 때 우리는 잘못된 오류에 빠지고 만다. 현대의 불행은 바로 존재와 소유의 우선순위의 혼돈으로부터 유래한다. 그것은 오늘날 과학기술의 지나친 숭배와 물질숭배라는 현대사회의 타락을 탄생시켰다.

소유의 양태에 속한다는 것이 객관화라면 존재의 양태에 속하는 것은 <참여>이다. 객관화는 주관과 객관을 완전히 분리시키고 주관이 주체이고 객관은 언제나 나의 소유물이 될 수 있다고 생각하는 것이다. 즉 주관과 객관이 대등한 것이 아니라, 언제나 주관이 우월한 것이며 객관은 나의 소유물에 지나지 않는다고 생각하는 것이다. 그러나 존재의 양태에 속하는 참여는 주관과 객관이 대등한 관계에서 서로 참여하는 것을 의미한다.

<참여>의 영역에서는 주관이 객관을 소유하는 관계가 아니다. 그러므로 참여의 영역에서는 주관과 객관의 가치는 동일할 뿐 아니라 소유하고 소유되는 관계가 아니다. 그것은 주관과 객관이 언제나 동시에 존재한다는 엄연한 진리와 존재가 소유에 우선한다는 영원한 진리를 승인하는 것이다.

또 한 가지 예를 들면 소유의 양태에 속하는 것이 <문제(problem)>라면 존재의 양태에 속하는 것은 <신비(Mystery)>이다. 소유에 속하는 문제들은 주관에게 객관적으로 주어진 문제이며, 주관이 그 문제를 해결하여 주관이 이용하고 마음대로 처리할 수 있는 것을 뜻한다.

예컨대「어떻게 하면 지상에서 시속 100km이상으로 달릴 수 있을까?」,「어떻게 하면 새처럼 공중에서 날아다닐 수 있을까?」이러한 문제를 가지고 주관이 여러 가지 과학적 지식을 동원해서 자동차를 만들고 비행기를 만들어 사용한다.

그러니까 문제는 이론적으로 과학적 지식으로 해결할 수 있고 해결해서 우리에게 유익하게 이용하는 것이다. 그리고 그 과학적 기술과 발명해낸 수단들은 우리가 소유할 수 있는 소유의 양태에 속하는 것이다. 그리고 존재의 양태에 속하는 신비는 주관이 주도적으로 어떤 대상을 문제로 삼아 객관적으로 연구할 수 있는 것이 아니다.

즉 과학이나 이론적으로 해결할 수 있는 문제가 아니다. 과학이나 이론적 지식의 한계를 넘어선 영역의 것이다. 신비는 주관과 객관의 관계를 넘어서고 지식의 영역을 넘어선 영역이다. 모든 것을 인간의 이론적 지식이나 과학으로 모두 해결할 수 있다는 오만한 생각을 포기하는 순간에 열리는 영역이다. 그 오만한 마음으로는 결코 볼수 없는 것이 신비이다.

인간은 참으로 유한한 존재이며 전 우주의 신비에 비하면 어리석은 존재이다. 과학이라는 작은 눈으로 보이는 세계가 전부라고 생각하는 사람은 결코 신비를 볼 수 없다. 신비는 이론으로 다가갈 수 없는 것이다. 신비는 객관화하여 이론적으로 해결할 수 있는 문제와는 다른 것이다. 신비는 어떤 문제를 이론적으로 과학적으로 해결하여 이용할 수 있는 소유의 영역이 아니다. 신비의 영역은 참여를 통해서만 다가갈 수 있는 진리의 세계이다. 이 소유의 영역이 아니라 존재의 영역에의 참여, 존재론적 신비에의 참여가 실존이다. 즉 마르셀에 있어서「실존은 존재론적 신비에의 참여이다.」

과학적 지식이나 이론적 진리를 넘어서 주관과 객관을 넘어서 존재의 영역이 신비의 영역이다. 이성이나 과학으로 해결할 수 있는 그리고 우리가 소유하고 사용할 수 있는 영역이 아니라, 존재에의 참여를 통해서만 파악할 수 있는 진리의 영역, 신비의 영역, 존재의 영역에 참여하는 것이 실존이다.

11. 가브리엘 마르셀의
일차적 반성과 이차적 반성

 가브리엘 마르셀에 있어서 일차적 반성은 소유의 양태에 속하고, 이차적 반성은 존재의 양태에 속한다. 즉 그는 인간의 사유를 일차적 반성과 이차적 반성으로 구별하고 소유의 양태와 존재의 양태와 관련해서 이해한다.
 소유의 양태인 일차적 반성은 인간의 이성적 사유, 이론적 사유능력을 뜻한다. 인간은 일차적 사유능력으로 빛나는 과학문명의 세계를 달성하였다. 수학과 물리학 그밖의 모든 과학적 사유능력은 일차적 반성능력이다. 일차적 반성능력에 의하여 인간은 문명을 발전시켜 오늘날의 인류에게 많은 물질의 풍요와 물질적 행복을 향유할 수 있게 기여하였다. 일차적 반성능력은 분명히 인류에게 지대한 공헌을 하였다.
 그런데 일차적 반성능력, 즉 이성적 이론적 사유능력에 대한 경탄과 지나친 추앙 때문에 그 이상의 인간의 사유능력을 간과하거나 경멸해서는 안된다. 더 위험한 것은 인간에게는 일차적 반성능력 이외의 능력은 없다는 생각이다. 즉 거시적 과학적 진리만 인정하는 근시안적 진리관이다. 인간의 사유능력은 일차적 반성능력 이외의 사유영역인 이차적 반성 능력이 있다.

이차적 반성은 이론적 과학적 사유능력을 초월하는 더 고차적인 인간의 사유능력이다. 예컨대 예술가들의 관조능력, 철학자들의 직관능력 그 밖에도 해석학적으로, 현상학적으로만 다가갈 수 있는 진실한 영역들이 있다. 일차적 반성능력은 오히려 이차적 반성능력에 기초하고 있는 것이다. 예컨대 수학이나 물리학은 일차적 반성능력, 즉 이론적 사유능력으로 파악할 수 없는 직관능력으로만 이해할 수 있는 가설들을 기초로 해서 성립한다는 사실이다. 가설들은 이론적 사유를 넘어선 영역이다.

앞에서 말했듯이 일차적 반성에 의하여 인류는 많은 물질적 풍요의 혜택을 입고 있다. 그러나 인간의 사유 능력을 일차적 반성능력에 국한하고 그 밖의 사유능력을 과소평가 하는 것은 인류에게 더 큰 불행을 안겨줄 수 있다. 인간은 빵만으로 행복할 수 없다. 인간은 일차적 반성 영역을 넘어선 이차적 반성의 영역인 종교, 예술, 철학에 관계하면서 살고 있다.

오히려 우리의 현실과 먼 것 같은 이차적 반성의 영역에 속하는 종교나 예술 철학을 통해서 현실의 삶의 의미와 가치를 부여받고 참되고 행복한 삶을 살아갈 수 있다. 마르셀에 있어서 실존은 일차적 반성능력을 넘어서 이차적 반성능력에 의하며 존재론적 신비에 참여하는 것이다.

12. 가브리엘 마르셀의
나-그것(I-it)과 나-그대(I-Thou)

    나-그것은 소유의 양태에 속하고 나-그대의 관계는 존재의 양태에 속한다.
    소유의 양태인 나-그것의 관계는 나와 사물과의 관계를 뜻한다. 사람을 가르켜 그것(it)이라고 하지 않는다. 나와 다른 사람과의 관계는 나-그 남자(I-he), 혹은 나-그 여자(I-she)와의 관계이다. 그리고 나와 삼인칭의 관계인 나-그 남자와 나-그 여자와의 관계보다 더 못한 관계인 나와 사물과의 관계인 나-그것의 관계는 소유의 영역일 수 밖에 없다. 사람을 그것(it)으로 취급하면 그 사람은 나의 소유물로서 가치밖에 없다.
    적어도 인간과 인간 관계는 나-그 남자, 나-그 여자의 관계가 되어야 한다.
    그런데 나와 삼인칭이 되는 사람과의 관계는 나와 직접적으로 깊은 관계가 있는 사람이 아니다. 예컨대 인명피해가 난 사고현장에서 피해 입은 사람들은 우선 나와의 관계에서 보면 그 피해자는 저 남자 저 여자라는 나에게는 삼인칭 관계가 있는 사람들이다. 이 보다 더 비인간적 관계가 나의 삼인칭의 관계 중에서 나와 그것(사물)의 관계다. 이 때에는 나와의 관계는 모두 사물과의 관계가 된다. 이 관계는 나와의 모든 인간관계가 나와 사물과의 관계가 되는 것이다. 이때에는 인격같은 것은 존재하지 않는다. 모든 인간관계는 나와 사물과의 관계, 소유의 관계가 될 뿐이다.

　존재의 양태인 나-그대(Thou)의 관계가 참된 인간과 인간의 관계이다. 이때 그대(Thou)는 부부간에, 애인 간에, 친구 사이에, 부모자식 사이에 사용하는 독일어의 Du를 의미한다. Du는 가장 친근한 사이를 뜻할 뿐 아니라, 상대방을 나와 똑같은 인격을 가진 인격체로 대하는 것이다. 즉 존재론적 의미에서 생각하면 내가 존재한 다음에 당신은 존재하게 되고 그래서 당신은 나를 위해서 존재하는 것이 아니라, 나와 당신은 동시에 존재할 뿐 아니라, 똑같은 비중을 갖는 인격체라는 것이다. 이러한 인격적 관계가 나-그대의 관계이다.

　인간과 인간의 관계는 소유의 관계가 되어 나-그것의 관계가 되어서는 안된다. 인간을 소유의 관계에서만 생각하는 오류에 빠지면 세계는 인격을 사물로 취급하는 소유의 전쟁터가 된다. 이러한 상황은 인류에게는 희망이 아니라, 절망만 남게 된다. 이것은 일·이차 대전 중에 우리 인류가 경험한 가장 불행한 역사이다. 오늘날에도 세계 곳곳에서 사람을 사물로 취급하여 인간의 존엄성을 파괴하고 비인간적인 작태들이 자행되고 있다. 민주주의나 인권을 주장하면서 인격의 자유나 인권을 유린하는 모순투성이의 전쟁을 일삼고 있다.

마르셀은 나와 다른 사람들과의 관계가 나-그것의 관계 뿐 아니라, 나-그 남자의 관계와 나-그 여자의 관계에서 나-그대의 관계로 돌아와야 한다는 것이다.

나-그대의 관계로 돌아가는 것이 당연한 관계이다. 즉 소유의 영역에서 생각하는 것이 아니라, 존재의 영역에서 생각하는 것이 당연한 진리이다. 그래서 모든 인류는 서로 나-그대의 관계로 돌아와 서로 사랑하는 관계를 회복해야 한다. 현대의 눈부신 과학기술의 발전은 기계화와 물질화의 가속화를 촉진하였고 비인격화와 인간소외를 초래하였다. 그래서 인간성의 부재시대에 마르셀은 나-그대의 관계로의 복귀와 인간성의 회복을 주창한다.

모든 인간이 존재론적 신비에 참여하여 모든 인간관계가 <나-그대>의 관계가 되는 것이 실존이다.

13. 가브리엘 마르셀의 여정인(homo viator)

　마르셀의 개념 중에 Homo Viator(旅程人)라는 개념이 있다. 이것은 예지인(Homo Sapiens)나 工作人(Homo Faber) 등의 인간 개념과 같이, 인간의 어떤 특징을 들어 인간을 규정하는 개념이다. 예지인은 서양의 전통적인 인간규정 개념으로 인간이 유일하게 합리적 사유를 할 수 있어서 과학문명의 세계를 만들어낸 지적 능력을 가진 존재라는 인간규정 개념이다. 공작인은 인간의 논리적 사유능력보다 인간의 도구를 사용하는 능력으로 인간을 규정한, 즉 인간의 우월성을 도구를 사용하는 능력으로 규정하는 개념이다.

　Homo Viator는 이리 저리 여행 중에 있는 사람을 의미한다. 즉 그는 한 곳에 머무르는 것에 만족하지 않고 언제나 간편한 행장을 갖추고 때로는 정처없이 여기저기를 방황하는 늘 여행 중에 있는 사람이다. 한 곳에 안착하여 안정된 삶을 살지 못하는 인간이다.

예지인이나 공작인이 자신의 능력으로 삶을 풍요롭게 만들고 안정된 삶을 사는 사람이라면, homo viator는 풍요로운 삶과 편안하고 안락한 삶을 포기하고, 한마디로 편안한 삶에 안주하지 않고 어떤 아쉬움도 없이 또다시 홀로의 길을 떠나는 사람이다. 이 사람은 비록 안정되고 안락한 삶이 보장되지 않지만, 언제나 새로운 세계에서 새로운 사람들과 새로운 것들을 만나고 경험하는 즐거움을 맛본다. 비록 늘 여행 중에 있어 늘 피곤하지만 늘 새로운 것들을 경험하고 즐기는 삶을 택한 사람이다. 어떻게 보면 방랑 끼가 있어 한곳에 머물지 못하는 역마살이 있는 사람이다.

여정인은 홀로 앉아 명상에 의하여 얻는 지식이 아니라, 돌아다니면서 만난 다른 사람들과 만나 느끼고 대화하면서 얻는 지식을 추구한다. 이러한 여행에서 얻는 지식은 홀로 사색하거나 홀로 느끼는 차원의 것보다 훨씬 특별하고 새로운 진리들이다. 도저히 홀로는 얻을 수 없는 홀로 느껴볼 수 없는 새로운 사람들과 사물들의 만남에서 대화와 접촉을 통해서만 얻을 수 있는 감동과 진실한 삶의 지혜다.

homo viator는 저서들이나 잡지 그밖에 여러 작품들을 통해서 얻는 간접적인 만남을 통해서 얻는 것들 보다는 오히려 넓은 세상을 돌아다니면서 직접 만난 경험을 통해서만 얻을 수 있는 지혜들을 소유하는 인간상이다. 마르셀에 있어서 참된 지식이나 지혜 혹은 진실한 예술은 단독으로 습득하는 것이 아니라, 다른 사람들과의 만남에서만 얻을 수 있는 새로운 지혜와 새로운 예술이 창조된다는 것이다.

그리고 존재론적으로도 홀로 존재하는 것(독존)은 인간의 본래의 존재방식이 아니다. 홀로 존재하는 것은 예외적이고 바람직하지 못한 존재방식이다. 독존이 아니라 함께 존재하는 공존이 인간의 참된 본래적인 존재방식이다.

어떤 무인도에서 사는 사람은, 사람들을 피해서 사는 사람의 존재방식은 본래의 존재방식을 거부함으로써 함께 존재하는 삶에서 나오는 여러 가지 인간의 특성들을 회피하고 포기하는 사람이 된다.

만일 인류가 본래의 인간의 존재방식, 즉 공존을 저버렸다면 인류는 현재의 대단한 인류문화와 놀라운 과학문명을 소유하고 향유하지 못할 것이다. 당연히 인류는 다른 동물들의 모습과 같은 삶을 살고 있을 것이다. 여기에서 homo viator와 공존이라는 개념은 모순되는 것 같다. 여정인이 떠돌이처럼 안주하지 않고 늘 새로운 것을 경험하고 다니는 여정인이라면, 공존은 참된 존재방식으로 알고 다른 사람들과 함께 살면서 새로운 지혜와 새로운 감동을 맛보고 새로운 문화와 문명을 창조하는 사람들이기 때문이다.

그러나 여정인은 다른 사람들과 단절하고 고립해서 사는 독존이 아니다. 여행하는 사람은 오히려 여행 중에 다양한 사람들과 다양한 환경들을 만나고 다양한 경험을 한다. 그러니까 homo viator는 다른 사람들이나 환경들을 떠나는 것이 아니라, 더 많은 사람들과 환경을 만나서 많은 경험을 통해서 더 많은 지혜와 감동들을 얻는 삶의 존재방식이다. 그러므로 여정인의 존재방식은 독존이 아니라, 많은 사람들과 환경들을 만나는 공존의 존재방식이다.

마르셀은 언제나 소유보다 존재의 우월성을 주장할 뿐 아니라, 공존의 독존에 대한 우선성을 주장한다.

내가 존재한 다음에 나 밖의 모든 존재자들이 존재하는 것이 아니다. <우리>가 먼저 존재하고 그 <우리>를 분석해 보면 거기에 내가 있고 다른 사람들이 있고 사물들이 있는 것이다. 그러니까 독존보다 공존이 우선한다는 것은 엄연한 진실이다. <우리>는 동시에 함께 공존하고 있다. <우리>는 존재 안에서 함께 만나고 있다. 이 부정할 수 없고 엄연한 진실을 한시라도 망각할 때 윤리적 폐단이 나온다. 본래 존재론은 그러한 엄연한 진리를 말없이 우리에게 지시하고 있는 것이다. 존재론은 독존 보다 공존이 개개의 존재자보다 <우리>가 먼저 존재한다는 <우리>의 엄연한 선재성先在性의 질서를 직시하라는 암시를 하고 있다.

내가 먼저가 아니다. 나만 생각하는 이기주의는 본래의 진리에 어긋난다. 나와 너는 먼저 <우리>로 함께 존재한다. 너를 해하고 너의 존재를 해치는 것은 <우리>를 파괴시키는 것이며, <우리>가 나 보다 너 보다 먼저 존재하는 엄연한 본래의 진리를 파괴하는 것이다.

엄격히 말해서 우리가 잠깐 살고 가는 인간사회의 모든 혼란과 우리의 눈살을 찌푸리게 하는 것들은 모두 이 존재의 질서를, <우리>의 선재성을 알지 못하는 무지에 기인한다. 그 존재론의 엄숙한 진리를, 존재론적으로 이해하면 너무나 하찮은 내가 어리석어서 <우리>의 선재성을 무시하는데서 세상의 모든 윤리적 폐단들이 발생한다.

존재가 소유에 우선하고, <우리>가 나와 너 보다 우선한다는 이 엄숙한 진리를 인정한다면 소유의 노예가 되지 않을 것이며, 나를 지나치게 높이고 다른 사람을 지나치게 비하하는 일은 생기지 않을 것이다. 즉 인권유린이나 인격파괴와 같은 비윤리적 행위는 일어나지 않을 것이다. 소극적으로 비윤리적인 행위를 하지 말라는 것이 아니다. 적극적으로 존재가 소유에 우선한다는 진리와 나 보다 <우리>가 먼저 존재한다는 진리를 직시해야 한다. 그래서 <우리>의 존재에 참여하는 것이 인간이 존재해야할 당연한 존재방식인 실존이다.

이 <우리>의 존재에 참여하는 것이 <존재론적 신비에 참여>이며 바로 마르셀의 실존이다.

14. 가브리엘 마르셀의 육체화(Incarnation)

Incarnation은 육체화 또는 구체화로 번역되는 개념이다. 마르셀에 있어서 육체화라는 개념은 기독교 성서에서 말씀(로고스)이 육체화되었다는 신(logos)의 육체화, 즉 하느님이 인간이 되었다(incarnation)는 개념에서 나온 것이다. 즉 성서의 요한복음서 1장 1절「말씀이 육체가 되어」에서 나온 개념이다.

신(logos)이 육체를 입고 이 세상에 탄생했음을 의미한다. 그런데 이 때 로고스와 육체는 하나가 된 것이다. 즉 신성과 육체는 분리될 수 없다. 로고스가 육체에, 육체가 로고스에 서로 참여하고 있어 분리될 수 없이 통일체를 이루고 있다. 그러니까 신성과 인성이 통일되어 있는 것이다. 다시 말해서 신성인 logos와 인성인 육체가 하나로 통일되어 있다는 것이다. 즉 로고스와 육체, 신성과 인성은 참여의 관계이다. 여기에서 <참여>라는 개념도 철학적 의미를 갖게 된다.

마르셀에 있어서 두 가지 존재양태인 소유와 존재양태에서 본래적인 존재양태는 존재이며 소유가 아니다. 그래서 incarnation이라는 개념도 소유 개념으로는 설명할 수 없다. 즉 logos가 육체를 소유하고 있거나 육체가 logos를 소유하고 있는 것이 아니다. 서로 서로 참여를 통한 일체를 이루고 있는 것이다. 그리고 이 육체화의 원리는 기독교의 예수 그리스도를 설명하는 개념에 그치지 않고, 마르셀 철학에 있어서 핵심 개념이 된다. 즉 마르셀에 있어서 육체화는 모든 만물의 원리가 되는 개념이다.

예컨대 인간의 육체나 정신에 있어서도 정신과 육체가 서로 참여하고 있는 통일체이다. 육체로부터 정신을, 반대로 정신으로부터 육체를 분리시킬 수 없다. 더 나아가서 나와 너 그리고 모든 존재하는 것들은 <존재>에 참여하고 있다.

마르셀에 있어서 「실존은 존재론적 신비에의 참여」라고 할 수 있다. 위에서 말한 존재와 소유의 두 양태 중에서 실존은 존재의 양태에 속하는 개념들과 관계가 있다. 예컨대 문제는 소유의 양태에 속하고 신비는 존재의 양태에 속하고 실존은 신비 개념과 관계된다.

신비 개념이 주관과 객관을 분리시키지 않는 사유와 관계하고 있듯이, 또한 일차적 반성이 소유양태와 관계하고 이차적 반성이 존재 개념과 관계되며, 일차적 반성이 주객을 분리하는 논리적 사유방식이라면 이차적 반성은 신비 개념과 유사하게 인간의 논리적 사유를 초월한 직관이나 예술 영역의 사유까지도 포함하는 인간의 전체적인 정신능력을 의미한다. 바로 이러한 이차적 반성이 존재의 개념과 관계 있는, 그리고 인격과 인격의 만남, 객관화가 아니라 참여의 관계, 그리고 나-그대의 관계, <우리>의 선재성의 진리를 시인하는 존재방식이나 사유방식이 마르셀의 실존이라고 이해할 수 있다. 그래서 마르셀의 실존은 존재 안에서 혹은 신 안에서 함께 만나는 존재론적 신비에의 참여라고 할 수 있다.

더 풀어 말하면 우리는 이 존재의 영역에 모두 함께 참여하고 있다. 이 엄연한 진실을 직시하고 소유의 양태가 전부인 것처럼, 소유에 눈이 가리어져 <존재>와 <우리>의 선재성을 망각하지 말고 객관화 할 수 없고 과학적 사유능력으로 도달할 수 없는 존재론적 신비에 <참여>하는 것이 실존이다. 이러한 존재론적 신비에의 참여는 바로 기독교의 신 안에 함께 참여하는 것을 뜻한다.

사랑과 만남의 철학
－사랑하고 만나고 생각하고－

초판 발행 2008년 4월 10일
재판 인쇄 2022년 11월 20일
재판 발행 2022년 11월 25일

지은이 서배식
펴낸이 강신용
펴낸곳 문경출판사
주　소 34623 대전광역시 동구 태전로 70-9 (삼성동)
전　화 (042) 221-9668~9, 254-9668
팩　스 (042) 256-6096
E-mail mun9668@hanmail.net
등록번호 제 사 113

ⓒ 서배식, 2022

ISBN 978-89-7846-805-3　03810

값 15,000원

* 무단 복제 복사를 금함
* 잘못된 책은 교환해드립니다.